近代中日文化交流先行者

王惕斋

◎王勤谟 编

宁波出版社

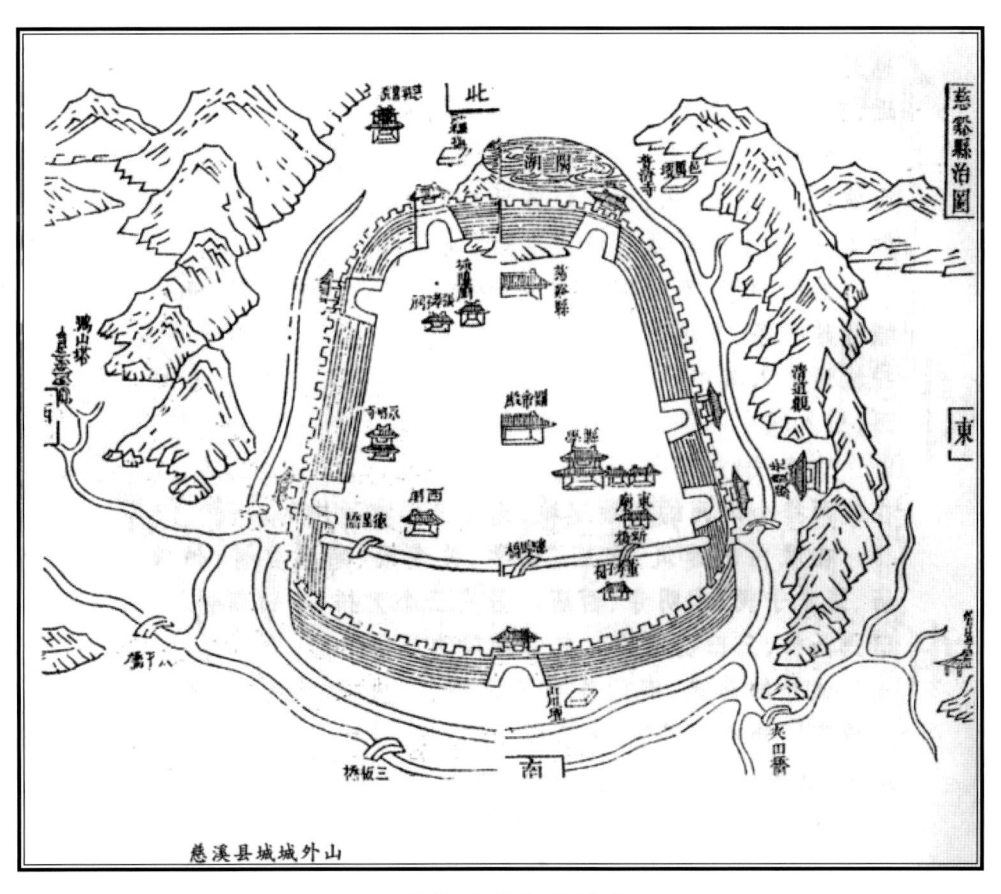

◇慈谿（溪）县治图

◇原慈谿（溪）县城图

◇今慈城镇图

◇清末民初黄山地图

◇黃山崇本堂

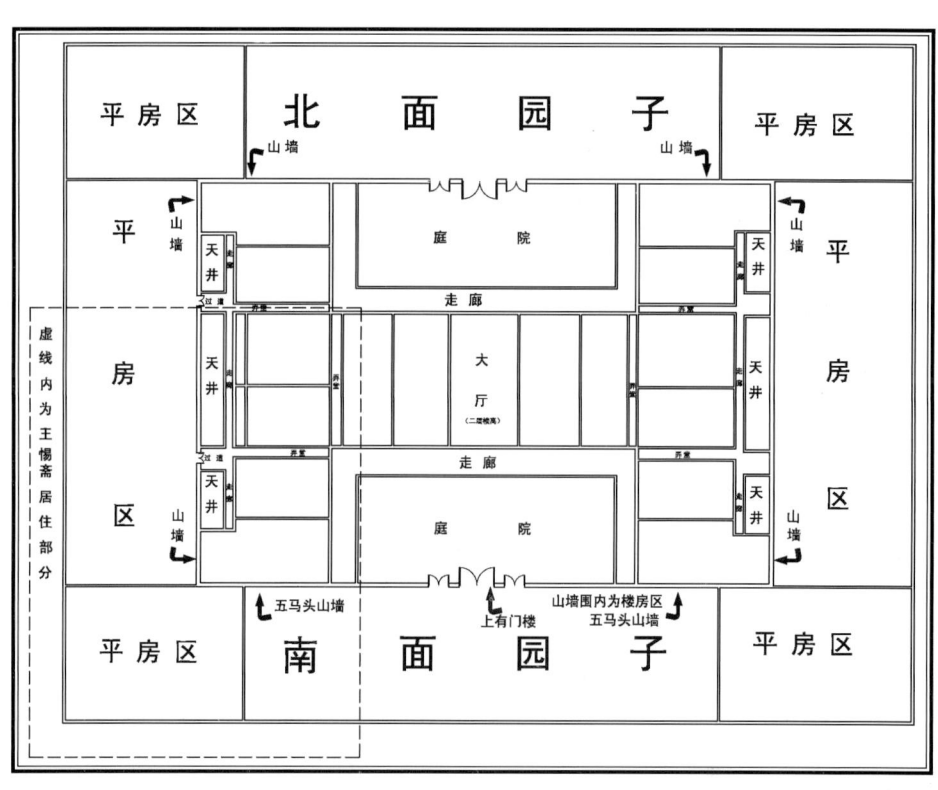

◇白屋平面图（东西约120米，南北约85米）

序

编印此书的目的，是想通过叙述王惕斋的生平经历，反映晚清时期宁波一个小村庄中王氏族人所进行过的中日友好文化活动和这个村庄中以王姓为主体的家族几百年来以培养士大夫为主的特征。

王惕斋（仁乾），生于1839年，1870年东渡日本，1877年在日本开办经营汉文书籍、文具、药材等的商店"凌云阁"，1910年归国，1911（宣统三年）年去世，享年73岁。

王惕斋是当时宁波府慈溪县（今宁波市慈城镇）黄山村人。黄山村居民的主体是王氏家族。王氏家族自明朝移居黄山村至王惕斋是第23世（仁字辈）。在23世的王氏族人中，较王惕斋稍后去日本也在日本长期居住的还有三人：王治本（仁成）、王藩清（仁体）、王汝修（仁爵）。他们都是王惕斋的族兄弟。

王氏家族是一个士大夫家族。如王惕斋上三代共28人，王治本上三代共5人，全部都有功名或官衔。王惕斋等4个去日本的族兄弟也是如此。因此，他们都有比较深厚的传统文化素养。王惕斋"虽以商人的身份旅居日本，但他出身于富户，自幼受到良好的教育，于诗文书画具有一定的素养，……与原高崎藩藩主、酷爱诗文者大河内辉声交往甚密，曾作书赠与大河内悬于其书斋"。其他三人则以文人身份旅居日本。1883年他们去北海道函馆，当地报纸的报道是："三氏于东京常与文墨诸大家共游，诗文书画均称绝妙，为清客之中屈指可数者。本港文雅之士亦多乞请挥毫。"其中，王治本更被认为"是当时儒士文人仰慕的泰斗"。在黄山的士人中也有很多饱学之士。如1884年，日本维新人士、精通汉学和西学的著名学者冈千仞，受王惕斋的邀请，住黄山王惕斋家半个月，在其《观光纪游》中对接待他的王惕斋的一些家人中，就有如下评语："砚云，举人，有才学，笔谈至哺"；"并卿尝为福建霞浦县令，有学问。"

王惕斋一生正处于如李鸿章所说的，中国面临"三千余年之一大变局"。这种变局也出现在当时的日本，并且中日之间有一种互动的关系。在这样一个形势下，在本土和日本的王氏族人，特别是交往人物广泛的王惕斋，他们的思想和活动，也从一个侧面反映了当时的知识分子的状况，包括他们对国家命运关切的状况。如王惕斋致汪康年信中说，自己是"海外一残废商人，本不要预闻国事"，但是如张謇日记中所记："闻惕斋言，方其农学初兴，购用《农政全书》甚多。特今日言农学者喜张欧美耳。国势弱则前古人与后来人并受其累，亦至言也。"因此，在盛宣怀日记中写道："惕斋虽久居海外，不忘祖国，曾有条陈当道改良时政书及时弊琐言。"吴荫培的游记中写道："惕斋遨游东国已数十年，熟悉商情，洞察时务，人都会有建白，为当轴者所知，其言可采用也。"

当然，也有跟不上时局发展的。如冈千仞日记中所说的："砚云有奇气，文笔纵横，实为难得之才，而言及外事，顽然执迷，一至此极，殆不可解者。是事不止砚云为独然。"

这些，虽然只是发生在浙东一个小村庄的王氏族人身上，但也是当时中国知识分子的一个局部写照，是值得研究的。事实上在中国和日本，一直有一些人在研究。日本宫城县日中友好协会在2008年和2009年还两次组团访问黄山村王氏族人的故居，赓续100多年前王氏族人开创的中日之间的民间友好活动。

因此，我尽可能收集目前已发现的以王惕斋为中心的有关资料，以及今人的一些论述文章，编成这本书。供进一步研究和收集资料之用，例如王惕斋写的《独臂翁见闻录》还有待发现。我因腿疾，行动不便，很大一部分资料是由王惕斋长子王祖赓的外孙女王浩平收集的。

本书共分三部分：第一部分名之为《王惕斋行状》，带第一手资料性质；第二部分名之为《王惕斋研究》，这一部分，多为今人所写；第三部分为《黄山王氏资料选》，反映黄山古村的历史和特征。

第一部分，还有待继续收集。如《寻根》2008年3月号发表的中国社会科学院哲学研究所王维所写的《"笔谈遗稿"的发现与研究价值》一文中提到："从对'笔谈遗稿'不完全的统计得知，先后参加大河内辉声等'笔谈'的人士中……大清方面的有公使何如璋（子峨）、副使张斯桂、参赞黄遵宪（公度）……王治本（桼园）、王仁乾（惕斋）、王藩清（琴仙）……"。如日本学者实藤惠秀所说，笔谈内容"是明治史和日中关系有价值的研究资料，同时也是很有趣的文艺作品，因为笔谈诸君的文才和诗才都是了不起的"。"1990年汪向荣先生……跟我谈《大河内文书》一事，我才初知'笔谈遗稿'的情况。他还说，虽然实藤先生将'笔谈遗稿'的部分翻译成了日文，以《大河内文书》名出版了，并与新加坡大学的郑子瑜先生将其中的'黄遵宪与大河内辉声等的笔谈'部分，作了编校、整理，出版了中文版，但还有绝大部分'遗稿'内容没有整理、研究和出版。……他曾向时任中国社会科学院院长的胡乔木提出过，胡乔木院长也曾拨出专款，让社科院的某研究所设法能复印全部'笔谈遗稿'资料。……至今这批复印件资料仍'束之高阁'将近20年了，一直希望能有研究单位或出版社能以影印件的形式出版这些资料，以供研究用。"即是一例。

第二部分，现有文章，由于当时的资料还不充分，可能有一些不确切的地方，有待更正。目前已可确定的是：与王惕斋交往的肃亲王是善耆而不是载振；冈千仞在王惕斋家住的时间是半个月而不是一个月；王治本去世的时间和地点是1908年在黄山村而不是1907年在长崎等。有的还有待进一步考证。当然更主要的是希望学者们能写出更多的文章来。另外本书在引文中保留部分异体字，如"余"、"馀"同用，改正一些异体字，如"谿"改为"溪"等等。

总之，本书的编印，是希望保存一些历史的记忆，并希望能唤起更多一些历史的记忆。最后，我要感谢关心宁波乡土文化和中日文化交流的族人北京大学教授、原常务副校长王义遒先生，浙江工商大学教授、日本语言文化学院院长王宝平先生，《古镇慈城》主编钱文华先生，乡谊、宁波市作家协会会员叶龙虎先生和宁波出版社编辑曹亮先生，他们对本书的编写、出版提供了很多宝贵的意见或为之尽心尽力。

王惕斋孙王勤谟写于北京寓所
2011年4月

目 录

序

第一编 王惕斋行状

一、家谱传记
　王惕斋与王氏家族···《慈溪王氏宗谱》3
　河南汝宁府通判王公家传···（清）陈继聪 5

二、文献辑录
　观光纪游···[日本] 冈千仞 7
　大河内文书···[日本] 实藤惠秀 21
　清朝书法家来越（明治十六年至十七年）·············[日本] 田宫觉 37
　日本纪游···李筱圃 38
　郑孝胥日记···郑孝胥 40
　扶桑两月记、农学丛书···罗振玉 41
　张謇全集···张　謇 42
　东瀛纪行···胡景桂 47
　日本考察学务游记···缪荃孙 48
　岳云庵扶桑游记···吴荫培 48
　东游日记···盛宣怀 50

三、著述信札考
　《独臂翁见闻录》···52

《无师自通东语录》…………………………………………… 52
　王惕斋与汪康年的九封信 …………………………………… 54

四、发行书籍考
　《千百年眼》 ………………………………………………… 63
　《诊病奇侅》 ………………………………………………… 65
　《日本语言文字指南》 ……………………………………… 69
　《日军陆军军制提要》 ……………………………………… 71

第二编　王惕斋研究

一、中日交往
　冈千仞与《观光纪游》——近代日本人的访华旅行记 …… 王晓秋 75
　慈溪王氏兄弟与日本文人 …………………………………… 吕顺长 78
　慈溪王氏兄弟1870年后所做中日民间交流 ………………… 王勤谟 87
　清朝晚期宁波一个小村庄中王氏族人的中日民间友好活动 … 王勤谟 95
　情系故园　名闻东瀛——近代中日文化交流的江北王氏兄弟 … 王　静 106
　清客中一屈指可数者——王藩清 …………………………… 王浩平 112
　江幡武与王勤谟的书信来往 ………………………………… 115

二、生平探索
　慈城日语"词典" …………………………………………… 梅子满 118
　最早的日语学习工具书《无师自通东语录》 ……………… 谢振声 120
　《诊病奇侅》的发现 ………………………………………… 王勤谟 125
　关于《嘲王惕斋》 …………………………………………… 王勤谟 128
　一则不实的回忆——评《嘲王惕斋》 ……………………… 王浩平 136
　王惕斋交往的部分中日友人简介 …………………………… 王浩平 139
　王惕斋陪同冈千仞访问的江南贤达简介 …………………… 王浩平 157
　王惕斋致汪康年九封信中涉及人物的简介 ………………… 王浩平 166
　王惕斋属下张伯岸简介 ……………………………………… 王勤谟 172

第三编　黄山王氏资料选

　家训 ………………………………………………《慈溪王氏宗谱》179

黄山小志···（清）蒋坦 181
续黄山小志··（清）蒋坦 186
对宁波慈城黄山古村特点的探析：一个士村········王勤谟 190
忆慈城黄山···王义道 204
再忆黄山：崇本学校··王义道 212
黄山古村··叶龙虎 218
冈千仞《观光纪游》七月十八日至廿日日记若干诠释········王勤谟 221
清大夫第人文画砖屏··························《保国寺砖雕与石刻》229
黄山大夫第和砖雕屏风··王勤谟 250
忆故乡慈城黄山和白屋··王芦奋 254
怀念白屋··王　静 257

第一编

王锡斋行状

一、家谱传记

王惕斋与王氏家族

　　王惕斋（第二十三世），黄山庸晟三子。讳仁乾，字健君，号惕斋，晚号独臂翁。国学生，布政使司经历。清道光十九年己亥九月初七日丑时生，宣统三年辛亥三月二十四日亥时卒于上海客次，寿七十三。配封安人董氏，副室朱氏。子三：义森、义槊、义槊。长子义森出继仁尧。

　　王惕斋在黄山村王氏家族中属王严理支脉。王严理在黄山村盖了"大夫第"，成为"大夫第"支脉的始祖。王严理共有五个儿子，也就是下分五房。第三房后在"大夫第"东南约五十多米处盖了"白屋"，搬出"大夫第"。王惕斋属第三房，住"白屋"。今将家谱上其曾祖父王严理、祖父王瀛、父亲王庸晟和兄长王仁尧、王仁周的记载录于下：

曾祖父王严理（第二十世）

　　黄山恭萃子。讳严理，字守一，号呼岩。国学生，候补布政使司经历，覃恩加一级，选授河南汝宁府粮捕水利通判。诰封朝议大夫，累赠通奉大夫。清乾隆二十一年丙子十月二十九日申时生，道光四年甲申六月二十五日子时卒，寿六十九（县志有传）。配诰封宜人累赠夫人郑氏、胡氏、冯氏。合葬虎胛山东面山腰。子五：潮、沅、瀛、瀚、润。

祖父王瀛（第二十一世）

　　黄山严理三子。讳瀛，字楚畦，号仙舟。国学生，布政使司理问，加四级。清乾隆五十四年己酉二月二十五日午时生，咸丰九年己未正月十七日卒，寿七十一。配赠恭人

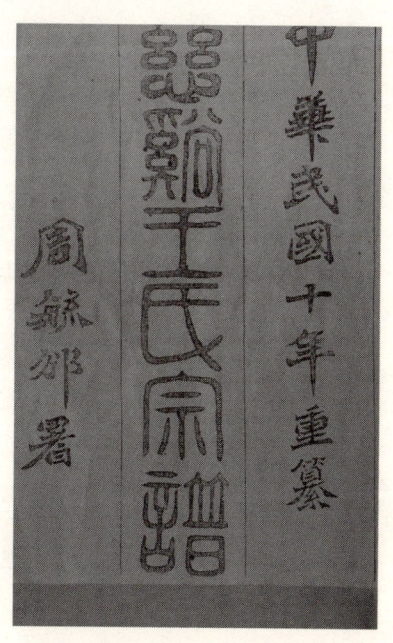

民国十年（1921）重纂
《慈溪王氏宗谱》书影

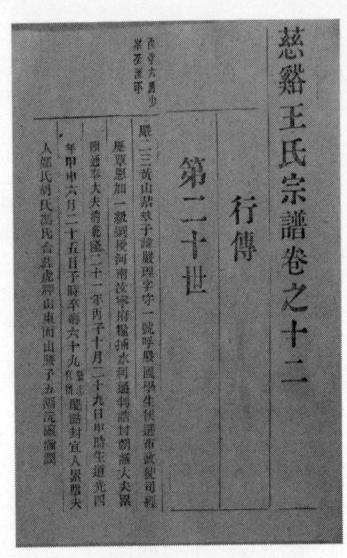

◇王氏第二十世谱录

陈氏、封恭人向氏。合葬王子浦西。子三：庸晰、庸晧、庸晟。

父亲王庸晟（第二十二世）

黄山瀛三子。讳庸晟，名藻，字芙卿，改字辅卿，号秋生。廪贡生，即用儒学训导。以被赭寇之难，奉旨入省中忠义祠，并得赐恤云骑尉恩骑尉，世袭罔替。清嘉庆二十年乙亥七月十八日寅时生，同治元年壬戌闰八月初一日酉时卒。配林氏。子三：仁尧、仁周、仁乾。

长兄王仁尧

黄山庸晟长子。讳仁尧，一名震东，改名震封，字树勋，改字书勋，号晓峰，又号果亭。邑庠生，兼袭云骑尉。清道光十三年癸巳七月初五日酉时生，光绪二十二年丙申正月十四日子时卒，寿六十四。配郑氏。子一，义范；又以仁乾长子入继。

二兄王仁周

黄山庸晟次子。讳仁周，字远敷，号我愚。清道光十五年乙未正月十三日亥时生，咸丰十一年辛酉三月初一日卒。未娶。

附王氏辈分诗

诜淳厚用（又儒）仝维世，　贤明俊杰秉忠良，
寅恭严肃庸仁义，　　　　　勤勉恂嘉绍泰康。
平顺安宁诚善庆，　　　　　谦和雍睦谨端庄，
曾玄累叶存宏德，　　　　　诗礼相承誉益光。

（注：仝十八公始居黄山，王严理为第二十世，原文摘自《慈溪王氏宗谱》，中华民国十年重纂。）

河南汝宁府通判王公家传

陈继聪

公姓王氏，讳严理，字守一，一字呼岩。浙江慈溪县人。系出太原。先世为宋宗正丞，扈跸来临安。后迁居慈之唐堰。八传至讳钰者，庐墓黄山，因家焉。二十传至公。公生三岁，父封公讳恭萃卒。赖母冯太宜人守节教养。稍长，从名师游，多目以国器。会应学使者试，不售。遂慨然弃举子业，理家政，与臧获同劳苦。由是家益以起。公之为人，有至性。庭帏之间，先意承志娱之无不至，而尤以显扬母节为念。乃述太宜人事实，泣告宿儒林心竹广文为之传；复请大吏旌于朝。时，长老伟公才，劝之仕。而公以母在，辞。然有心吏治，勇于有为，为乡里罢徭役。徭役者，民间之摊丁绝户，岁需垫款，而县吏恒使懦者充之。征之不足，追比敲朴，甚有鬻妻子以偿者；且多答毙于狱。公深闵之。告当事，请以摊绝之款分派田亩，俾无旧欠，而专其事于保甲。主者从之，立碑垂后，积害乃除。

未几，太宜人卒。公绝粒数日，哀毁几灭性；而丧葬皆如礼。语人曰：不肖以孤童成人，母尝诲之，勉建功业，为宗祖光；今亲已矣，若不出效尺寸，是负教也。遂于服阕后，由布政司经历遵例捐授通判，分发河南。既抵豫，谒抚军。马公慧裕接谈，辄为所契。谓僚属曰，王通守议论明畅，良吏也。先是抚军以酸枣等社民互争沙压地亩，而查勘每不得其人，致案积久而弊丛出，至是乃遣公往。公至，不用刑威，多方开譬。社民赵铨等皆具服，照旧完课，事遂定。抚军甚嘉公才，辄倚重之，旋命摄汝宁通判。篆任三月，民情大洽。然公为吏廉，薪水有歉，则自家邮寄。久之，赀斧难继，因乞假回里。时年已五十馀矣。

公无兄弟，有妹一，适邑增生张云程。垂老相友爱，馈问不绝。张死，恤其孤，视如子。其族尊任云南，卒于任，妻孥不得归，公归之。至今多述其事者。公生于乾隆二十一年十月二十九日，卒于道光四年六月二十五日，年六十有九。配氏郑，继配氏胡、氏冯，俱封宜人。子五：长潮，候补县丞；次沆，按察司照磨；次瀛，布政司理问；次瀚，光禄寺署正；次润，布政司经历；女五；孙、曾、玄五十馀人。公自襁褓失怙，孺慕之诚终身不改。当六旬时，长君潮等欲乞先达文为寿。公泫然曰：吾不幸幼而孤，藉母氏以成立；今虽仰邀旷典，吾父得赠五品荣；而太宜人又弃养；吾方日夜哀思，汝曹何以寿为。竟不许诸子称觞云。

论曰：公本慈之世家，而乾嘉间复起而振之者，实公之力为多。位虽不达，而其树立已足称良吏，而俎豆于乡。余所重者，尤在天性之挚诚，以伦常之地，事业所出，彼君陈之，言政本于孝友。有味哉！有味哉！

咸丰七年岁次丁巳蛟川陈继聪拜撰

（注：《慈溪王氏宗谱》始修于咸丰七年（1857），中华民国十年重纂）

二、文献辑录

观光纪游

（日本）冈千仞

注：冈千仞（1833—1914），仙台藩士、汉学家、诗人、作家、旅行家，号鹿门。戊辰战争（1868年）时在仙台藩因主张勤王论而被下狱，维新以后历任文部省出仕、教职及修史馆员、图书馆馆长等职。48岁辞官后，专心从事子弟教育、游历、著作。前后有弟子三千，著述达三百余卷。还有很多没有刊行的遗作，保存在东京都中央图书馆特别文库室，供研究用。为褒奖他在维新时期作为志士、有胆量文人的功绩，大正天皇（时为太子）曾予召见，并且在临终之前光荣地被破格授予从五位的叙位。冈千仞于1884年5月29日从横滨乘船出发来中国。6月15日上海《申报》以"文士来游"为题报道冈千仞"前日至沪，行箧中有书数百卷，诸友荐引笔札数十函，此固日本名流中之佼佼者也"。7月18日至8月1日，住慈溪黄山村同船回国的旅日华侨王惕斋家。1885年4月10日登船回国，前后在中国历时320日，历程近万里。会见中国官员、文人近200名。见过李鸿章、盛宣怀等达官贵人，俞樾、李慈铭、汪士铎、王韬等名流学者。交往时大多用笔谈，有时亦由陪同的王惕斋口译。交流内容广泛，涉及政治、经济、文化、学术等各个方面。冈千仞为人豪爽，往往直言不讳，畅抒其见，甚至有时与对方展开激烈辩论。他对当时中国社会的腐败和各种时弊痛加抨击，表达了希望中国改革和振兴的真诚愿望。冈千仞在访问期间，用汉文，"有所闻见，必手记"。这些日记总题名为《观光纪游》（署名宫城县冈千仞振衣撰著，任濯万里校订），约六万字。该书于2009年5月由中华书局出版发行。

明治十七年（1884年）甲申五月三十日（光绪十年五月六日）

舰号"东京"，长五十馀丈。中设食堂，案桌帷帐，瓓璨眩目，食膳坐作，肃有定则。左右客室，设盥嗽器具，极为净洁。下室乘客二百余名，男女杂沓。冯耕三（銮）、王惕斋（仁乾）亦同乘。耕三传高木氏制笔法，每岁东航，贩笔墨。今春建蒙恬碑墨堤，杨君撰铭。会辇下善书者，设祭碑下，冯氏名藉艺园。二人曰："中土风俗，无异日东，唯不若日东专事净洁。"余曰："我国近学洋风，竞事外观，渐失本色。"就室一睡，濯曰："已达纪海。"出视，

7

沿海一带，蜑户渔村，历历指点。余曾闻舰上望那智瀑布，问之，曰已过。

三十一日（七日）

晨起，已泊在神户港。与杨君乘小轮船，诣中土公署。馆占高垲，标黄龙旗。黎理事（汝谦）出迎。舌人杨锦廷导抵泉亭一浴。锦廷背纹双龙，曰："余往年从荷兰人，馆善应寺，见驭卒文身，学其所为。"黎君飨华馔。馔毕，与杨君乘汽车赴大阪，访山田荣藏。杨君有古书癖，历访心斋桥书肆，得宋版《尚书》，大悦，投五十元购取。归神户，已日暮。过黎君，惕斋、耕三在。理事赋送长篇，余和答。饮至三更，辞出。锦廷送至海岸。舟灯如星，灏气冷然。

六月十一日（十八日）

与耘劬访杨君，观《古逸丛书》。杨君要余同游苏杭，耘劬亦曰："苏杭不独富山水，实为人文渊丛。"余病无舌人，惕斋在座，曰："仆将取归路苏杭，不复烦舌人。"惕斋久住日东，善东语，乃订期日。

十八日（廿五日）

见惺悟、惕斋，商议游事。惕斋导过叶氏药肆，见董慎夫（圻），现官中翰。凫香至，曰："家伯芝僧在家以待。"伴至求志书院。中土州县，皆有书院，大官巨姓，所以捐赀建设。芝僧出见，飨酒，曰："方草《桐城县志》。"赠刻本三卷。市街隘陋不洁。唯所陈货物皆精良。见一朱匣，板厚四五寸，竖六尺馀，横二尺馀，两头刻兽。问之，始知其为凶器。中土厚葬为弊，可知也。

廿一日（五月廿八日）

过蔡同德药铺，促惕斋同发。二宫、高平（与一）、岛田、今村（胜太）四姓送至岸上。是为吴淞江，俗称苏州河。杨君已在。舟长三丈馀，设案桌椅子，置卧床二所。窗嵌玻璃，匾曰"鼓浪长风"，极为雅洁。船老叩钲拜天，火纸丸，爆然有声，盖表告天之意也。黄浦大江，大舰巨舶所系泊，而吴淞支流，船只候潮往来。两岸皆市街，矗立高厦，列设电灯、瓦斯灯、制丝、自来水诸机器所。一桥额曰"新闸桥"，中流叠石，为桥基三所，颇为奇巧。过之，原野空阔，天宇四垂，不见一山。帆走半日，潮落小泊。散步岸上，有周太仆祠，雍正年间人，兴水利，有恩政，祠于此。凉风徐起，芦苇颤然，始闻蛙声。

廿五日（闰五月三日）

拟买舟一游虎丘，以雨止。惺悟杂陈在东所获古写经。把玩不置，曰："此犹晋时笔法，宋元以下，无此真致。"我邦南都诸寺及安艺严岛社，我乡中尊寺古写经，皆绀地金泥，笔画端正，惜不使惺悟一见。陈松泉（寿昌）来过，杨君旧知，在此知书局。

午后从惕斋，过蔡氏药铺。宏厦深沉，此间猗顿。中土街路局束，仅通轿子。盖由稠密万户，限以城壁，不似我邦市井在城壁之外也。粤匪之乱，委为荆棘，改设城市之制，此时为然。夜闻人家击锣吹笙，妇女号泣，问之，哭死也。

廿六日（四日）

惕斋导观盛氏留园。出阊门，南行二三里，得一第宅，四匝垣墙，是为留园。园广四五百亩，楼台重叠，亭榭迤逦。标深远以太湖石，饰幽邃以花卉池沼，取韵致以诸名流匾额题联。垫文瓦为径，嵌石帖为壁，畜孔雀翡翠文禽以雕笼。余前见李君蘐园愕然，至是嗒然自失。中土大国，奇伟壮丽，何所不在焉。观荫甫碑，曰园刘氏所辟，粤匪之兵火，此园独免。及归盛氏，以刘留音同改称。饭阊门外一店。见大官之过，舆马傔从，鸣钲翻旆，前后簇拥，犹我幕府时列侯。雇轿与惕斋访沈廉访（仲复）、杨醒甫（引传）、汪上舍（瘦吟）、秦肤雨（云），皆不在。

三十日（八日）

与惕斋及濯往观狮子林，为倪云林旧迹。园叠积太湖石，装点景致，凿为窟室，竦为峰峦，屈曲通径，可以登降。石大者二三丈，如虾蟆，如鹰隼，如仙佛，如夜叉，虎踞猊蹲，极布置之妙。门匾曰"真趣"，碑亭刻康熙帝留题诗。而粤匪乱后，亭榭楼阁，破坏不理，名流胜迹，渐归荒凉，为可深惜。归途观圆妙观。架楼三层，隆起耸天，佛像大二丈许，钱塘大商胡雪岩所再建。茶肆酒亭，左右环列，吞剑、攀竿、舞猴诸杂戏，无一不有。士女麇集，极为闹热。雨起，疾步而还。街路垫石，石面锯纹，防滑泽，或密填瓦砖，为凸状。故虽雨不病泥泞，唯病路太狭尔。

七月二日（十日）

平明舟人喧哗，曰扬帆发舟。起揭篷户，晓烟始敛。四望寥廓，见旭日出芦苇之间，唐诗"欸乃一声山水绿"者。正午抵平望。石桥隆起三四丈，上桥聘望，市人麇集，皆呼东洋人。自是湖沼淼漫。一桥曰长虹，一聚落为王江泾。此为江浙两省分界。往往见牌榜巍立蔓草之中。惕斋曰："王江泾本为此间名邑。余少时从洋人来此,买棉丝,粤匪乱后流亡略尽。自此至嘉善,兵祸尤惨,良田沃土,尽皆污莱。官新移四方浮户,从事开垦云。"

日晡泊嘉兴,观杉青园。有帆影、落帆二亭,为宋代胜迹。名人题咏,壁无馀地。堂安李白像,曰园主酒户,故祀青莲。问陆贽、曹彬祠,曰陆祠乱后未复,曹祠在南门外,已复旧观。与惕斋酌一店,月色如昼。

七日(十五日)

云台邀余和惕斋,泛舟西湖。余与濯出涌金门至三雅亭,云台与沈明哉及惕斋舣舟以待。舟徐太史(琪)新造,待荫甫先生者。题楣曰"浮俞",曰:"《说文》俞字有舟义。"觉涉奇癖。湖周六七十里,峰峦重叠,楼阁参差。舟行湖心,恍然为在画中之念。一岛树色郁苍,曰湖心亭,彭雪琴(玉麟)就而开退省园,尤为美丽。不及往观。其南为三潭印月。上岸行石桥,四面皆荷花。有关帝庙、迎翠轩、凝香阁,匾额柱联,悉皆名人书。路穷有亭。望湖上诸山,雷山突起。山腹宝塔曰黄妃塔,吴越王妃黄氏所建,尤为巨观。石灯三基,鼎立湖心。每中元僧徒行放生会式,尤为盛事云。

回棹抵北岸,饮"两宜楼",取东坡"雨奇晴好"句。观刘(典)、蒋(益沣)二氏祠。二氏以巡抚属左元帅,平浙乱,战死,敕祀于此。诣凤林寺,会大官设斋,贵宾满院。僧导示君子泉,石刻乐天诗。过小曲园,徐、冯(一梅)诸氏辟此园,以待荫甫先生者。缘崖构堂,曲折而上,匾曰"小蓬莱碧霞轩",堆湖石作假山,居然深山。自楼上而望,湖光拖蓝,山色浮翠,极为佳瞩。荫甫一代耆宿,及门诸子,开园庭以待,师弟之契,足厉薄俗者。右折行林径,有苏小小墓。以石为屋,石柱六基。柱头刻"湖山此地曾埋玉,花月其人可铸金。桃花流水杳然去,油壁香车不再逢。千岁芳名留古迹,六朝韵事著西泠。花须柳眼浑无赖,落絮游丝亦有情"八句。

出湖上,有康熙帝行宫。帝奉太后南巡,驻跸于此。宫有四照亭、竹凉处、绿云径、瞰碧楼、月贮泉、领要阁、玉兰馆、御碑亭,不得入观。其东为文澜阁,乾隆帝敕建天下三阁,藏《四库全书》副本,文澜阁其一。役写手一千人云。阁左右有大乙、分青二殿,庭叠湖石,妆假山,极为宏丽。

回舟观岳武穆庙。前殿碑刻康熙帝诗,壁刻武穆奏疏真迹。塑像大二丈许,左右列五子云、雷、震、霖、霆像,匾额书"伟烈纯忠"、"中州正气"、"报国忠贞"、"唯天可鉴"等大字。"一代精忠起河岳,千秋生气镇湖山"一联尤为快绝。两古碑刻武穆肖像,元明代物,漫漶殆不辨。右折诣武穆墓域。门侧大石,刻"尽忠报国"四字,字大丈许。墓叠砖圆形,垩其表,所谓"土馒头"者。正面题"宋岳鄂王墓"。旁一坟,附葬子云者。门柱刻"臣忠子孝,万古英名，赫赫并乾坤不朽;妻节女贞，一门芳誉，明明同日月争光"一联。左右有秦桧、王氏、万俟卨、张俊反接铜像，其二倒地上，众就而溺，臭气扑鼻。门内老树，干枝南向，所谓"无树指北"者。余尝求武穆其人于古忠臣，唯有诸葛孔明，而孔明遭遇始终。唯我楠廷尉大节，与日月争光，而其决死，由左右拥蔽，国事日非，与武穆冤死，皆万古不平者。而百年之下，香火之盛，愈久而愈炽，殆东西争烈者。

出祠门，有朱子庙，颇宏壮。旁为书院。棹抵平湖亭，其背湖水弯入为沼沚，称里湖。行堤上，芰荷满池，游鱼泼刺，土人放生处，禁钓渔。攀一埠，得放鹤亭，为和靖旧迹，石刻康熙帝《临董太史舞鹤赋》。其下有林汝霖祠。汝霖和靖后，以典史拒粤匪，殉节。稍上有和靖墓，祠园皆梅树。取别径，有乐天、东坡祠堂，墙壁四周，不及入观。棹至二雅亭下，已暮。西湖之为胜地，天下所艳称，而余以闲散书生，万里一游，真知湖上胜缘不浅矣。

惕斋发邪热，轿归。

八日（十六日）

雨意。与穆文清及惕斋、无适遇望月楼，吃茶。壁揭内海吉堂画鲤，无适曰："吉堂，越前人，学四条画，尤妙画鲤。鲤鱼俗人所悦，游此间，画大行，橐千金东归。"坐见朱砚臣、杨桂峰，二人以书画名。桂峰曰："明时倭寇蹂躏东南海滨，此间今犹以倭人为凶恶称。滨海有一民种，曰土皮，操贱役，不齿人间，传为倭寇遗种。或曰前明统一，不齿蒙古人，馀种遗族，流落东南，为此类。"重内轻外，何国不然？我邦贱族，有秽多，传为韩人裔，亦同曰话。唯斯人始见东客，举和寇为谈，殆多言举典者。雨大至，众皆轿归。

十一日（十九日）

惕斋热变为疟。招医服药。访笠庵。大厦突兀，中央构演剧台，四回廊庑，容数百人。问何堂？曰药商会馆。中土大都，客商会集处，多有此等设。坐见学生陈啸云，携访仁敬斋。其妻徐氏，善画。夫妻款接，供点心。炎威如烘，相伴出涌金门，即西湖。水光浸天，凉风满袖。休三雅园。游人观余与三人笔话，聚观墙堵。

十二日（二十日）

与惕斋观慈溪会馆。堂宇新修，馆人说创馆经画颇艰。余问何用？曰省试时，慈溪生员馆此。三年一试，而有是巨设。考试奔波一世，可知也。笠庵来过，共诣弥勒寺，访无适。竹树萧疏，颇有幽致。携观一商家花园，卉木珑璁，楼台轮奂，幽邃不及留园、怡园，而伟丽过之。问园主，曰应敏斋为江南布政使时，筑园奉其母，今退老金华。过一亭，小酌。余曰："观察、布政，任地方疾苦，超任此职者，必散万金开花园。蘧园、怡园、留园，无园不然。中土大官，固如斯乎？"笠庵默然。

十三日（廿一日）

余本拟至杭小住，为消夏之计。暑气犹浅，惕斋曰："先探绍兴、会稽诸胜，归途谋此事，未为晚。"乃雇舟。云台、笠庵难惕斋病疟，余以为慈溪仅三日程，不若速就归路，养病乡里。辞诸子，轿出东郭。渡钱塘江，渺漫无际。江本名浙江，浙全省以此川，分称东西。至西兴，市背一水曰西江，船只栉比。雇一舟，制日章旗以标，观者皆指，曰东洋人。岸上累累坟墓，其制或甃瓦，或起冢，或石屋盖碑，或墓前标石碑，或暴棺不掩，要皆从家贫富者。我邦先辈就书上，而论坟墓之制，土馒头、马鬣封类，想象为说，真耳食者。中土覆土作冢，异我邦穿土为圹，且墓地，田间陇上，唯风水之间，与我邦付坟墓僧寺大异。僧不关葬事，唯丧家请僧修冥福而已。夜过萧山县。灯火星点，人语如沸。

十五日（廿三日）

晨起，舟已泊在禹陵下。三面皆峻峰，所谓会稽山者。陵户掌门钥，投钱入观。有碑蝌斗［蚪］字，曰衡山崩时，获裂土中，禹碑是也。拾石级，中门碑刻康熙、乾隆历朝祭文。有御碑亭，刻乾隆帝五古长篇。庙粤匪乱后所新修，宏厦翠飞，葺以黄瓦。正面安塑像，大丈馀，左右立像各五，大字题栋上，曰"天成地平"，曰"成功永赖"。楹联二：曰"江淮河汉思明德，精一危微见道心"，"绩奠九州岛垂万世，统承二帝首三王"。左庑安四嗣王、四辅、六卿神主，右庑安嗣王十一世、四岳、九牧神主。蝙蝠千百，巢栖梁楣，秽臭冲鼻。庙左一阜，有穸石亭，石质莹然，微含红色，挺出七八尺，诸名流细字题名，雕刻极精。碑刻阮文敏（元）记。出门右折，有两大碑，一刻"大禹陵"三大字，一刻"禹穴"二大字。禹穴在蜀，以禹陵当之，误矣。放翁诗已呼禹穴，其来也久。

过祝官小休。曰姒姓，世奉祭祀，爵八品，村有姒姓三十余家。天气顿变，黑云如墨，仓皇归舟。须臾雷鸣，大雨倾盆，上漏下湿，殆无所避。午下天晴，遥望女墙，为绍兴南郭。过陶堰，访陶竹书（寿勋）。侄杏南在日东使馆，与惕斋相知。款留酒饭，婢能解日语，曰前年从某官在东京。未牌解缆。湖水澄彻，岸上人家市街、桥梁树木，皆倒影水中。柳子厚"韬涵大虚，澹滟里间"二句，真能括尽此景。日暮泊蛏浦坝，坝堤尤大者。坝外浊流排空，为曹娥江，此间大江。

是夜月明，坝上回望绍兴城，极为佳瞩。

十六日（廿四日）

朝阴。蛏浦坝隆起二三丈，村丁驱水牛十馀头挽舟。峨舶徐徐上坝，乘势转下，俄然浮波上，极快。水牛肥大，力兼数牛，出没水中，性甚畏暑，所谓"吴牛嚅［喘］月"是也。行四五里，至春浦坝，水牛挽舟如前。转入一沟，左右田塍，久旱急水，岸岸水车，驱牛运转。法以片板塞牛目，一人在旁鞭策，日夕辊辘不休。稻花盛开，间见垂穗者。一市曰马家堰，堰坝小者。雇村丁，挽舟逾堰，群舟争先，哄然喧哗。惕斋呼市胥示护照，众不敢争。

暮至横河坝。岸设巨柱，柱贯棍，群丁推棍盘旋，舟冉冉转下，而乘客安坐舟中，不少惊。自此地势平旷，江流渐阔，此为姚江。日已暮，一酌就寝。夜半，舟人群呼，遽然眠觉。问之，下坝也。大波汹涌，舟已在坝下。此为斗门坝。此间两岸皆山，地势高低，故所在设坝通舟。坝又呼闸，放翁《入蜀记》"一日出三闸"是也。江月初升，风露寥阒。右望城堞，此为余姚。余姚有新古二城，此为古城。

十八日（廿六日）

芦苇弥岸，时见村落，是为慈溪北郊（注：应为西南郊）。小沟左折，直至王君门前。珠垣（景星）、再培（迪中）、并卿（景威）、致和（仁中）、砚云（仁厚）出接，皆惕斋族兄弟。王氏，慈溪大族，分宗以来，族人同居三世，广厦连宇，画为十数区，分灶同产，男女婢仆六七十名。吾与惕斋同发横滨，瀛海万里。食息寝处，无日不相与，遂访其家。举族欢迎，如亲兄弟。此亦文字因缘，非偶然者。砚云，举人，有才学，笔谈致晡。

十九日（廿七日）

观王氏家庙。壁书先中书君家训十二条。族人登科第者，皆书联额揭壁。族约尤严，曰降入非流者，不得与祭。非流谓窃盗犯刑，操俳优、仆役、剃刀、舁丁诸贱业类。庭设舞台，每春秋奠祭，演杂剧，会族人观之。赴王表堂（熙）之招。表堂，李园（治本）子，飨酒饭。过并卿，方吃片烟，要至王君家再酌。并卿尝为福建霞浦县令，有学问。

廿日（廿八日）

此间士大夫屋宅，四周垣壁，高二三丈，重门严锁。填石若砖为中溜，设大瓮四五，以贮雨水，曰煎茶非雨水，不发香味。堂设炕床、案桌、椅子，揭名人书画，文房器具，烂然照座。屋内分六七区，族人各占一区，耕耘作业，皆任隶氓。富贵者多就都会，开商店，遣族人及若隶属监督，不躬亲。子弟至八九岁，必延师学举业。闺阁尤极美丽，卧床丹艧，帷帐四垂，价自四五十元至百元。其所以自奉，极为矜贵。已无衣食之忧，偃然自足，渐流骄奢。而子弟知读书有才气者，专耗精神于八股之学。及其累试不第，漏不平于酒色，颓然自放，不役心世事，猖狂为达，放诞为豪，妄庸为贤，迂疏为高。或至溺洋烟，荡资产，卖子女，缩性命，不自悔焉。余来此累月，略得中土之病源，附记于此。

晚间散步近村。村童见余异服，前后拥遮，牵衣打肩。惕斋大怒，疾声叱去。

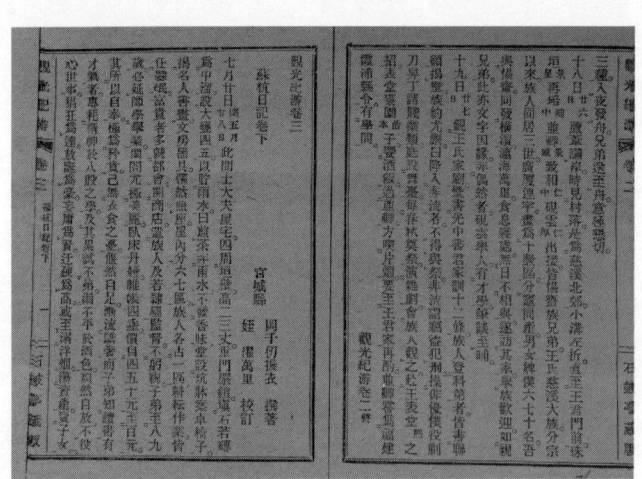

◇《观光纪游》书影

廿一日（廿九日）

雇轿赴县城（注：今为慈城镇，下同），访王竹孙（锡璋）。出示诗稿，余书其后曰："全然出于高青邱者。"竹孙微笑，供酒饭。共访冯梦香（一梅），为曲园氏高足，示《东瀛诗纪》，曰："于老师撰诗中，久知先生之名。"共出观慈湖。途观城隍庙，大雨暴至，乃辞二子。出郭有一禅刹，七层塔耸林表，左右田陇皆坟墓。慈溪小县，而四周城壁，睥睨绵亘数里。我邦据形胜构城壁，而民庶皆家于城壁之外。以中土例之，此第宅大者。途访郑海曙不在，休一野店。雨晴，四明山色如洗。

廿二日（六月一日）

朝雨。赴王仁和之邀。仁和兄骞侯（仁爵）以善书，游我国，现同桼园客于新泻。族人会集，表卿曰："曾制军（国荃）赴上海接法使，论安南之事，和战决此一举。今日之事，不战则无以树国威。唯我朝尚文不尚武，其主绥抚，固非畏彼，不忍残害无辜生灵。以伤天地之和气也。"余曰："宋一代贿契丹以立其国，此事非无例，唯非盛德之事而已。"众论和战利害，满座嚣然。顾彼以大舰大炮劫中土，开埠口二十所，此不特中土古来所无，实为五洲之变局。而士人瞢焉如无见，漠焉如无闻，犹以绥抚为辞柄，以姑息为得策，上下蒙蔽，偷安旦夕，余不知此事何所归着。饮至夜。

廿三日（二日）

梦香、竹孙来访，砚云、致和设飨。梦香盛称多纪氏医书。余曰："敝邦西洋医学盛开，无复手多纪氏书者。故贩原版上海书肆，无用陈余之刍狗也。"曰："多纪氏书，发仲景氏微旨，他年日人必悔此事。"曰："敝邦医术大开，译书续出，十年之后，中人争购敝邦译书，亦不可知。"梦香默然。余因以为合信氏医书，刻于宁波，宁波距此咫尺，而梦香满口称多纪氏，无一语及合信氏者，何故也？竹孙留宿。砚云有诗，余和答。竹孙为余作大字及山水小幅。

廿四日（三日）

栗庵（义宽）设飨。中土飨客，八人一案，陈果实肉脯，或六种或八种，终饮不撤，人具一盏，无献酬之烦。肴馔多皆膏炒，吃了更进，至十数种若二十种。最后进杏仁羹、八宝饭。饭毕，温巾热汤，拭面擦手，踞床吃茶。更设烟具别室，二人对卧。且吃且话，此为常法。余痛驳烟毒缩人命、耗国力，苟有人心者，所不忍为。砚云不悦，曰："洋烟行于中土，一般为俗，虽圣人再生，不可复救。"此虽非由衷之言，亦可以知其成弊害，一至此极。魏源尝论烟害曰："耗中土之精英，岁千万计。此漏不塞，虽万物为金，阴阳为炭，不能供尾闾之壑。"又曰："日本水战火攻，不如中土，止以陆战之悍，守岸之严，刑罚之断，号命之专，能禁邪教，断烟害，使彼不得轻犯。谓我水战火攻，不如洋人，犹可；谓守岸禁邪不如日本，可乎？不可乎？号令之不行海外，犹可；今并不行于海内贩烟、吸烟之莠民，可乎？不可乎？"此实沉痛之言。而中人不猛省于此，何也？竹孙示念珠，以名香炼成者。曰："路上污秽恶臭，使人不胜，故手香珠熏鼻端。"中土街巷湫隘，尘秽坌集，恶臭不可胜，香珠亦不可少者。雨至，竹孙轿归。

廿五日（四日）

砚云见余数举洋事，痛论烟毒，遂曰："李中堂开招商、机器二局，经费百万,蠹国财,耗国力,无一所成,大失民心。"余曰:"洋人制机器,驶舟车,资纺织,尽力农桑国本,凡百工业,其日致富饶,趋强盛,雄视宇内,实机器之由。而今中堂开二局,用力于此,将收彼长为我用,此真尽力国本者。"砚云愤然,曰:"机器岂圣人之所言乎?此徒率国人,去质实趋机巧尔。"余曰:"唐虞璇玑玉衡,周公指南车,孔明木牛流马,无一非机器。圣人制耒耜,垦田亩;制机杼,织布帛;制锯斧,营宫室。其开物成务,无一不由机器。今也,洋人讲工艺,开机器,殆集中土圣人所制作而大成者。尧舜与人为善,而子摈为去质实趋机巧,何也?"砚云变色,曰:"英法豺狼,岂可以人理论乎?"余曰:"中土以豺狼待彼,彼故以豺狼报中土。中土若以尧舜心事待彼,彼岂有不以诚接中土之理乎?林文忠不能谕愚民止吃烟,卒然以兵戈逼英人,略夺烟膏,逞一时之愤。尧舜内修文教,外奋武卫,岂为此粗暴无名之举乎?"论累数十纸,言颇切至,砚云竟不服。砚云有奇气,文笔纵横,实为难得之才,而言及外事,顽然执迷,一至此极,殆不可解者。是事不止砚云为独然。

廿六日(五日)

　　珠垣年六十,为族老,谈及卜筮。余曰:"小人平生不信卜筮。"珠垣变色,曰:"子不知《周易》为圣人书乎?"曰:"小人经学疏漏,《易》一经,少时仅学句读而已。"珠垣因论卜筮事,曰:"蓍为灵草,唯文王孔子墓,生是草。周时有定制,天子九尺,诸侯七尺,大夫五尺,士三尺。子此游拜曲阜圣庙,宜请蓍草宝之。"余曰:"诺。"夫圣人作《易》,发明天地之理。后说《易》者,徒说象数,惑卜筮,殆类巫祝之所为。孟子曰:"尽信书,不如无书",实有故也。将明发游天童山,惕斋与侄静庵为导。

廿七日(六日)

　　巳牌解缆。惕斋、静庵及濯与焉。舟编竹为篷,黝其表,丹其里。舷头绘鱼头,两眼烂然。舟子妙于使帆,舟上窭孔受樯,约两绳帆幅,或左或右,唯风所向。两岸芦苇,凉风飒然。遥望慈溪塔,为行画中之念。左折入支流。连日无雨,田田急水,两岸水车,轳辘相和。至小西坝,水涸。舟子荡舟不前,村丁群至。戮力始动。转出大江,此为甬江,挽百丈溯流。明月在天,露气凄然。江上无蚊,煮鲜一酌。就寝。夜半至教场坝,悬流激射,澎湃雷轰。梦为航大海,坐怒涛,忽而船身倒起,俄然惊觉,舟转在坝下。

廿八日（七日）

晓达小白河，天童山距此二十八里。峻坂斗绝，巅上一塔，曰"镇蟒"，僧心镜咒毒蛇之处。有亭，匾曰"揖让"。此间每一二里，路央构屋，以待行旅，称曰"凉亭"。得一村落，见地碓。平地填石，石面凿轨道，盈斛麦，驱牛转石轮，法同医家药研，放翁诗"地碓春赤米"是也。溪山渐蹙，愈行愈邃。既至，寺门匾曰"第一义"。万竹矗立，仰不见天。林尽得池，池上列石灯，大丈馀。度一桥，殿堂南向，联额题字，金碧焕然。堂央安释尊像，左右四像，大皆丈馀。其背有韦驮天像，戎装手剑，状极狰狞。群诣士女，跪拜致祷，香火不绝烟。殿背左右回廊，拾级而登，有二大厦。一为讲堂，设圆座四五十位，一为僧寮。廊左有御碑亭，刻顺治帝五律。碑阴曰"经有'不拜君父'之语，盖君父之恩，至大至重，非拜跪末节之所能报也。"回护颇圆。廊右有待宾、会食二堂。二僧出揖，一曰寄禅，一曰书蕉。曰："贵国僧大谷玄松来此问法，今春东还。"示送归诗。余请笔问杂事，二僧知余为文士，设酒饭款待，且曰："天童，人间净土。盍留宿少宽？"余以舟待辞。寄禅曰："犹有玲珑岩可探，衲且导。"破笠草鞋，杖而出。峻坂险绝，奇峰峭峙。有一岩窟，曰"了尘禅室入定处"。余赋示一律，寄禅与诸僧传观。赠其著《嚼梅集》及《天童山志》，意颇恳款。天童山，我邦名衲之所问禅，诸僧殷勤，觉缘不浅矣。

乘轿下山，至小白河，已晡。便风张帆，夜抵宁波。惕斋与静庵及濯，上岸观市街。余以疲甚，卧篷窗，翻阅《嚼梅集》。其诗自禅而进诗，真得妙解者，恨匆卒唱和，未及与之订文字缘。

廿九日（八日）

平明，逾一坝出甬江。峨舸大舾，水面为陆，一望知其为大埠。与静庵观市街，抵城隍庙。神像端冕，左右四像，其一戎装手剑，其一衣冠手册，威棱如生。庙前设演剧台，两庑回楼，为待观客之处，壁录鉴戒之语。男女群诣，肩与肩摩，比我浅草大悲堂更为闹热。唯丐徒贱隶踞地赌博，大觉杀风景。转观天峰塔，积砖瓦筑成，矗立七层，每层两梯。攀至第六层，下临惴惴，不觉目眩。东南见群岛蜿蜒海上，为补[普]陀洛山。闻岛有巨刹，本邦僧所开。更转入城壁，此为鄞县。观城隍庙，雕镂精致，比前更焕。粤匪之乱，英、法以此地及上海为互市场，置护兵，故皆免兵火。过吴氏商廛，出酒饭。有一赵姓者，曰尝游长崎，笔谈良久。出江上，铁索系巨船为桥梁，船出水面丈馀，状如巨桶。桥上车马旁午，人行如织。南岸为外人租界，系泊轮船，架栈运物，犹上海，洋馆仅仅十数户。曰六七月外人四集，买茶丝。

申牌解缆,快风满帆,直至小西坝。

潮落,至暮发舟。江月近人,凉气如水。小酌一睡,舟已在王君门外。

三十日(九日)

杨翰林(泰亨)为是间耆宿。此日闻其为先妣小祥祭日,赍赙往吊。入门乐兴,中杂哭声。堂上设影位,列陈四方赗赠及衣物,壁贴挽诗,书用黄白缯绢。就位一拜,延至一深室,供茶。室设神位,列挽诗赙物如前。导致别庄,翰林与子椒孙(家骥)、德孙(家骇)出见,丧服累然,曰:"辱异邦大宾临吊,实为贱宗之荣。"推称余《尊攘纪事》不已,曰:"光明磊落,在中土亦难得。"余悚然。导诣本第,堂设二大案,杂陈海错,余与诸宾揖让就座。乐人在次室,击鼓鸣钲,演哀曲。飨毕至别庄,与翰林笔谈。一客谈兰亭故事,余示《过兰亭诗》,翰林和韵。酒再出,肴止蔬菜,曰:"不忍御肉。"竹制椅子,颇佳洁。余问其所产,翰林曰:"请供船中之用。"顾左右持赠。此间推翰林亚俞曲园,而余卒然一见,受此盛礼,自反赧然。辞出,潮落,黄昏发舟。

三十一日(十日)

舟赴县城,遥望一阁,曰酌议亭。明赵文华会诸将,议平倭寇之方略处。宁波近海,多古垒壁,皆防倭寇者。明中叶以后,东南濒海无不岁被倭寇,天下骚然。而我邦史不一字及之,岂中土凶恶无赖借名我邦耶?将史籍讳而不传耶?访冯舸月(可镛),为此间猗顿,曰:"明亡时,余族祖济(京第),奉鲁王命赴日本,献御宝浮光杯,请援兵。归则母氏北走,妻叶氏缢死。与王烈憨再举,为满将王舛所执,支解军门,乡人得一臂葬马功桥,今犹与烈憨同祠。"此舜水、成功一辈人。

观慈溪湖,三面皆山,一径截湖心,中央架桥,桥上有亭,匾曰"师古"。南岸有慈湖书院,杨龟山讲学处。过竹孙告别,酒饭,书四律,见赠。将辞出,曰:"余家多口,游幕为活,近日将赴锦州维副都统(庆)之招,此会难再,请出送叙别。"锦州属吉林省,距山海关百余里云。相携上舟,夕阳在岸,凉风飒然。

夜与竹孙、惕斋,赴王霭卿(仁言)之邀。霭卿,琴仙兄,琴仙客游我邦。

八月一日(十一日)

拟待夜潮辞发,濯与静庵治行。竹孙为余作书画数纸,砚云赋赠五律四首,有"五方异其俗,安得互相强"句,盖指前论洋烟机器,意见不合也。方今风气一变，万国交通，此五洲一大变局，而拘儒迂生，辄引经史，主张漏见，不知宇内大势所以至此。此殆巢幕之燕，不知及堂之火者。余私谓，非一洗烟毒与六经毒，中土之事不可下手。六经有可信者，有不可信者，苟信不可信者，流毒无所不至。黄公度在东，悦余好论洋事，常曰："形而上，孔孟之论至矣；形而下，欧米之学尽矣。"论当今之事者，不可无此见解也。

砚云设别宴，霭卿、幼蔡、石钧、仁和会饯。船人告潮满，乃辞，惕斋使静庵导。此游惕斋为东道地主，举族欢待。淹稽旬余，实为厚谊。唯恨砚云病足，不得同天童、宁波之游也。众送至岸上，皆黯然。月色如昼，风度芦苇，虫声满地，殆有秋意。

廿日（三十日）

一桥曰千秋，有兵营。上海距此六七里，故设严兵备外人。营垒扼江，涂土为壁。舟人曰："土壁不屋，故每雨改涂。"江流渐隘，曲折而过。望见瓦屋参差，烟突耸空，是为上海。

廿二日（七月二日）

雨。诣公署，安藤领事病辞，见太田书记，纳护照公文。吟香来过，余曰："目下中土非一扫烟毒与六经毒，则不可为也。六经岂有毒乎？唯中人拘泥末义，墨守陈言，不复知西人研究实学，发明实理，非烂熟六经所能悉。孟子不言乎？尽信书，不如无书。六经有可信者，有不可信者。若不信其可信者，而信其不可信者，则六经之流毒，何异老庄之毒晋宋乎？"吟香击案为名言。夜暴风。

廿五日（五日）

王紫诠来访，余以一扫烟毒与六经毒，振起中土元气为说。紫诠笑曰："更有一毒，并贪毒为三毒。中土大小政事，成于贿赂。"

九月二日（十三日）

冯耕三来访，曰神户别后航渡朝鲜，五日前西还。问朝鲜近事，曰："是国民贫俗陋，无足语者，买鹤载归。中土富贵家饲鹤，可以为奇货。"

夜赴耕三之邀，惕斋亦在，曰法虏滋扰以来，深虞子异服触众忌，驰书劝去杭，又难余北游拟取途内地，曰此间忌外人，盍取捷海程。言至恳恳。小妓演歌曲。余问曲名，曰出关曲，咏伍子胥遁楚者。余笑曰："果然苏妓。"上海尤重苏妓。一客胡姓，徽州胡开文族人，在此开墨庄。

四日（十五日）

为先妣忌辰，请僧无适诵经，设净馔，招惕斋及二宫、平野二姓。是日扶桑舰飨在沪邦人，余以忌日不会。

晚间与二宫姓及濯散步，望见扶桑舰灯火星罗，棹小舟往观。会宾六七十名。舰卒创意，以凡百器具，模造人物故事、花卉虫鱼状，意匠极巧。张帷帐，设戏台，众代扮妆就场，演杂戏。舰卒远航，苦无事，故时举此等戏。因思往年俄国使节布恬廷抵长崎，飨筒井、川路诸官，演戏以观。当时众讶舰无演戏之理，何知此等事为军舰常事。

慈溪诸王以余知李园琴仙胥侯，
飨待颇殷，砚云有诗和答
吟场酒席喜相陪，倾倒感君收下才。
童辈亦忻迎远客，笑言他自日边来。

君弟君兄吾友行，花前月下几飞觞。
百篇倡和悉狂态，吾比君狂狂更狂。
砚云有"君须恕吾狂"句。

发慈溪，王竹孙送至砚云家，留宿三日。有送别四首，和答：
苏州南去是杭州，载笔试为汗漫游。
梦寐多年谙胜迹，唱酬此地足名流。

苹风江上宜消夏，虫语草间已带秋。
单舸访君夕阳岸，田车辘轳闹耕牛。

不才昔尝列微官，敢道丹心为国殚。
衰朽未甘林壑老，殊方去觅友朋欢。

名园胜地咏题遍，水驿山程客梦残。
最是四明山色好，独凭江阁搘颐看。

休笑絮言类老婆，维舟惜别大江河。
论交薄俗炎凉足，涉世人间歧路多。

君业千年河岳重，吾诗一网海山罗。
四方本是男儿事，未肯道途嗟蹩躠。

满目风尘多所思，忱天休笑杞人痴。
百年昨是非今是，白发新知胜旧知。
文物由来无似浙，胜流此地久推慈。
何禁千万里山海，明日孤舟自是辞。

（本文录自张明杰整理本，中华书局2009年5月出版，在石皷亭藏版中标有：宫城县冈千仞振衣撰著，侄濯万里校订）

大河内文书

编译 实藤惠秀　翻译 金晓锋

注：本书是日本学者实藤惠秀根据大河内和旅日汉人大量笔谈中摘引出来的一部分编辑而成的。由金晓锋在1964年译为汉语，共20篇，今选两篇。第一篇，桂林庄的主人，主要介绍大河内是何人，及与哪些汉人笔谈。第二篇，中国公使一行访日。从中可以看到王惕斋从1887年中国公使到日本后就积极履行华侨的义务，协助公使馆解决房子等问题。现将这两篇录于下。

一、桂林庄的主人

明治十年。浅草今户街十三号（现在已成为隅田公园的一部分），有一座漂亮的宅邸。正门的旁边，有一块高约两米的石碑，上面用隶书雕刻着"桂林庄"的字样。广阔庭院的入口处，矗立着一扇很有风格的、称为避尘门的石门。不论哪里的文字，都是这家主人的笔迹。

这座宅邸，面临隅田江，

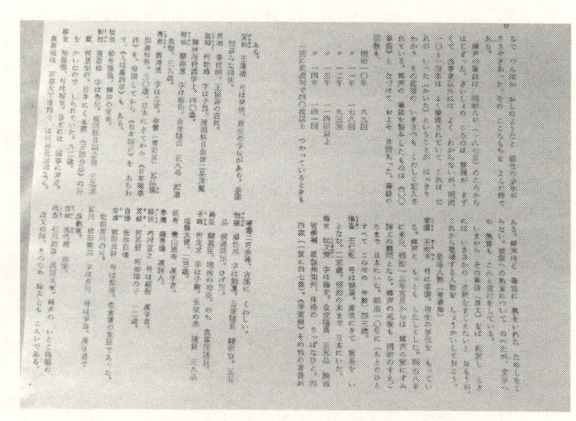

◇《大河内文书》日文版书影一

从客厅可以看到舟船的来往，海鸥的飞翔。客厅有大小两间，大的称为乐水阁，小的叫做观鹅斋。主人的书斋里，也挂着伴鸥楼的牌匾。

二楼有一个房间，完全是中式的。桌椅等家具不用说，所有的配置完全是中国制造的。在墙上还有用毛线编织悬挂的对联。如此看来，这家的主人很明显对中国文化非常爱好。

主人名叫大河内辉声，年方三十，号桂阁。之所以叫桂阁，是因为他是嘉永元年十月望月日所生，即生于月桂日。桂林庄，应该也是由此而来的吧。先祖松平信纲，即是从源氏开始，自称源桂阁，号墨水逸人。

松平信纲称为知惠伊豆，从源三位赖政开始就有记载了。赖政的儿子兼纲于治承四年随父在宇治战死，兼纲的儿子显纲随母逃往尾张，随后迁往三河国额田郡大河内。自此以后，始姓大河内。显纲的次子正纲，过继给长泽的松平正次为嗣，则称为松平氏。正纲的儿子，即伊豆守备信纲，由于平定岛原之乱有功，领禄十万四千石。从信纲开始，三家分立。

三河吉田、上总大多喜、上州高崎是大河内的三大家。吉田的信古，虔心寺庙神社，孝敬为职，高崎的辉高，也是如此。在高崎第二代中的辉贞，成为五代将军的老师，按将军的遗嘱，将其墓建于庙前。在原上野图书馆正门对面的左边，即辉贞之墓。

大河内辉声，信纲的十二代孙。其父辉聪，是上州高崎拥有八万二千石俸禄的城主。他作为世子，出生于嘉永元年（一八四八年）的高崎城内。原名辉照，明治三年（一八七零年）二十三岁时改为辉声。安政六年三月，其十二岁时举行环甲式（一种穿甲仪式）。于十一月随父拜见了家茂将军。第二年，即万延元年，父亲辉聪去世，享年三十四岁。辉声即以十三岁的年纪，继承了八万二千石的家族俸禄。

文久二年，辉声十五岁时，举行了成人礼。叙五代家世，任右京亮。

庆应元年（一八五六年），辉声十八岁，和酒井忠发的女儿铆子结婚。

辉声这位年轻的城主，在观察天下形势，思考国外军队制度得失的基础之上，对国外制度的必要性印象深刻，很有兴趣。庆应二年，数次寄宿于桥门内的上房，学习国外的军事制度，并亲任小队长，举行演习。因此，到了夏天，在练兵场内也不见青草。

但是，族里的浅井贞顺他们，守定旧法，常常反对年轻的城主。

庆应三年（一八六七年），辉声二十岁。十月，接到陆军的任命。迄今为止，陆军只任命过一万石俸禄以下的人员，对一万石以上人员的任命尚属首次。

他每天早晨很早开始，便骑着马向江户城正门前的步兵兵营奔去。从皇家聘请的法国人夏诺安那里，学习法国的军事、技术。对辉声接受陆军任命这件事，夏诺安也很高兴，因此，也常来府邸。

这一年的十二月十四日，大政奉还，天下形势骚动不安。在高崎的府邸，购置了法国式四斤半旋条炮四门、英国造后装弹枪数百挺。

庆应四年（一八六八年）正月，辉声按照德川庆喜的命令，守卫确水关卡的中间地带。二月，由于庆喜对东叡山谨慎从事，辉声将在江户老宅居住的家人和仆从所有人都迁到了高崎。那时，仆从的老人孩子，肩挑腿扛，一同迁徙，对他的恩惠感激莫名。从江户到高崎的迁移，仆从三百来户，在高崎的住所成了问题。辉声就变卖一些器具，解决了这个问题。三月八日，中山道先锋总督兼镇抚使岩仓具定来到了高崎。辉声出迎到相生街，并执行命令，敬献后装弹枪二十挺、弹药两千发，并一万两黄金。四月到了京都，听命于御前，订立五条盟约。

回到藩国之后，辉声在士兵中，挑选了数十个勇猛的壮士，每天在酷日下，在两个圆形演习场内，由辉声亲自指挥进行演习。战士们大声呼喝、努力演习、进退意会，逐渐成为精兵。由此起名"如风队"。这时，战士皆学习使用洋枪洋炮，辉声的夙愿得以实现。

八月，江户改称东京。此时，桥门内的上房、石原和筑地的下房皆返还给了朝廷，只有小石川的中屋留了下来。另外，到这个时候，松平氏成为有名的诸侯，奉命归还本姓。从这时开始，回称大河内氏。

明治二年（一八六九年），奉还原籍封地，改任知事，被称为华族（旺族）。

明治四年五月，辉声进入大学南校（东京大学的前身），请修英语，得到批准。七月，各封地的知事都被召回，废弃封地，宣布改县制。高崎封地，含原上野国八十二村，五万五千石；越后国蒲原郡四十二村，二万石；在一木户村置宅。下总国海上郡十七村，五千石，在饭沼郡置宅。武藏国新座郡五村，二千石，在野火止置宅。现如今，高崎封地改制，成为了高崎县。从此以后，高崎、前桥、沼田、安中、小幡、七日市、伊势崎、岩鼻八县合为一体，设置为群马县。由此，一木户村宅邸中，原高崎县少参事内村宜之，饭沼村宅邸和野火止宅邸中的权大参事菅谷叔清尽数派遣，一木户迁往新泻县、饭沼迁往千叶县、野火止迁往埼玉县。高崎县的一切政务都有群马县解掌。高崎封地的仆从，原住民四百二十九户、士兵六百零一户、合计一千三百户；人口原住一千九百二十三人，士兵一千九百九十二人，合计三千九百十五人。还有，在高崎的平民住户二千三百五十七户，三千七百二十九人，也归入群马县。

从此以后，辉声就住在了浅草今户街十三号的风雅大宅中，喜欢上了吟诗作赋，并和中国人不断交往。

前面曾经提到过，他曾跟法国人学习过陆军军事，也进入过大学南校学习过英语，但现在，却最喜欢汉学诗文，而这是有原因的。

《高崎藩近世史略》（原著编集于大正二年）记载，封地有一个文学教授叫松田顺之，在嘉永四年，著有《芸林蒙求》若干卷。另有一文吏，名叫市川十郎，在安政二年，编纂虾夷（日本）地图，从而成为幕府的文官。

辉声的讲师是大沼简。文久三年，从师长谷川子启，奉为文学教授。子启，号昆溪，擅长诗词，对于辉声而言，其影响力无疑是最大的。

在高崎，有一座学校称为游芸馆。在庆应三年进一步在江户的中屋设置了育英馆学校。师资力量包括：堤精贵、浅井政和、高木正国为总裁，文员包括犬冢喜十郎领衔的文学教授、大沼纲正（大沼简的养子个、昌平黉的美学学院院长）、长谷川子启等十九人任职教授、助教、教授助理，进行学术研究。

在这样的环境里，再加上辉声的先祖们多有文雅之士。父亲辉聪号乐甫，祖父辉充也非常知书。由辉声上溯五代，辉和（号聪雪），是非常文雅的人士，其府上的珍贵藏品，全是辉和遗留下来的。客厅里，这些先祖的笔迹也比比皆是。可谓文化气息世代相传。

辉声，从藩主、知事这样的高位退下来以后，住在隅田江畔这样的宅邸中，如今过着自由自在的生活，吟诗作赋，感怀生活的意义。要作汉文诗词，当然要和中国人交往，而和中国人交流，用汉语作笔谈无疑是最好的方式。

笔者能够稍微看到一些辉声遗留下来的笔谈文集，事情的来龙去脉在论文的后记中再叙。笔谈集收存于野火止的平林寺中，一点一点地寻访，最终写成本书。又不断拜访平林寺，对其收藏的相关遗物重新认识评价，和方丈白水敬山老师也日日相见。敬山老师还把附近的谷山元唯先生找来，引荐给我们认识。这位谷山先生已经去世的父亲之中先生是辉声身边的专用头号文吏，从辉声的青年时代起，一直是忠诚的文臣。明治维新时期，辉声和之忠先生一起生活在右京原（现在的文京区春日街）的中屋里。后来，之忠先生请辞后，得到了野火止等处的宅邸，并为大河内家族世世代代的守墓人。因此，谷山元唯先生现在也居住在平林寺附近，并在此立户。元唯先生从父亲之忠那里，听说过很多"御前"（辉声）的事情，他给我讲述了很多的故事。

"御前(辉声)是非常聪明的人，也是内心痛苦的狂人，听说写过很多文字。他是个不懂常理的人，听说被称为'狂热的右京'。"

"通常，他对古板的仪式非常厌恶。十三岁时，父亲去世了，仪式持续了三天。从那以后，对于需要低头的事就很讨厌。也讨厌寒暄。所以，和妹妹也不走动了。总之，一切致词拜访等都不参与，而喜爱随性。他曾说，想来就来，但如果对方去了，却也不听对方的意见，只把柜中的藏品等尽量取出供其观赏，是非常古怪的人。明治以后，对仆从们也一一救济，仆从们感到惶恐，他却说'率土之滨，莫非王土，莫非王臣'。"

"断发令一发布，御前（辉声）立即把头发剪了，仆从们也一个不剩地剪了发。这个真有意思。早晨，仆从们来请安，御前（辉声）坐在大蒲团上，手持西洋剪刀等待着。仆从们膝行而来，一上午拘谨地坐着。如此，御前（辉声）不管三七二十一，将仆从们的头发大把地剪掉，放入手边的容器里。被剪了头发的仆从们，到下一个房间里等候，不许外出。他们什么都不知道，一个接一个，一天下来，全部被剪了头发。"

"有时，为看看风势，就自己去白木屋，再自己回来，敲打敲打旗帜、膝盖。
'唉！谷山君，那白木屋，忘不了啊。'
'御前，忘不了什么？'
'刀。舞一回很痛快，给我取来。'
'武士的灵魂，刀剑！'说到这里，御前（辉声）大笑起来。"

"上智则下愚，相得益彰。你们就是如此。这是很令人担忧的东西，现在把它取来吧。"

"果然，不久之后就发布了废刀令。"

"御前（辉声）认为公园是很需要的，他不知疲倦地为大众考虑建造后乐园的事情：'谷山君，以你的名义向太政官提出申请是最好的，我来为你写。'"

"御前（辉声）为了民众，也说过戏剧很重要。对于戏剧的变革，曾秉承父命，出外学习考察，回来后可曾有过什么节目？有过什么样的作品？"

"御前（辉声）很关心元朝的艺术，将自己穿着的和服外面的短外褂脱下，提供作为元朝的戏剧场景道具。元朝从王子领受的羽织物，是作为一生的荣誉的。由此，他时时欣赏镝木清方的元朝画像。和服外面的短外褂里缀了三道扇纹。"

辉声是所谓的风流人物，也是文艺界有名的人物。现在，在平林寺里还伫立着原今户大河内府邸里的石碑。

辉声的戏剧情结，除此之外还有其他的原因。剧作家依田百川（学海）曾拜访过辉声的叔父、佐仓藩主堀田正伦府，而百川的兄长柴浦又和辉声是亲密无间的朋友。辉声在和中国人交往之时，将百川敬为汉语老师。所以，此种影响应该是存在的。

辉声的弟弟辉纲，号不群，比辉声小六岁，安政元年（一八五一年）出生。明治时期，从庆应义塾毕业，并留校当了教员。明治十九年，成为广岛师范学校校长。明治二十八年，从欧美视察归国后，则进军各方实业，从事日本制糖、东洋印刷、京滨电气铁路等事业。这期间，他还走出高崎，当选了众议院议员。

明治四十年，成为歌舞伎剧院院长（社长），并改组、优化内部组织结构，设置培养干部和技艺人员，大大推进了戏剧事业的发展。明治四十二年（一九零九年）去世，享年五十六岁。

辉声的弟弟辉纲之所以能成为歌舞伎剧院的名誉院长（社长），同其年轻时来自于兄长辉声的影响恐怕不无关系。

也曾向谷山先生试着问起过有关笔谈的事情。

"我听说王黍园是个性子很急的人。笔谈一结束，他就把纸揉成团，扔进字纸篓。然后，御前（辉声）就会把黍园丢掉的材料捡回来，并整理保存起来。"

这是在笔谈时吟咏的诗词。明治十七年春，清朝的公使馆人员黄吟梅，试着来日本内地旅行，与上州的林学斋、僧高冈三人进行了笔谈。用笔写之，沉吟良久，相视而笑。主客三人宛若聋人，又像闲暇的少年般悠闲。由那样的心境，咏诗而成。

辉声的笔谈是从明治八年（一八七五年）开始的。最初的笔谈记录，整理粗糙，对于非当事人而言，常常读不懂。在明治十到十四年间，又进行了仔细的整理。从此，里面任何人的文字都清晰易懂，其前后的来龙去脉，都详细地进行了记录。辉声笔谈的完整书本命名为《零零笔话》，大约有百册之多。笔谈的回目如下：

明治十年：八十九回。

明治十一年：一百七十八回。

明治十二年：九十三回。

明治十三年：一百一十四回以上。

明治十四年：一百四十一回。

辉声等人，对笔谈倾注了从未有过的热情。从对艺术的探讨，延伸到对文学的热望，两者同时并行。

现在开始，将笔谈（汉文）记录翻译成日文时，将稍微加入一些注释。同时在开篇之前，将其中的各位人物先作一介绍。

出场人物（按出场顺序）

黍园：王治本，号黍园，取得了增生学位，和辉声最是亲密。明治八年（一八七五年）来到日本，从明治十三年（一八八零年）五月开始，住在辉声家里，成为他的诗词文学顾问。辉声去世后，到明治末期，一直居住在日本。明治十年（一八七七年），他四十三岁。

惕斋：王仁乾，号惕斋，来到东京从事贸易。明治十年（一八七七年）

他二十五岁。到明治末期，他一直居住在日本。

梅史：沈文荧，字梅史，公使随员，正五品，陕西省候补，直隶知州，体格健硕，明治十年（一八七七年）四十四岁（一说四十七岁），著有《学乐录》等著作。

琴仙：王藩清，号琴仙，贡生学位，和黍园、惕斋都是同族亲戚。

哲明：秦哲明，是王惕斋的店员。

如璋：何如璋，字子峩，清朝驻日公使二品顶戴，翰林院侍讲学士，明治十年（一八七七年）四十岁。

枢仙：廖锡恩，字枢仙，公使随员，正八品，即选教谕（官名），明治十年（一八七七年）三十九岁。

遵宪：黄遵宪，字公度，五品参赞（书记官），即选知县，明治十年（一八七七年）时三十岁。在日本著有《日本杂事诗》，回国以后，又有《日本国志》《人境庐诗草》等著作。

强哉：松井强哉，是辉声的仆从。

斯桂：张斯桂，字鲁生，清朝驻日本副公使，三品顶戴，候选知府。来日本之前，曾为《万国公法》作序，所以广为人知。明治十年（一八七七年）六十二岁。

樱老：加藤熙，号樱老。幕府末期，为国事而奔走，明治维新之后，为京都大学准博士，任凑川神社宫司。著书二百余种，精通古代音律。

勉骞：潘任邦，字勉骞，公使随员，翻译官，正五品，候选同知，留胡子。

义臣：关义臣，明治一朝的功臣，后来成为贵族院议员。

子纶：何定求，字子纶，公使的弟弟，也是随员，正八品盐课大使，明治十年（一八七七年）时二十三岁。

延寿：青山延寿，汉学学者。

春涛：森春涛，擅长汉语的诗人。

绥所：内村宜之，号绥所，汉学学者。

其毅：何其毅，何如璋之子，明治十年（一八七七年）十二岁。

自慊：即佐治自慊。

柴浦：依田贞干，号柴浦，佐仓城的重臣，依田百川的兄长。

百川：依田朝宗，字百川，号学海，汉学学者，戏剧家。

雪卿：冯雪卿，画家。

鸿齐：石川鸿齐，汉诗文家。辉声的汉语老师。所以和辉声也无话不谈。

义应：秦义应，西久保巴街天德寺主持，少教正。

小彭：刘寿铿，字小彭，正五品，候选同知。偶尔来一次东京，任职神

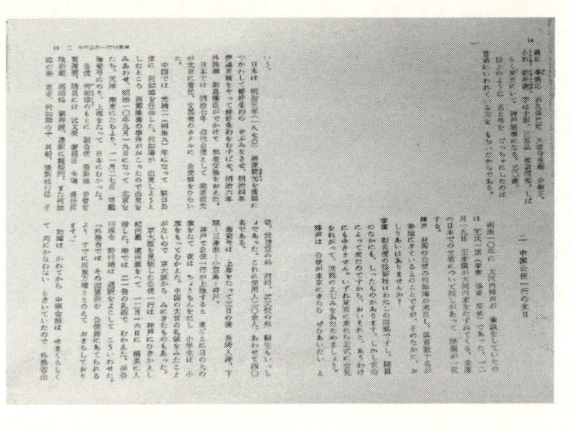

◇《大河内文书》日文版书影二

户领事。明治十年（一八七七年）时五十岁。

上述这样的名号对他们来说都是平时的称谓，在这里采用之。

二、中国公使一行访日

明治十年，大河内辉声经常和王氏一族（黍园、惕斋、琴仙）进行笔谈。十二月十九日，王黍园来拜访大河内家，谈谈黍园在日本的生活情况，话题颇多。

辉声：贵国公使何如璋来日本了，随从属官几十人到了筑地（日造汉词，指填海所造土地），其中有相识的朋友吗？

黍园：副公使张斯桂是我的同乡，随员里面，也有认识的。可是，他们都是官命在身，这次倒是还真没见面。早晚来东京的时候，就请正式见见，也叙叙久别的同乡之谊。

辉声说，如果公使来东京，倒很想见见。

日本在明治三年（一八七零年）由柳原前光试探清朝对友好条约的态度，然后在明治四年由伊达宗城和清朝缔结友好条约。明治六年，由外务大臣副岛种臣出面，批准国书交换事宜。

明治七年，柳原前光担任代理公使，到北京赴任，在东交民巷的酒店里，开始公使馆的工作。

中国方面，于光绪二年（明治九年），任命何如璋为驻日公使。在何如璋正要出发赴日的时候，发生了西乡隆盛事件，则赴日暂停。明治十年九月十九日，离开北京，转道天津、南京，于十一月二十七日，乘坐海安号军舰离开上海，去往日本。

公使何如璋的随行人员有：副公使张斯桂、参赞黄遵宪、沈文荧、廖锡恩、余儁、潘任邦、陈衍范、冯昭炜、刘寿铿、翻译魏梨门，还有何如璋的弟弟何定求、何如璋的儿子何其毅、张斯桂的孙子张子敬、黄遵宪的弟弟黄遵楷、沈文荧的弟弟沈兰生，还有二十多个佣人，共计四十人。

海安号离开上海三天后，到达长崎港，经下关、三津浜、小豆岛，最后到达神户。

公使一行在神户一上岸,群众都举着太阳旗迎接,到了晚上,又提着灯笼出迎,小学生们举着小旗子欢迎。因为都没有见过中国官员的礼服,所以甚至都有从大阪过来看热闹的人。

公使一行参观完大阪之后,回到了神户,又去了纪州滩、远州滩,十二月十六日,进入横滨港。在横滨港,受到二十一响礼炮的隆重迎接。这是神奈川县令野村靖通过翻译转述的。"外务省为他们将出行居住处按公使馆的规格,进行了各种安排,以等待他们的到来。"

如璋很早以前就觉得中华会馆过于狭小,各种准备也不完备,等时候一到,就去看了看外务省为他们准备的地方。那座建筑是西洋式的,非常宽敞,因此,先感谢了外务省的好意,又过了一段时间,将其作为临时的公使馆。如璋对于那个出行居住处院子里的梅花有非常深的印象,所以马上吟诗一首:

> 一支梅向客窗开,
> 有脚春光海外回。
> 欲问山中近消息,
> 更无人自故乡来。

何如璋一行就接受了外务省的好意,暂时将行李搬进了横滨的出行居住处,但不管怎样,不在东京,工作上事情并不多,所以,也就寻找一下合适的建筑,以便设置成正式的公使馆,而将出行居住处作为暂时的栖身之处。这是按照何如璋于明治十一年一月五日的赴任日记记录的。

"来到横滨以后,常常派人去东京寻找合适的房子,以便用作公使馆的家属居住。可是,不是太偏东,就是太偏西;不是太宽敞,就是太狭窄;不是太远,就是太湿,总是定不下来。而且房租又很贵,想要很快定下来,很难。在横滨已经待了十多日了,应酬很多,需要答礼,不胜其烦,实在感到很不方便。"

然而,大河内辉声却很期盼着与公使馆一行人员的会面,对房屋的寻找,也能帮上

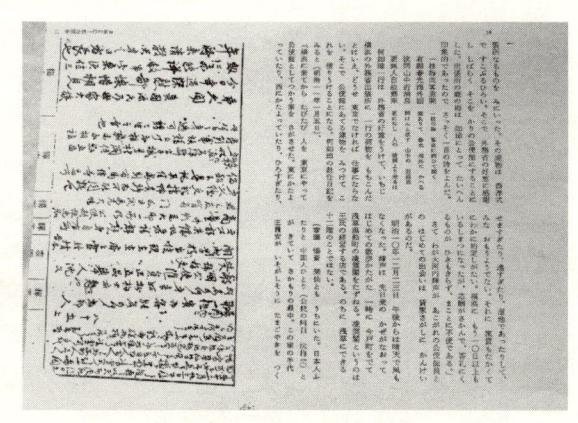

◇《大河内文书》日文版书影三

些忙。

明治十年十二月二十三日下午，晴天，没有风。辉声正好前几天偶感风寒，今天见好，近来头一次出来散步，一时出了今户街，探访到了浅草黑船街的凌云阁。凌云阁是王氏一族经营的商店，并不是后来在浅草出现的那个十二层建筑。

（綦园、惕斋、琴仙在家，还有两个日本人，一个中国人即公使的随行人员沈梅史，正酒至半酣。招待王履安似乎很忙碌，正在煎鸡蛋。当班的店员只有秦哲明一个人。辉声并不介意，上来先面对着綦园。）

辉声：啊，贵国的客人都怎么称呼啊，我国的又是哪些啊？打扰了各位的酒宴，抱歉啊！

綦园：这是我国的公使随员，正五品举人沈文荧，号梅史。这边的是开成学校的毕业生，现东京政府的官员榠本先生。

辉声：什么事聚在一起呀？一起商量商量也没关系吧……

惕斋：想要一个大宅邸，因为公使想租借使用。你的众位朋友那里没有这个？想要门和门厅很大的那种。

辉声：我陪着一起找找看吧，可是……有门道的那种地方，可能是最好的吧。

辉声直率地向沈梅史作了自我介绍。

辉声：我姓源，名辉声，字子斌，号桂阁，五代的贵族了。今后，我很想和你们长期交往。今日相见，真是三生有幸。

梅史：我很早就听说过贵国的源氏是有名的家族，今日能够相见，真是非常高兴。如果不能一起慢慢闲聊，真是遗憾得很哪。我在这里要常驻三年，从今往后，可以经常见面了。

辉声：日本和中国比起来，那种辉煌程度还是不及的。但即使如此，还是有一些名胜佳景，找时间可以一起去看看。綦园和琴仙他们经常去我那里，什么事都聊，没什么顾忌。如果你能来，也是一大幸事。而且，我也想和公使见见面，也请了綦园、惕斋两兄弟帮忙，那也请你出把力吧。

梅史：贵国人真是仁厚文秀，令人感动佩服。我目前正在张罗租房子的事情，还来不及帮忙安排，等这个任务一完成，一定伺机安排。公使是非常喜欢结交名人精英的。确定了住处并安顿下来以后，一定是非常乐意会面的。

辉声：我已经请綦园先生作我的诗文老师，常常听他的教诲。我能够对诗文有所领悟，多亏有綦园先生的帮助。您是中国哪里人哪？

梅史：浙江省绍兴府余姚人氏。

辉声：余姚出了很多的才子学者呀，我看您也是学识广博，敬佩。

黍园：关于梅史的才学，回头慢慢再聊吧。今天关于租房子的事情，可是耽误不得的。

（辉声听他们要议事，就上二楼和琴仙作笔谈去了。）

辉声：梅史先生的学问好像是很出色的，具体擅长什么呢？

琴仙：梅史先生是有名的文人，现在虽作为公使的随从人员，可是却是有本事的人。

辉声：他作画吗？

琴仙：他精通书法，画我却不知道了。

辉声：下面的酒宴没有美女相伴，甚为可惜。凭你的手腕，派个人去把小西湖（不忍池）的八重美人叫来如何？

琴仙：你去说吧，就说是朋友来了。

辉声：梅史先生的家宅一定是高楼深宅吧，你见过吗？

琴仙：他的家和我家相隔百里，没去过。

辉声：梅史先生他们是带着夫人一起来日本的吗？

琴仙：公使说了，一律不准带家属。

辉声：这么说，你们作为公使及其随员们的朋友，一起带着去些休闲的地方如何？

琴仙：梅史先生今天工作很忙，可能去不了。确定了住处以后，倒是可以去逛逛。休闲场所哪里都有。

辉声：有名有渊源的地方我可以当向导，就交给我吧。提到休闲场所，你们就交给我吧。

琴仙：谢谢！

辉声：除了梅史先生，还有谁一起来了？报纸上只提到了何如璋先生。

（这时，惕斋上二楼来了。）

辉声：芝滨松街的大河内（大多喜藩主大河内正质）是我的同族。他昨天来说，上海人卫铸生是篆刻家，我跟你介绍过吧。趁现在，我想和琴仙先生一起去一趟滨松街。滨松街那家人很喜欢书画。

下楼来一看，酒宴已经结束了，上了茶水果盘。过了一会儿，惕斋他们三人就引着梅史外出去奥山了。黍园也邀请辉声同去，但辉声谢绝了，要和哲明继续笔谈，直到傍晚时分才回家，回去的路上，风渐渐大起来。

二十七日黄昏，浅草黑船街的王氏商店凌云阁突然搬迁，暂且搬到了新富街的旅馆。除夕的午顷，辉声准备了丰盛的酒席，用船送到这个旅馆。首先，表示了问候。

辉声：公使和梅史先生他们的住处找到了吗？

哲明：住宅还没有找到，梅史先生今晚也在此住宿。

辉声：梅史先生有什么事来东京办吗？

哲明：主要是找房子。他是举人，将会成为领事。

明治十一年一月三日，王黍园来拜访。他是来和教中文的中村敬宇同人社于二月五日举行签约仪式的。然后，就谈谈今后的生活。

黍园：我找到了下谷池端矛街十七号的租赁屋。上面两间、下面三间，可以俯瞰不忍池，很好的景色。租金三元（円）五十钱，加上饭店包的一日三餐，每月三元（円）。但是，需要向乡里的家族寄一些生活费。

辉声就说，我自己每月负担十元（円），再从其他的汉语诗人那里收集一些凑凑。黍园深深地感激。然后：

辉声：你的脸上有刀疤，是因为洪秀全之乱才受的伤……那时你是什么官职？

黍园：长毛贼骚乱的时候，我组建了乡团，没有编制，由于用兵不得力，失败了。这个伤疤就是那时留下的。那时省总督说要向朝廷作奏报表彰我，我谢绝了。与其论功论罪，不如谢绝了事。

辉声：那是什么时候的事情？

黍园：壬戌年（一八六二年）八月的事情。

辉声：那是我国文久二年的事情啦。天下总是很不安定，骚乱到处都有。我也是作为诸侯之一参与了军务，在上州群马城中亲自指挥封地内的军兵。在遥远的中国，像你这样也有这种事情，真不可思议呀。

（然后，换了个话题。）

辉声："支那"这个词,起源是什么？问这个是因为当前,经归纳整理，"支那"这个词在日本使用得越来越多，但作为统一的日语，却没有固定下来的原意证据。详细情况，可以看一看我的书《中国人——日本留学史》。

黍园：起源于天竺。中国的皇帝上表时，自称"支那皇帝"云云，那时中国处于唐代，在《佩文韵府》中有所记载。

辉声：我去年一整年大病缠身，一直用药不断，总是呼吸困难。医生说，最好到豆州相对较热的温泉去静养五十多天。这个月二十号出门，没五十天可能回不来。

黍园：按日本的里程，从东京出来五十里有一个地方，是有名的六浦，俗称金泽，听说景色很好呢。到了四月，和三五知己，在那里吟吟诗，当真是享乐。

正月五日，王惕斋来拜年，辉声出来迎接。然后，和家里人商量了一下黍园的住宿问题，结果他说，小石川和锦街，是自家的出租屋，其中如果有喜欢的屋子，就请住下来，不要租金。惕斋说，当前日本正在学习西洋，人情变得淡漠，可您的深情厚意，却让我感激。

惕斋：我说，明天如果是晴天，公使要来东京，李园和我作为朋友，一定请他到家里坐坐。

惕斋还带了一些燕窝作为礼物来，他解释说，这是润肺的药，还能使气色变好。

一月十日下午一点，辉声要买一些中国造的纽扣，到了船街五号的邓永昌裁缝店。店主不在，不得要领，就顺路去看看王惕斋新宅的样子，新宅建了一半，然后就去了山田屋金太郎旅馆。看到琴仙、哲明出来了，还不止如此，公使何如璋、随员黄遵宪、沈梅史、美国人麦嘉谛、日语翻译魏梨门等都来了，好像非常忙碌。辉声一见这阵势，就想立即回去，琴仙硬把他留住了。不久，公使他们坐着车不知去什么地方了。辉声这第一次见到公使他们，竟什么话也没说上。

辉声：你当翻译，不去不方便吧？

琴仙：麦嘉谛和魏翻译和他们在一起，我不去也行。

辉声：那个官员叫什么？

琴仙：魏梨门，长崎人。

辉声：另外那个中国人叫什么？

琴仙：黄遵宪，号公度，是举人，现任参赞。

辉声：官邸设在哪儿，确定了吗？

琴仙：今天去看看，还没定下来。

辉声：他们去哪里看？

琴仙：去哪儿我也不知道，昨天是惕斋带着去的。

如此看来，公使馆的寻址，真是非常地花时间和精力。

辉声：明天和几个朋友一起再来拜访，想带你们去吃日本料理。想去哪家店？

琴仙：这边没有太熟悉的。上野吧，不带戏剧表演的……

辉声：不带戏剧表演的，哪家？

琴仙：叫长门屋。

辉声：日本料理店有上等和下等之分，长门屋属于哪种？

琴仙：我觉得是上等的。前几天和一柳先生在那儿喝过酒。

辉声：我现在去一趟，看看那家店的样子，回来再定。

辉声就叫了一辆人力车，向长门屋疾驰而去，仔细地观察了一回。

辉声：和长门屋相比，我觉得不忍池的真松亭更好。不过，还是去你建议的地方吧。

这时，公使他们回来了，再加上琴仙的行李也从黑船街运过来，辉声在笔谈记录中用红笔详细地写下"大混杂"几个字。

第二天十一日，按照约定，十二点整，去了山田屋。所谓朋友，实际上都是原来的仆从，有高木正贤、西谷养俊、松井强哉，其中强哉先来了一步。李园、琴仙、哲明，还有沈梅史也在，梅史还拿着《春萍馆外集》的诗稿，辉声说想要把它抄写下来。

然后就一起去了长门屋，老板娘出动了很多女招待，大伙儿也各自作诗为乐：

> 好是异邦同种人，自然依道兴味亲。
> 寸心未尽交情密，再会宜期梅柳春。

> 邂逅天涯尽雅人，流萤相狎野花亲。
> 他时再约蓬莱伴，遍访东瀛紫阳春。

> 相逢萍水异乡人，笔砚通情兴转亲。
> 新鲜美妇皆相约，占尽扶桑柴浦春。

——源桂阁（辉声）

梅史：我从最初见到您的时候起，就觉得您是豪侠风雅的大丈夫。今后的日子，希望能与你这样快乐的朋友相伴。

辉声：单和你在一起，非常快乐了。要是和公使、随员的各位在酒楼一起饮酒，更是乐事。

梅史：正是！我有很多学问出色的朋友，却不在这里，遗憾呐。

辉声：如果能做成罗公远那样的长梯，我就想渡海而去，但不管怎么说，海涛是很厉害的，还是去不了啊。

梅史：我觉得，朋友是终究会见面的。要说想和公使见面，我预先给你传个信。

辉声：我从很早开始，就想和公使见面。无论如何，请帮我这个忙。

梅史：知道了。

辉声：我觉得公使的随行人员都是文雅的人士，非常敬慕，想尽快地都见见。

梅史：两位公使都精通诗词，随员中，余元眉、黄公度也精通，早晚介绍你们认识。

（辉声再次深入要求。）

辉声：公使他们现在在横滨的外务省，对吧？如果您能帮我引见，就坐火车去见面。要是这样，我就带两三个朋友一起去。什么时候合适？不过我的朋友们都是贵族，不会强人所难的。

梅史：住处确定下来以后，就向大使报告。大使是很谦虚的人，肯定恭迎到访，用不着大老远地特意去拜访。

辉声：昨天在车上见到你们去看房了，怎么样，确定了吗？

梅史：富士见街六丁目二号，房子看上去好像比较清静。但还不知道租金是多少，应该还顺利吧。

诗也作了很多了，酒也喝完了。梅史终于忍不住在墙根吐起来。中国人还在喧闹，辉声因为路比较远，就带着三个日本人先告辞了。一直步行到汐留，然后坐船回去。

一月十七日，惕斋的商店在筑地入船街一竣工，桼园就从南传马街的旅馆向伊东屋搬迁而去。辉声在十九日那天，出发去热海温泉了。那之后的事情是高木正贤整理记录的。

十九日，辉声在去热海温泉的途中，顺路去了伊东屋，但没能见到桼园。那天晚上投宿藤泽，写了三首诗惜别。其中一首记了下来（后来，桼园有增删）。

徐过前村还后村，苍烟百里一飞辕。
眼前云树飘然去，百里行程若浪奔。

在热海温泉，桼园那里常常有信来。在辉声给桼园的回信中，有一件有趣的事。

"一月二十九日，在我住处很近的大街上，响起了炮声，这声音地动天摇，震得大家五脏六腑都不舒服。仔细地了解了情况，觉得是不可原谅的。令人担心的是，这个动静非常强烈。热海温泉是一个小村庄，村民听到那个声音，认为是厉鬼来了，就都手持锄头镐锹追赶而来。幸亏是没有人受伤。我住处的周围，简直是像发生了战争一样骚动不休。我非常愤慨，严令家臣峪如松去调查，报告说，这是住所近旁的一个客人干的，他是陆军少将野精道贯。我听了越发生气，就叫上住处的房东，去了野精那里，禁止他在住宅区开炮。野精表示对不起，赔了礼，道了歉，房东也来道了歉。由此，就作下面的打油诗一首：

猛听渔阳鼙鼓声，袭来急使玉环惊。
华清当日温泉景，又作侍儿扶起情。

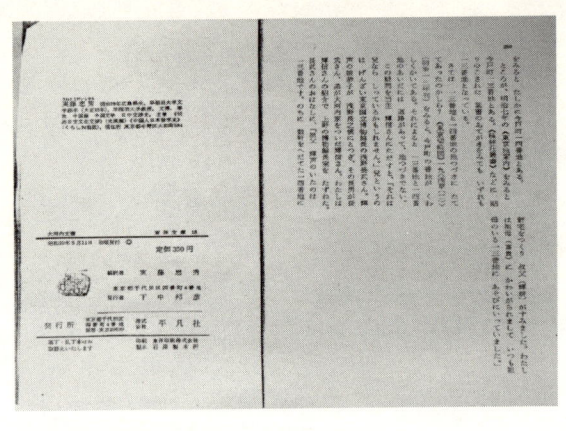

◇《大河内文书》日文版书影四

二月二十一日,第三十四天,大河内辉声到达了新桥,在回家之前,到南伝马街伊东屋去拜访黎园,但黎园不在。打听了一下,原来是引着加藤樱老到公使馆去了。辉声吃了一惊,又有些失望,立刻就想去公使馆拜访,但公使馆搬到哪里去了,一时却无从知晓。于是留了一封信,说"两三日内再来拜访,请带我去公使馆,想和公使他们十几人会面",然后疲惫地回家去了。

辉声在热海温泉疗养期间,公使馆的地点确定下来了,在芝增上寺山中的月界院。

阅读何如璋的日记,就能了解这个确定过程的来龙去脉。

"一月十五日,黄遵宪又去东京租借公使馆。……晚上他回来这样说……那个房子在芝山中,称为月界院的寺庙。那个地方周围,松涛环绕,夜深人静时没有一丝嘈杂。通常日本式的建筑都有稍显狭小的缺陷,可是,看看周围,有十几轩的房子,再也没有比这更好的了,而且所有的合同都准备好了,明天寺里的僧人就会带着合同文本过来。"

"一月二十三日,公使馆朝芝山的月界院搬迁了。那个建筑是两层楼的,室内的状况和中国风格无异,四面有窗,庭院、门户、堂屋和屋檐都和中国的没有区别。如果不稍加改造就居住,条件也不是很好。寺庙的后面有一个小园子,绿树掩映,其中有一条石板小径,顺着小径,开凿了一些纷乱的池塘。再往前走,到增上寺的边界,有数百步之遥。小径两侧生长着茂密的古松,重重叠叠的松绿,风起处,松涛阵阵,伴着靠近池边的水波之声和寺庙内传出的钟声,互为呼应。虽然栖身于都市之中,宛如置身林居,幽趣无比。"

何如璋作诗道:

附郭芝山忧万松,漫天风雪舞群龙。
客居自笑耽幽癖,时听寒涛杂晓钟。

清朝书法家来越（明治十六年至十七年）

作者　田宫觉　　翻译　霍顺田

序言

在父亲的古董中，有从金泽的古玩商手中得到的王治本的挂轴。

王治本是明治十六年来越（译者注："越"是日本"北陆道"地区的古称，包括现在新泻、福井、石川、富山四县）。在对王治本的调查过程中，发现了有许多清朝的书法家来越。另有徐晏波、胡铁梅、卫铸生、吴丹墀、王琴仙、王汝修、王惕斋、李满卿、姚文栋等。

在《中国人名事典》中，仅对王治本有若干记载，其他人的经历大多不明。

十一、王惕斋

王惕斋与王治本、王琴仙同是王氏家族。本名王仁乾，比较出名的是其号——惕斋。这个王不是书法家。明治初期就来日本了。《自明治四年至明治九年末居留地外居住外人表》中记载，明治九年三月住在东京大锯町一三，职业是商业。

在明治十年开始在筑地贩卖文房具、汉书、药品。

明治十七年五月，在杨守敬回国之际，王和冈鹿门及冯耕三一起同行。冈鹿门受邀一同到王的家乡慈溪，受到亲戚一样的接待。冈鹿门在此停留约一个月（注：实为半个月）。

据说，王在日本停留到明治末年。为了做买卖于明治十六年十月上旬来越，与王治本来越时间相重合。

在记事中有："上等黑糯子带地、绢茧、绕、吴绢、绍、法帖、笔墨、书籍、古道具、古砚、古钱、书画、广东人参、大枣、上等药种、珊瑚。这次对上述商品以特别廉价销售，并且只在本地停留一周，有愿购买者请速来商谈。十月八日，新泻古町通六番町会亦方寓，清国人王惕斋。"

会亦是在古町通六番地的旅舍。明治二十二年中林梧竹曾在此逗留。

在记事中还有："在我即将回京的时候，对各种颜色的纺织物、上等糯子带地及绢的其他商品大减价贱卖，另外我还购买古籍书物，多余的书籍可以和我的物品进行交易，恭候前来商谈。十月二十三日，古町通六番町会亦方，王惕斋"。据此，估计王于十月末回京。

日本纪游

李筱圃

注：李筱圃，曾任江西吉安府同知。光绪六年庚辰（1880年），往游东洋。本文有删节。

三月二十六日癸巳申刻自沪登舟。

四月十六日癸丑，王惕斋、冯蓉塘来，皆浙宁人，在此贸易者。未刻，往拜我中国驻日公使何子峩侍讲，副使张鲁生太守，参赞黄公度大令，英翻译杨星垣俱会。海外游踪，未携冠服，本不欲投刺公门，因朱宝珊观察托带有致何公使之书，神户领事廖枢仙又先有信通知公署，不得不一往也。

十七日甲寅，王惕斋来，言：伊有族兄王棽园，现馆废藩源辉声家，专论诗文，闲暇无事，可以伴游，已与言过，嘱渠今日来拜也。余询知其住处在浅草町今户十四番地方，先往拜之，故候源辉声亦出见。

辉声号桂阁，为日本世袭诸侯，封地在西京高崎。今王新政，概废藩封，令各诸侯俱迁往东京，所有采地全行归公，视其地之大小，岁给俸金数千元至数万元不等，如愿出仕亦可。桂阁年仅三十馀，澹泊不仕，以诗文自娱。所住之屋临水名曰墨江，对岸樱花十里，春日景致极佳。室中皆名人字画，照中国式，设有桌椅茗碗尊彝，位置幽雅。

笔谈半时许，同游上野博物院，至"小西湖"酒楼午餐。清池一顷，酒榭数家，皆文人墨士诗酒弈棋之所。酒后，又偕游教授博物院，酉刻回寓。

上野博物院又名美术会，有绢本山水四大幅，款俱驳落莫辨，古色苍茫，标识曰元人作。又沈南苹大条幅十馀，翎毛、鹤鹿、花卉、木石，俱极生动。他如宋徽宗《白鸽》，仇十洲《璇玑图》《豳风图》《文姬归汉》《胡笳十八拍图》，唐伯虎、祝枝山《仙女》《钓翁》，此外山水、人物各件甚多，皆中国名人之笔。又有《火烧阿房宫》大幅，不知何人所作，尤为出色。

十九日丙辰，午后，与王惕斋、冯蓉塘同至王子山，看机器纺纱。

归游浅草寺及左近茶园观像生人物，复纡大桥而回。午后，王棽园来，出游未晤。棽园名治本，浙宁诸生也。何公使着人送代购书籍地图来。源桂阁送诗来索和。

二十日丁巳，王惕斋、冯蓉塘来，约至西洋酒楼午餐后，同至三田林姓家看机器造纸,并观其家藏字画、金石之类。造纸法系收买破烂杂色碎布,用人工撕开、扎碎,洗净,和强水入锅煮之,复入机器桶以活流水漂洗,即洁白如雪。更用强水煮如浆,由铁筒放入第一机器筒中。桶内有竹编空心圆轴,上蒙以纱,外用长毡套之。此轴轮转不息,其一面由布浆一过,粘于毡上,即成白纸。传于毡后长布套机器烘筒之上,连过三筒,纸已烘干。又接传于砑轮上一过,纸色即光亮。砑轮之后即刀轮,譬之纸须三尺宽,即用三尺轮刀。纸过此轮,自然切断落下,只须一人以手接之,铺于案上。不须一分时工夫,浆已成纸,大小如一,可以点数打包发客矣。若须长纸,但不切断,则千百丈亦不难也。

二十一日戊午,早至日本桥通一町茂兵卫须原屋书铺购书。黄公度来,未晤。午后,至源桂阁家稍坐。同王黍园至猿若町戏楼观剧。又看东洋女子以脚作书、穿钱、敲火吸烟、折纸各事;其最者以尺馀短弓、八九寸长小箭,立靶约三丈外,靶上悬三寸径小铜锣,左足趾张弓,右足趾搭箭,箭到锣鸣,竟无虚发,技亦巧矣。

戏园之屋仿佛中华,但坐客之地皆以板隔,作方槽,每一槽内可席地而坐四人上下,可容千馀人。戏台甚大,优人但说白而不唱。左首小楼坐弹弦者二人,着大红半臂,偶或大声喝唱三二句,不知何辞,不知何调。右首小楼内有数人击鼓吹笛鸣小钲,亦无音节。大约观者专看伶人之扮演情形,能肖能妙,则喝彩齐声,不计曲词腔调。其所演之戏并非故事,皆出新编,全本可演一月。编成,先将戏名、目录、情节、扮演形状分为数十出,刻作小本出卖。故坐观者,多手一本也。

二十四日辛酉,叶五奎回横滨去,以王惕斋之侄王履安来照应一切。午后何子我公使来,托带朱宝翁及上海招商局文报委员王心馀各信,并赠我《日本全史》等书。申刻,有日本九州岛地肥后人汤地文雄来见,据言曾为爱知县七等官,以诗呈政。连日来呈诗求教者甚多,俱略为改窜而已。

二十六日癸亥,着人各处辞行。王黍园送点心一大盒来。午饭后,同至王惕斋处看做自来火。游芝山东照宫及山下花园,又登爱棠山观东京内外,一目了然,海内帆樯,如在堂下。又游昭忠祠花园。

傍晚回寓,陈访仲来,未晤。今日先寄书箱至横滨。晚游花市。市设大路两旁,长约一里,灯烛辉煌,百花争丽,多有不识其名者。时当中历四月杪,夏菊盛开;闻至深秋,菊花尤甚。晚刻,来求改诗者数人,俱为点定数字而去。店主人言若再住数日,则来者愈多矣。

二十七日甲子,起程回横滨。早,有来谈诗者,告以起程匆匆,未遑接语矣。张鲁生副使、王惕斋来。源桂阁又叠前韵诗来索和,并送小团扇五柄。申初一刻上火车,申正一刻抵横滨,仍寓德澄号楼上。

五月初二日己巳，起程回华。申刻，王惕斋自东京来，与袁镜甫同送登舟。船名"东京丸"，大小与前坐"玄海丸"相等，铺陈亦极华丽，住其第八号房舱。酉正开行。

郑孝胥日记

注：郑孝胥（1960—1938），清光绪举人，曾任安徽、广东按察使，湖南布政使等职。1932年伪满洲国成立后，任国务院总理兼文教部总长等伪职。1935年下台。本文摘自《郑孝胥日记》（中华书局1993年版）1891年与王惕斋事。

六月初二日（7月7日）阅《说文》。曾、陈移入隔屋。入其室，则樊时勋在，亦初来游耳。午后，受合音二十字。秋樵等邀同出，至筑地，晤王惕斋、王棻园，宁波人，而惕斋乃筑地董事也。

十六日（7月21日）阅《说文》、《齐东野语》。午后，受合音二十字。王惕斋来坐，因留午饭。

八月廿九日（10月1日）阅《说文》。潘小斋来，赠余《石鼓》墨拓，盛伯希为祭酒日洗拓之本也。筑地董事王惕斋来，请初一便饭……

九月初一日（10月3日）……是日，作字谢王惕斋，不赴约。

十一月十五日（12月15日）阅《说文》、《通鉴》。午后，受合音。瀚生邀同诣美术会，至则已罢矣。遂览劝工场、动物院，旋至神田区金清楼，与蛎壳町同主所开。作字邀秋樵、宝森，有顷皆至。呼今助，即来。又唤一老妓，亦曰桃太郎，弹唱尚工。余下楼便旋，遇张小轩、王惕斋于下。散且十点，瀚生固请为东道，听之。归，月极明。

十六日（12月16日）阅《说文》一过毕，阅《通鉴》。长尾以简来谢。午后，受合音。诣秋樵谈。傍晚，赴汪兰楣之约于金清楼，横滨陶、查、温皆至。今助谓王惕斋、罗宝森曰："灯下倚柱危坐者谁也？诸客皆喧饮，渠独默然，又久不起。吾欲酌以酒而惭人众，若何？"王、罗竟以告余曰："今助属意于子甚至，盍姑与之款语。"余曰："我不解倭语。"惕斋请代译，余曰："我无所欲言。"今助之色甚怨……

扶桑两月记、农学丛书

注：《辞海》谓罗振玉"曾收集和整理甲骨、铜器、简牍、明器佚书等考古资料,均有专集刊行,流传较广者有《殷墟书契》和《三代吉金文存》等。"

《扶桑两月记》1901年（附《日本教育大旨》，《学制私议》）

上虞罗振玉著。一册，不分卷。光绪二十八年（1902）三月教育世界社出版。有著者自序和山阳张绍文跋。著者少时锐志撰述，著书等身，壮而留心当世，离开家乡江苏来到上海，专事农学与教育。光绪二十七年（1901）十一月，受湖广总督张之洞、两江总督刘坤一的委托，以湖北农务局总理兼农务学堂总监督的身份携湖北两湖书院监院刘洪烈，自强学堂教习陈毅、胡均、田吴照、左全孝、陈问咸等人赴日视察学务。自十一月四日上海起航至翌年元月十二日回抵上海，考察时间约为两个月。其间除考察了东京、京都、大阪等地的各类学校外，还多次与日本著名教育家嘉纳治五郎、伊泽修二等长谈，听取改革中国教育方面的意见。因虑及"财政为百务根元，财政不修，百为都废，教育亦无由而兴"，故考察期间还时时留心日本的财政。此外还会见了不少农学等实业方面的专家学者，归途顺访了长崎农事试验场。

是书为著者考察期间逐日所记。所附《日本教育大旨》《学制私议》系著者日本考察归国后所发表的文章，因与考察经历密不可分，故一并收入。

初九日，上午十一时到东京。范君子文、路君壬甫、王君惕斋，在新桥车栈相待。因导至京桥区西绀屋町五番清净轩旅馆。午后，至神田区购新书数种归。清净轩对于古城址，老松罗列，风景颇佳。案日本之松，皆杆短而枝长。其种植之法，于根下布石子。则直根不加长而横根四出，凡树木直根长者杆亦长，横根长则枝亦长也。旅馆亦极洁净，楹几楚楚有致，绝无纤尘。世界万国中居宅极洁净者，不得不推日本矣。

《农学丛书》

《农学丛书》，罗振玉编，在光绪"振兴农业"的上谕之下，罗振玉译印《农学丛书》七集，共收入译著、汉文著作及各类文章计239种（篇），以介绍国外先进的农作物栽培法为主，同时也介绍国内的一些成功种植经验。

端忠敏调为江苏巡抚为进呈该集具折。说明：罗家本寒峻，虽经改为江南总农会，公家并未助给经费，而所译农书衷然成帙。皆系该员独力支持，未尝中辍。后随维新失败而废止。

《植漆法》一书为其中第一集第九册，时为1899年，罗振玉附记：

"提要：《植漆法》一卷，日本初瀨川健增撰。漆器之佳，以中国与日本为最。广植漆树，收贫民而教以髹工是亦一法。此书，为王惕斋在日本东京时，属朝日新闻报馆记者所译。上虞罗振玉编次植漆之法，植物选种新说亦言之，然略而弗详。是卷辨种类，考土壤，别雌雄，造肥料各法详实可观。植漆者当家置一编焉"。

书末，罗振玉又写了一段："右《植漆法》一卷。乃王君惕斋，曩在日本东京时，属朝日新闻报馆记者某君所译。丁酉冬，王君返国。道出海上，致之会中。十一月下旬，上虞罗振玉为之润色。及排类既讫，识岁月于卷末。时舟过秦邮，霜风凄紧，客绪黯然。"

张謇全集

注：张謇（1853—1928），字季直，号季子、啬庵。中国近代实业家、教育家、立宪派。江苏南通人，1894年中状元，授翰林院修撰。甲午中日战争，中国战败，致力于实业和教育。1899年，建成大生纱厂，以及盐业、榨油、面粉、冶铁、轮船等企业，形成大生资本集团。同时，他把经营实业的盈利，投入文化教育事业。先后在家乡南通创办了通州师范学校等十余所学校，其中纺织、农业、医学三校成绩最好，1920年三校并为南通大学。张謇还在南通以外的其他地方倡议和资助建立了一些学校。民国初年，先任南京临时政府实业总长，后来先后任袁世凯政府农林、工商、农商部总长。1915年辞职回籍，但在封建主义、帝国主义势力的压迫下，他的实业陷于窘境。胡适评价张謇："张季直先生在近代中国史上是一个很伟大的失败的英雄，这是谁都不能否认的。他独立开辟了无数新路，做了三十年的开路先锋，养活了几万人，造福于一方，而影响及于全国。"

张謇1903年到日本，王惕斋参与接待、陪同访问。事后多次信件来往，王惕斋也到南通等地观看张謇办的诸多实业。本文摘自《张謇全集》第六卷。

（1903年）五月

二十四日

早起，寄影照小像于小山、西村二君。甬人张伯岩、黄桂芬以王惕斋所嘱来为照料，旅馆门外临江户城濠，濠水不流，色黑而臭，为一都流恶之所，甚不宜于卫生，此为文明之累。午后至医科小幡英之助处修治病齿。

闰五月

二日

镶齿成。与伯斧、壬甫、惕斋同至横宾。被雨，略事游览，识浙江归安人潘延初，此君商于函馆已三十年。

三日

雨。访泰兴留学生于弘文学院，访章静轩、洪俊卿于成城学校。凡学校以成城之食宿为最苦，功课为最劳，留学生之名誉亦以成城为最美。能自立者，必先能自苦。吾于章、洪诸生有厚望矣。中国人留学外洋者，多喜就政治法律。二者之成效，近官而其从事也。空言而易为力。若农工实业皆有实习，皆须致力理化。而收效之荣不逮仕宦，国家又无以鼓舞之，宜其舍此而趣彼矣。近年余与蛰先论中国目前兴学之要，普通重于专门，实业亟于名哲，世人渐有响应者。留学生之志于实业亦日多，是可喜已。访汪伯棠监督。伯棠有性情而明于世变，政府以公使与留学生龃龉，置监督以调停之。伯棠月助华人所建清华学塾一百六十元，贤于人远矣。而在中国时，闻留学生中犹有求多于监督者。

二十日

惕斋同往访长冈子爵、岸田吟香、永阪周二，三君皆喜接待华人。长冈、永阪并喜为诗。长冈有自著《海云楼诗集》，永阪有所辑《嘉道六家诗集》，同人唱和《坛栾集》。访聚卿。

二十二日

十时赴嘉纳约，观其高等师范学校。校兼有手工教室，专教金工、木工、陶工、漆工。为发明实业，有与人之规矩，不徒恃口舌之空理也。其直接之系属则寻常师范学校及中学校，其附属则寻常高等小学校及单级小学校，为师范生练习教授管理之地。脉络贯通，义类周匝，可谓有本末表里者矣。师范者，兴学之本，我国民而有幸福也，戊戌后宜有官立师范学校，否则庚子后必有之，何致使我二十二省之人，上者有七圣迷方之叹，下者有群盲揣日之哗。略观其明治五年至十二年文部省审定之教科书五六种，理化学用欧书，修身杂引我六经诸子语，历史亦用明人所编之《十七史略》，地理闻有撷用《瀛环志略》者，未见其书。又闻惕斋言，方其农学初兴，购用《农政全书》甚多。特今日言农学者喜张欧美耳。国势弱则前古人与后来人并受其累，亦至言也。

二十四日

寄三兄及上海讯。诣惕斋商考制盐事。

二十五日

启行。伯斧先往大阪。余邀惕斋至铃川下车，复乘铁道马车至吉原，寓鲷屋旅馆。饭后同行十四里至大久保村看凿井，其机械购自美国，机关手臼井辰之助，静冈县贺茂郡竹麻村人，字手石人。助手长谷川茂雄，福岛县岩城郡草野村人，字泉崎。井地在山麓，石见地面，上口铁管对径六寸，有径八寸者未用，其下皆石，故接管不深，凿成已二十丈。询之臼井，方至七八丈时即有泉涌出而不王，故益深凿。右坚，则日止尺许。若泥沙，日可十馀丈至二十丈，碎石子可数丈。一分时凿锥起落可二十五六回，日用煤四石云。臼井月俸二十五元，长谷川月俸二十元。取其凿出之石砂层十种，以备参考。去时步行，山路被雨冲坏，崎岖特甚。回乃雇村马乘之。大久保村有诗。睡后为蚊虻所苦，中夜屡觉。

六月

一日

九时小池来，与伯斧诣内藤话别。内藤赠我道咸间《夷匪犯境闻见录》，此录不知何人所辑，载道光朝夷祸事甚详。日本以安政丁巳再版，已四十七年矣。由今回溯当时之朝野上下隔于外情，今稍有知识人皆能哂之。不能审敌者，其不能克敌固宜。日本得此录，悬为殷鉴，遇事参校，遂获大益。语曰"前事不忘，后事之师"，愿为我政府诵之。诣西村，则已至驿相送。临别甚殷殷，十一时抵神户，在东源小憩，以行箧属"弘济丸"，令孔驯先附之行。午后二时，惕斋、伯斧同附汽车至姬路驿堀田旅馆，复至五良右卫门町访改良盐釜人井上惚兵卫及大野町铸釜人尾上久三郎。釜凡六号、四号，最适于用一号釜。控曲尺广七尺一寸，长一丈一尺五寸，深三寸，用卤六百二十五斤，成盐二百五十斤。四号广八尺，长一丈二尺，深三寸六分，用卤七百五十斤，成盐三百斤。六号广九尺五寸，长一丈三尺，深四寸，用卤一千斤，成盐四百斤。釜坐均高一尺二寸。凡煎二小时成一釜，一昼夜十釜，用三池石炭一千六百斤。三池产石炭之良者，其劣者须二千斤。四号二人一班，昼夜更替。六号则三人为一班，每人工食每日四十四钱，上盐一斗，计十八斤十二两，值十八钱。次十六，又次十五台湾盐再制，与内地盐上等比重，台湾咸味九十六，内盐咸味九十二。其再制之法，凡盐百斤加卤一百八十斤，淀去渣滓，成上盐一百三十斤。煎成之度合华氏表二百十度，摄氏表一百度。

初二日

早五时登车，十时至仓敷，易乘人力车，三十里至味野村，或云二十四里。中经二村：曰藤户，曰福冈，皆有小学校。访野崎武吉郎，因观其盐田，田夹琴浦之两岸，石甃为塘，置闸引潮、周田四旁，渍卤于砂，因淋于井。由井通笕以入于池，池与灶隔一垣，距仅五六尺。凡盐田十坪，其井卤可得十四石五斗，一昼夜可煎九次。税则凡盐田一町三十五元，国税、县税、地方税胥赅于此数。塘角亦有测候所。野崎有釜百，盖商之雄者，故为贵族院议员。临行坚留，至其迨暇堂别业小饮，索书。归途大雨，仍附汽车至松水町，宿松鹤楼旅馆，夜分十一时已。

初三日

至盐业调查所，晤技师林庸介导，观盐田及美国制盐法。美法用泵一匹八马力，一昼夜用石炭一万斤，内外锅炉二，容卤一昼夜二千五百石至三千石，成盐一百石。镑浦间、汽炉间昼夜各一人，漉盐挑盐小工昼夜四班，每班二人，工资四十钱。其卤槽容一百石，卤池容三千石，一石重五千二百两。凡清水雨水四十八贯，咸水五十贯至五十二贯。日本盐法，百分中水分及夹杂物七至十四，盐田水一石，内有盐三斗五升或三斗二十度浓汁。其全机及厂屋须四五万元。复询美法盐价，则日本法盐一贯目值约四钱，美法盐一贯目值约二钱云。别有大木盘十，以三盘置泥沙、石砂、石炭细屑，试验含卤多寡，石炭屑最良，次泥沙，又次石沙。其七盘测验卤水之浓淡。盘有坐，有盖，有轨道，晴雨可移。第一盘晒一日，移第二盘，以次至七盘，咸度益浓便可用。香川县所谓无盐田者，意即此法。亦有仪器测候风雨燥湿。复至堀田信男制造机械会社观新发明之重底釜，盖因美法而简之，与井上法不同，皆良于旧法，值五百馀元。然则子母兼权，井上堀田二法皆可试用，美法与我时尚未宜。十二时附汽车至尾道，午后二时易车，十时至马关，汽船接渡十五分钟，至门司登车。

初四日

早八时抵长崎，惕斋同至新地二十番华商三馀号小憩。主人沈明九，鄞人也。为设早餐，旋登弘济丸。计初六日抵沪，往还恰七十日。于调查实业、教育间，尚有未暇详者。日本医学发达最先，非独其士大夫所自负，德法各国闻亦许之。余以兹事繁重，非绵力所能办，故绝未注意，无从赞一辞。就所知者评其次第，则教育第一，工第二，兵第三，农第四，商最下。此皆合政学业程度言之。政者，君相之事。学者，士大夫之事。业者，农工商之事。政虚而业实，政因而业果，学兼虚实为用，而通因果为权。士大夫生于民间，而不远于君相，然则消息其间，非士大夫之责而谁责哉？孔子言，以不教民战，是谓弃之。夫不教之民，宁止不可用为兵而已。为农为工为商，殆无一可者。然则图存救亡，舍教育无由，而非广兴实业，何所取资以为挹注。是尤士大夫所当兢兢者矣。编纪行二十六首。

六日

早五时至上海，是日顺风乘潮故速。纱厂帐房已移十六埠南太平马头弄内。前地二弊：楼上太低，夏日不堪其热，秋病皮臭。今亦二弊：弄不洁，马车难通。

十一日

至家，三兄前一日归。

十三日

与实甫、惕斋诸讯。保姆事，山田说四十元，折井说三十五元，师范教习说一百五十元，并索履历书。

二十六日

五时与知源周视三四堤及第一堤东角工程。午刻回，写蛰先讯、显民讯，惕斋、实甫、徐金二生、路壬甫答叶生学费。刘聚卿讯。

二十七日

风大日燥。再写惕斋讯。说中子学盐业及教习长尾事，为盘硕题"孙志堂榜"。候范顺沪讯不至，记在札晃时诗，补录闰五月二十三日日本纪事诗。

七月

十一日

至上海，盘硕同舟。得蛰先讯。得惕斋讯。

十三日

复惕斋，归其垫款。与伯唐、实甫、西村讯。

十九日

答惕斋、实甫讯，得其来讯，属惕斋购印书字模。夜送盘硕登舟。

二十日

令人分写合同。再答惕斋、实甫讯，并桂芬讯。寄日币廿元前还惕斋，余存二两余。

十月

一日

与叔兄、盘硕、惕斋讯。与惕说教习，与盘说商民旗，与叔兄说藏书事。辑扉题。

（1904年）四月

十八日
至通州师范学校，晤王惕斋，蒋、庞、春山同来。
二十二日
回上海，是夕宿芦泾港。惕斋同行。

六月

十九日
惕斋京寓来讯，寄肃亲王书赠之扇。

八月

十日
惕斋去日，葆良同去。为虞生和钦索沪道文游学日本。

（1905年）十一月

一日
与念劬夫妇同由盐田至牧场西仓，午饭而回。津田、惕斋先至。令孔驯先去长乐。
三日
津田、惕斋回上海。津田劝植法兰西黑松，盖产于海岸者，日本昔尝种之，今繁盛矣。因托其购种五千株。

东瀛纪行

胡景桂

注：胡景桂，任清朝御史，后任宁夏道。"光绪癸卯二十九年五月十五日奉北洋大臣袁宫保之命赴日本考察学务"。返国后提出：派人学习速成师范，当年23人入宏文学院速成师范科。

（1903年闰五月）十一日礼拜，阴未雨，午前无事。午餐赴蔡钦使约便饭，同席者：福建林太史炳章文忠公之曾孙，又陈顾、晏施四人。午后，赴京桥区浙人王惕斋处。

日本考察学务游记

缪荃孙

光绪癸卯（1903年）正月江南高等学堂总教习江阴缪小珊（荃孙）、提调南陵徐积余（乃昌），奉署两江总督张公咨赴日本考察学校。初十日，自江宁赴沪。分教习侯官孙孝霱（筠）、王光宇（良英）、江阴张小楼（榆）、译书局分纂丹徒柳翼谋（诒征）、中学堂教习江宁侯健伯（巽）、小学堂教习怀宁舒伯琴（广元）同行，并挈一仆一髹匠一庖人，共十一人。

十九日乙亥晴。晨抵长崎。山水雄杰，有类香港；四周青绿，图画天然。有医士验病，旅人坐舱面竢之，然验甚草草，行后，方准入口。上岸，见中国领事邹筱村（振清）。询风俗。在署早饭。筱村为电致神户蔡领事。又发东京王惕斋（仁乾）信。访去岁延聘东文教习白河次郎寓所，约同去东京。酉初开行。

二十二日戊寅晴。早滨大海行。巳刻抵东京新桥车栈。王君惕斋来迎，偕赴京桥区木挽町厚生馆。入户必释履，席地坐。陈设雅洁，室无纤尘。电江宁学堂总办胡研生粮储。

二月廿四日己酉晴。约吴瀚涛、卞薇阁、王惕斋、叶树涛饮偕乐园。

岳云庵扶桑游记

吴荫培

注：吴荫培，1890年探花及第，授职翰林院编修。历任京兆试、礼部试、福建乡试考官。光绪三十二年"自备资斧，观政日本"。回国后，创办女子师范幼稚园、水产农林讲习所等。本文记1906年事，有删节。

◇《岳云庵扶桑游记》书影

八月初九日

癸酉雨。晨徐子山、慈溪王惕斋仁乾、同县潘子欣志憘来。午后同馆提学使诸公来，均晤谈。晚冒雨往本区弥生町游第一高等学校，又至小石川区市中。归而天寒，小病遂早卧。

廿七日

辛卯霁星期。晨往本乡区团子坡，观菊花人形活动戏剧。艺花者七八家，皆筑台插花，下设轮轴，可以旋转升降。剧中皆日本故事也。午前到赤坂区冰川町，答访钱塘吴子修庆坻、德化刘幼云廷琛，诸公留饭而出。顺道至京桥区西绀屋町王惕斋家清谈。惕斋遨游东国已数十年，熟悉商情，洞达时务，入都会有建白，为当轴所知，其言可采用也。晚到日本桥区龟岛町偕乐园小酌。

（九月）十六日

庚戌大雨即霁。潘丹仲、金苹郊来，偕余再赴青山农科大学。一切皆前游所到。惟入动物养蚕室，春夏秋皆有蚕，每日有育蚕记事表，比较凉热度数，如温度七十六数。十四日即出蚕。天凉则借火温之，炉火皆设于室板之下，不直接也。桑叶藏楼底，霜雪不侵，防其枯槁，运以空气法，至善也。晚到外务省访严村成允，未晤。又往王惕斋处。夜高进斋、蓝公武、张芝生、袁俶畬诸人至。明日为天长节，公使馆送观兵式参观证来。

廿二日

丙辰霁。晨往神田区锦町经纬学堂。是堂明治三十七年创设。皆中国学生，分普通、高等二科。又别设法学、商业、警务、师范四科。现在学生有普通科六班，警务科三班，福建师范科一班，都八百十三人。与公立明治大学毗连。普通科年限二年，毕业考取者，可入明治大学专门科。高等科年限一年，毕业考取者，可入明治大学本科。连日参观，各校大抵彼都人士刻意招徕，而校中一切内容究不知有无实济，不及细考也。又往骏河台南甲贺汀。明治大学学生共三千馀人，内中国学生五十馀人。学分法律、政治、文学、商业四科。余等小坐。食堂有小松五六株，一盆翠阴普覆，系校长岸本辰雄自植者。午后到本町大成学堂，规制甚隘。内日本学生五百馀人，别有中国学生二十馀人，则入中学速成科者。湖北铁路学堂学生肄业者四十人亦在于此。又往雉子町高等警务学校，学生四百八十，皆中国人。教科分午前、午后、夜晚三部，一年卒业。本科分科三：为高等研究、为警察高等、为警察普通。别科分科二：为宪兵、为日语日文。晚顺道往留学生会馆，与同乡诸友晤。夜到芝公园三缘亭，觞严村成允、张杏荪、金子材、殷柯亭、王惕斋、麦敬舆、陆亮臣诸人。

（十月）十五日

戊寅霁。晨起赴新桥停车场。匆匆即发，送行者多不及晤。王惕斋候于车站，潘子欣来送余，同上汽车，握别殷勤意，尤可感。辰初二刻首涂同车遇伊藤统监府书记官金山尚志，又海军大军医上村浅次郎。笔谈甚相得。入夜抵名古屋，爱知县境也。寓车站下桀屋旅馆。夜东行踏月游纳屋桥。街衢大如东京，市集亦繁盛之至。

廿二日

乙酉阴。卯刻上汽车，半时即达神户。访慎泰号主赵壬斋，王惕斋友也。钱仆寓海发盛栈。安置余行李亦来迓。余往少坐，即北行，赴諏访山，浴于矿泉。又西行游广严寺（一名楠寺）。入寺门有古梅老干如铁。东人立碑识之。寺中，诸墓林立。南行入楠公神社，游客颇多。其旁有劝商场，又有水族馆，较东京不逮也。过凑川新桥堤上。午后返寓，饭罢移行李上"宏济丸"。晚登岸小饮月花亭，夜仍返舟中。

东游日记

盛宣怀

注：盛宣怀，1902年任清朝工部左侍郎、会办商约大臣，1910年任邮传部尚书。

（1908）七月初五日 雨

华商王惕斋（仁乾，以字行，慈溪人）过访。渠言，到日本时，尚在明治初年，已阅四十载，维新一切情形均其目睹。见其短一左臂，询其故。云：前十六年，乘人力车为贵族马车撞倒碾伤。延辩护士讼诉。庭判谓，咎不在马车。遍访外科，均不肯言。旋访一新到德国医生，求其指教。曰：若非马车数百斤压力何能使伤骨粉碎。现惟有将臂截去。乃熟记此言。复讼。

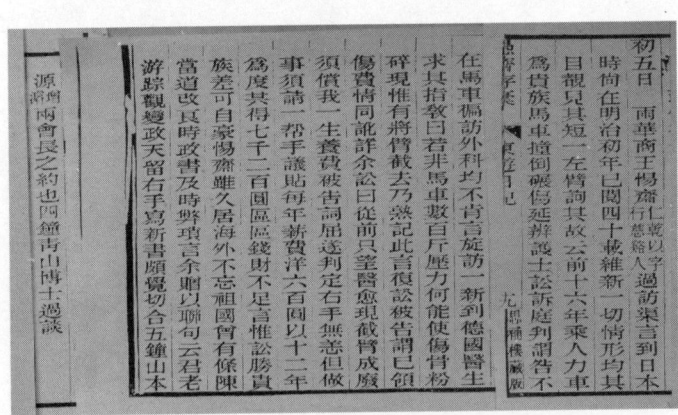

◇《东游日记》书影

被告谓：已领伤费，情同讹诈。余讼曰：从前只望医愈，现截臂成废，须偿我一生养费。被告词屈。遂判定：右手无恙，但做事须请一帮手。议贴每年薪费洋六百圆，以十二年为度，共得七千二百圆。区区钱财不足言，惟讼胜贵族差可自豪。惕斋虽久居海外，不忘祖国，曾有《条陈当道改良时政书》及《时弊琐言》。余赠以联句云："君老游踪观变政，天留右手写新书"。颇觉切合。五钟山本东请茶会见。其房屋纯用木料，无一砖石。渠云：瑙威国木植便宜，可绘画照造，运回装配即成广厦。美洲造木房均如此法。八钟欢散。夜大雨。

八月初三日 阴

七钟半上车。送行者：胡李两星使、卢参赞、外务省石井次官（菊次郎）、政务局局长仓知（铁吉）、外交局局长荻原（守一）、能势总领事（辰五郎）、神尾中将、贵族院下条议员（正雄）、三井有贺理事（长文）、大仓高岛理事、冈千仞氏、留学总会馆龚朱两会长、王惕斋诸君，并承高桥男爵小田切氏远送至平治驿，杨石渔太守、但刘两世兄送至国府……

三、著述信札考

由于王惕斋故居——宁波市慈溪县黄山村"白屋",在新中国成立后因建粮库而被拆掉,因此保存在老宅中的大批书籍和字画全部荡然无存。现在有关王惕斋著作的记述见于两处。一是我父亲1989年2月20日给我的来信:"你祖父死于1911年。家里原有《独臂翁见闻录》许多本,以及他撰写的日语学习小册子和改良时政书等。现在一本也不剩了。……黄山家中原有盛宣怀所写对联'君老游踪观变政,天留右手写新书'。盛做邮电大臣时,你祖父一再上条陈,怎样办邮局。"另一就是盛宣怀日记中所载:"渠言,到日本时,尚在明治初年,已阅四十载,维新一切情形均其目赌。……惕斋虽久居海外,不忘祖国,曾有《条陈当道改良时政书》及《时弊琐言》。余赠以联句云:君老游踪观变政,天留右手写新书。颇觉切合。"两者所说的是一致的。这说明王惕斋有过著作,虽然并不多。现在知道的有两种:《独臂翁见闻录》和《无师自通东语录》。后者在2010年由慈城地方文化研究专家钱文华在慈城发现,另外《汪康年师友书札》第一册中所记王惕斋给汪康年的九封信。

《独臂翁见闻录》

原书已佚。我的祖居"白屋",新中国成立后因政府选中该地建粮仓,被全部拆除。母亲去我上海二妹家居住,带去一本《独臂翁见闻录》,"文化大革命"中,被我二妹处理掉了。

《无师自通东语录》

该书无目录,下面是按书的顺序编成的目录。

自序、凡例、和字音译、各国镇头门、天文门、地理门、时令门、君臣门、人伦门、师友门、工匠门、宫署门、屋宇门、账房门、船车门、军器门、器皿门、厨房门、衣服门、五谷门、食用门、医道门、身体门、禽兽门、秤尺什件门、进口门、出口货门。

一字门（如前、后、左、右）。

二字门（如定货、收到、对面、聪明）。

三字门（如好福气、我有了、差不多、回家去）。

四字门（如你要多少、我信你话、请问贵姓、尊庚几何）。

长句门（如古人云大智若愚大勇若怯、朝廷应当照应百姓、我一时想不起来）。

初会应对（如请进来、几时到此地的、请用茶）。

雅谑门（如越观你越美、时时刻刻想着你）。

译收单存单文、译送状汇券文。

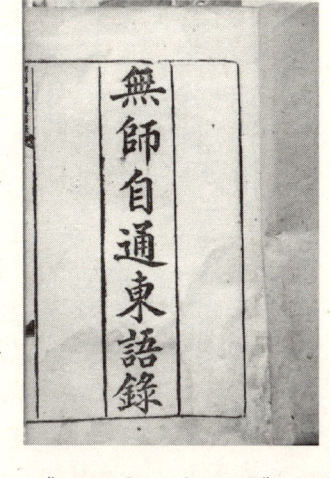

◇《无师自通东语录》书影

自序

余于庚午初客扶桑，旅居横滨。凡我乡人屡谈日语，意殊简略，询之，学习甚易。后旅寓东京，与宝森罗君、砚池杨君同居。昕夕盘桓，始知，横埠之语，伪杂卑陋，不足与仕宦巨商细谈衷曲，如上海洋泾浜英语一般，杜撰相半。始有望洋之叹。余久居东都，与仕宦巨贾往来，又承旧诸侯下交，执经问难，不得不重加温习文雅日语，随时将在横所学之言改之。一不谨慎，尚有撬入失礼，故辨博底细及声音最为要着。余今将雅俗通用之语，分门别类撰成一书，名《中东通语捷径》。日人亦能学我国之言。常见两国交谈，一不详细，则情多扞格，自不知觉。听者反疑有意侮弄，易成嫌隙。今余将返国，忽忽付于手民。倘有舛错之处，还望世之博雅诸君指南为幸。

慈溪惕斋王仁乾识。

凡例

一、下注小字译语系中州韵为准，旁注官音宜照正音而读之，有旁注土音即吾乡慈溪音也。

二、首页有日本字母四十八字，亦旁注中州韵，使学者便于醒目。

三、日本譬如一桥字，译音"哈希"。上有桥名，如日本桥，译读"尼夯牌希"。如一原字，有数种读法不同，观此字用在何文上。如松原，译语"埋之口辣"；吉原，"尤希划辣"；安原，"也司额辣"。

四、凡学语，宜随时细心听文雅人聚谈。日语最多助字之言，如作文用之乎者也等字。用之不当，则听者不解，而反生厌。

五、此书虽有译语，下注颇详，不过略作规范；兼之，各方语音大同小异，尚需如学昆曲，非口传不可。有了此书，执之，可问日人，易得口授。日国语亦各不同。以东都之语音，其全国士大夫文人皆知可达耳。惕斋又志。

王惕斋与汪康年的九封信

注：汪康年，光绪进士，曾入张之洞幕。1895年参加上海强学会。次年与夏曾佑办《时务报》，约梁启超任主编。

一
（1898年）

穰卿仁兄大人阁下：

申江揖别，于四月廿九日抵横滨，小住旬日，即来东京，寓京桥区南鞘町四番地山田屋旅馆，刘伟翁、徐小翁同住也。而弟以俗事纷纭，兼陪二君到处浏览，是以久未作函奉候，慊甚慊甚。昨闻东友述及伊藤博文不日须往中国游历，随行者森槐南、楢原陈政、头本元贞三人耳。但云此行不谈国政，专观风土人情。楢原来云："伊侯至贵国游历，实为养病。"此言甚属可笑。中国天气较日本更热，楢原久在中国，岂不知耶？酷暑而道途跋涉，焉能为却病之方。问其各省皆到乎？曰否。又问游那几省？则曰无定。再问究竟何所适？答云沿海一带而已。其言语之游移，令人莫测。风闻伊侯此行，闻傅相与俄人接洽，恐坠其阴谋，特于傅相前陈其祸害，作忠告善道之举，此言似乎近理，其所秘密者，畏俄人耳。此请近安。愚弟王仁乾顿首。戊戌六月初二日。

徐小农、刘伟庵二兄附笔请安。（六月十一到）

二
（1898年）

穰卿仁兄大人阁下：

前奉芜函二次，未蒙钧答，深系远怀。前接徐小农兄来札，藉悉阁下在沪诸务顺怀，日报馆亦渐渐起色，能销五千张，此亦乃阁下暨诸君调度有方之力也。寄来欲增新股章程单，业已领悉。弟大约月内迟到月初，欲动身来沪，再行面谈。近知我国大行新法，屡有华童来东学习，浙江所来八人，进成城学校学武四人；另租（房租）请教师，先学东文言语，学文亦四人。张味笙大令前接电报，其老太太病重，霎时返申，蒋二尹定下班船返国。孙实甫兄近亦在东京，时有会晤。邹殿书部郎初到埠时，适值弟有事，代其照料，上船陪见，子壮兄均劝伊不必寓厚生馆，究属贵而不佳，不若加寓精养轩上算也。厚生馆二元五角一天，倭式供饮，与弟介绍徐、刘寓处相仿，只一元不到。其中小林通事喜华人住厚生馆中，所以欲伊陪览，不得不如此也。然鄙见倭人昔时步学泰西，亦将西文翻之东文，以教国人。今华人来东，必欲先学东文言语，多一层功夫，兼多费用，不若倩一好手译之华文以教之，事半功倍。然译书非易，弟细细采究，必要农学士二三人处访之相同，可成农书。矿书必要二三矿师处细细问之无讹，可成一书也。法律书必须律师。否则如奉化开矿，到东京出重资聘请矿师二人、化学师一人到华，初云再深定可见大功也。复大于解约，睹多周折，彼此反阻，后荷大众，不敢谈矿务也。目下初开风气，第一使人信，办之后必须有效，得利后，可不招览劝办，而自愿创办，并可日后精而求精，于众有益。在申之倭文人虽多，总不及东京之专习一家之文人也，如我邦好文之士诗不佳，一般也。今倭人亦各学一门，成后再学一课。刻有傅子濂兄返沪之便，肃此示奉，并请着安。弟王仁乾顿首。八月初六日。（八月十八到）

经诒仁兄处不另札，均此问好。诸贵同事均祈代为问好。

子壮兄定下班船来申。闻黄公度廉访总署留用，不出使东国，未卜后何人来也，大众巴不得裕公早返，无益于众。

三
（1898年）

穰卿仁兄大人阁下：

麦秋分袂以来，无不神驰左右。弟联奉两函，未见示覆，或寄书者效法洪乔，或贵忙想无甚事，故不念及海外一老卒也。弟屡在实甫兄处询及阁下起居咸宜，诸务顺怀为慰。弟本想中秋返申，为经营减色，货未销通，为此不果，只可明春旋沪。七月，徐小农大令返国，谅常有晤谈也。前陶榘林观察来东，弟陪往访素有贤声、与朝议不合告退之大臣，又旧诸侯、上下议政院议员及文人。他们数十人公议设宴于墨江植半楼，酒诗唱和，尽欢而散，已在九点。他们云，战后来游历者，却不乏人，皆乃红尘中，喜谒执政当道。近惟陶某谈［淡］于势利，有乃祖之遗风，一到我国访问，拨冗枉顾我辈闲散懒人，胸中才智已胜常人。然目下执政为官者，亦吾辈之旧属也，加之隐官，各新闻馆皆钦敬之人，所以他们赞后陶观察之名更震。近欲识荆者其多，未晤为憾，皆言无缘，盼望陶重游东国者甚众，得陶书片纸只字如同拱壁。乃日酒叙，兼邀李木斋星使，及邹、寿、李、杨四游历官亦来同赴席也。近时张观察亦弟陪访，他亦欲公请，力辞心领。众云南洋陶公，我已请过，今阁下乃香帅所委，然我东国上下，皆企慕香帅才智出众，与待别位大员不同，不可嫌我简慢，必须驾临，就近在红叶馆，择定廿五日赴席也。闻尊馆已改《中外日报》，销路渐广，亦乃阁下及诸君之筹谋有方，弟不胜欣慰。欲招新股，承示章程，无奈弟囊不充，因此方命为歉。弟问子壮兄，云亦不能添股，后未卜如何办法，念念。目下馆中想仍是前数位也，便祈详示。

　　弟后可通信，将近时事务奉告，可登报中。顺呈东京一处共有官吏贰万五千人员，今议裁减共有将近五千人，因此市面萧条，各物腾贵，可称长安不易居也。近闻议员在伊明正一号，加重税捐，约有二千八百万元，尚不敷出数。今将我国来游历者糜费情形，实为可惜。弟在东知而不能详告之苦衷，因此来者为费大，不能久住，而得其细微曲折详细，弟若说之，犯他者之妒忌也。所以长冈子爵及吟香老人同弟说，想一善法，弟答不必华官照会倭官陪游，如徐小农大令、农学会刘伟庵司马，同弟来东，游览处与浙江张、蒋相仿，费只伊十分之三也。张、蒋之后，邹、陶、班等数十人，今之张、方等，皆参谋局外务省派一小官来陪伴，云伊自出旅费。诚者，他政府亦多出一分陪费，而华官诸费均被开大也，徒与旅店中饱耳。华官返国，不得不谢词该政府也。公事反与他限定时刻，何日看何学堂或工场等，风雨无阻，云他已预备也。如徐、刘与弟在东时，见天气晴朗，始托新闻馆发德律风，问他刻可参观否？往亦优待详告。若看之未详，次日又可往览。今他因参谋局指定厚生馆，二人一房间，每位二元五角，菜品反不能可口。阁下到过东京，住对山馆，只一元。今闻他已预关照，如有官场来说，亦要二元五角。桃李馆前袁子壮兄向住，只一元。前数日浙江雷军门来，连从者九人，每亦开二元五角，住只一天，开要酒茶费廿元。欲让国体有关，并于陪者见之不雅。马车雇一天，诚者八九元也，照横滨之例，短雇八九元，如定一月，只要八九十元，今厚生馆亦欲八元一天也。一某军门限于旅费不丰，因见东国大佐与我国副将相仿，亦常乘人车，少俭效之约，到天长节欲雇马车，他索此一天廿五元也。弟思不欲与他挟制，只有持该领事或永井君一二缄照呼之信与东国官绅，不要他陪往，任我自寻居所，不受其轧也。如弟在东，诸务亦可陪游也。肃此，示奉筹安。弟王仁乾顿首。（戌二月廿二）

　　曾谨翁、汪仲翁以及诸贵同事均祈代为一一问好，恕不另札。

罗叔翁、蒋伯翁、汪甘翁诸位，如晤时亦代问好，乃祷。

如赐回玉，寄东京京桥区西绀屋町七番地林文次郎方内弟收可也。近闻潘道科淫棍托人谋升翻译，在外飞短流长，袁子壮亦被其惑，此乃如入鲍鱼之肆一般也。潘之劣迹，骗叶澄忠观察及王君益甫，又诱占人妾等事，详详细细，有倭人翻出一书，在《申报》馆何雨文上舍处，何即何桂笙兄之公郎也，如公暇，可往取阅耳。

再者，《昌言报》近改何名？尚有印刷否？或已停办，便示知。（十月廿七到）

四
（1899年）

穰卿仁兄大人阁下：

前月廿五日奉上一信，谅已台电。弟今将湖北所来方军门、张观察在东情形详告。东京俱乐部系近卫公爵为首，上下议政院议员及巨商数十人，定初七日设宴，托弟代邀请方、张及王游戎赴席。张、方、王托弟婉辞，因返国在即，实因无暇，如同心领。他们随改早两天，择定初五日六时，咨照会中，兼邀李星使，弟亦叨陪盛席。他专宴华客，届时赴席。三杯后，近卫公爵演说，云："今日本爵等无佳肴奉献，聊表微忱，承诸君不弃惠临，不胜欣悦之至。今李星使与阁下为观大操演，驾来敝国，兼视察文武学校。贵国能释甲午之嫌隙，结同文唇齿之邦交，两国臣民皆有荣益耳。然四面强邻，非上下同心练兵，教育人民才智，可免他人觊觎之心也。屡见外邦新闻议论，仆等代为不平，望诸君将此意转达贵国执政大臣，此本爵之所深望也。"李星使说之，罗赞使译日语答谢，弟在旁闻之，比他人译词得体，兼表洋人新闻所载亿度不实，祈勿深信。继则，一林氏亦演说，云："望贵国宜早整顿，不可因循而自误，我不便尽说"云云。罗又答词，不亢不卑，宾主直到亥初尽欢而散也。初六日，张、方、王办答席酒在伊帝国火退，而以宴陆海两军省及外务省、宫内省诸大臣及次官，又上议政院议长近卫公、参谋部长等官，来宾廿余人。每客洋餐连酒约十元，此却颇易。其中最难者，坐之次序。甲午之后，日人学西法更甚，不肯少须迁就，如一不合式，客竟有推故不坐而返者。然费数百元敬客，若不细心，而反慢客也。弟初托官场代定写之数名，后云不妥，嘱另请人定之，幸遇旧友，云此宜问宫中，但各客知式部所定，不敢不服也。弟照此而行，届时来宾均穿礼服，挂宝星。幸张观察在外洋已久，亦皆礼服相待。他皆赞我华官知交邻之道，欢笑尽兴而散，已钟鸣九下也。二品衔王游戎，名得胜，虽一武官，颇能留心武备，身体魁梧，交际善词，与一陆军工兵习术学校少将矢吹秀一氏谈心，两下投机，矢吹氏独赠伊一照相，望伊重来，愿将学术工具之法尽心奉告，云今番住日太少，观者太多，可称贪多嚼不碎也。一姓清，名瑞，满员，骄吝自大，日人当面有碍方、张之面，照常敷衍，暗中鄙薄，客寓之人出门后，撒盐于门槛上，如华人烧白纸一般，不欲其重来之意。余言后述。此请财安。弟王惕斋顿首。（戌三月廿七收）

五
（1899年）

穰卿仁兄大人阁下：

　　自去夏抵东，先后叠奉四函，谅已邀青览。想贵务冗芜，无暇答复。迩维著作日新，履祺时懋，为慰为颂。弟只手经营，远游海外，缘日邦今年进税格外加重，生意愈艰，各帮几乎有立脚不住之势。敝眷去冬出东，幸叨粗安，差堪告慰耳。去冬南洋、湖北二省，均有出洋学习生徒到东，两处皆二十名，入成城学校。习武备者三十三人，学文者六人。每人每年计学校费三百元，校中备办西装衣服冠履，又每月给各生另用叁元。湖北监督现派张听帆观察、陈三省（三立）大令为帮办，又邝二尹观亭前为带令学徒出东，兹为委办纸币滞留。闻钱念劬太尊近将来东，张观察即欲回鄂。两省学生中，南京有陶楘林观察犹子，性质聪颖，颇能耐苦习学，是为翘出之材。湖北生徒则推香帅文孙刚孙，年小知礼，尤复精明，学业甚勤。现在习学院即华族学校，中日友亦多称羡之，兹日邦创设善邻译书馆，专就西文新法诸书翻译汉文，主笔者为重野成斋，修史局员冈千仞、龟谷省轩，皆可称齐国仲子者也。其书各从专门分译，与前日邦所译国史迥不相同。复又招聘敝族兄黍园为之校正删润，自正月开馆，已译出《植物学》全册，将付手民。近又译《军政诸法》，他时印刷成册，即运上海销售，皆托乐善堂岸田吟香经理也。如贵报有欲译之书，亦可相商代译。昨日，东京贵族院议长官舍集议，近卫公爵为首，及清浦司法大臣、犬饲文部大臣、长冈子爵、大冈议员、岸田吟香翁等十馀人，弟亦在座听议。为欲创设同文会，先在东京立一学校，专教华人倭语，后就我天津、南京等省各设分校。其费伊政府每年出四万圆，不足再向富绅派捐，其意谓中东同文之邦，唇齿相依，往往因言语不通，以致情好难达，故欲教习言语，以敦邦谊也。近时近卫公爵即欲出游欧洲，他日归途拟到我国一游，可见东邦大员不惮跋涉留心政府也。手此布奉，敬请台安。诸希心照不具。愚弟王惕斋顿首。

　　再者：前年在申所借钞本《朱舜水文集》全册，谅经阅览一过，希为递送宝丰里交庞端卿兄代收可也。

曾敬翁处不及另札，代为道候。

再启：近时鄂省创行纸钞，信来托东代办此事，弟颇有论说，后信再详。由日报馆送来。（已廿二收）

六
（1899年）

颂阁、子健两兄大人阁下：

前肃寸缄，谅登台览。辰维升祺文祉，皆大吉羊，为慰为颂。满洲之事，诸公激于公奋［愤］。力阻调印，英、日各国又出而抗议，近闻俄国已拟废约，则祖宗发祥之地，不致沦陷于外人，而东亚大陆并可免瓜分之祸，诸公之造福于中国者，实非浅鲜，不胜额庆。弟闻俄国此次废约，因知日本已预备开战，筹饷六千三百万，不敷之处，又有二三国暗中帮助，兼之闻吾国绅商公愤，阻拒画押。且俄由海运兵来高丽，煤炭无从接济，兼少船坞可备修理船只，仅有海参崴、旅顺两坞，不敷应用，因此不敢冒险遽开兵端。况俄如一败，则必为地球上各国所不容，势难立国。加以日本众志成城，勇气百倍，俄兵虽较日多，而饷俸甚薄，兵无纪律，力难取胜，因而畏惧。今将两国海陆军比较表开列于左：

日战船大小二百十三只，其中一万吨以上新船十五只，三千吨以上至七八千吨者四十三只，不足三千吨共百五十五只。

日海军一万九千八百人，每年海军费七千六百八十七万〇百十二元。

日陆军常时四十一万二千五百〇七人，战时可添三十四万一千五百名。

俄国战船大小二百七十九只。

俄海军四万一千九百十五人，海军费六千九百六十一万零零五百元，人多日本一倍，而军费反少。

俄陆军常时八十九万三千三百人，战时可添三百五十万零三千人。但日本海军兵士常云，凡此身一经充入海军，即当以身许国，从无思想逃遁及巧饰回避情弊。如我国甲午之役，我兵船管带等往往善于钻谋规逃之事者，甚至有云木质船身难在海上战斗，其说实贻敌笑。日本商船亦常在海上游弋助威并以诱敌，何尝不可，又有贿托绅士保留坐港，停泊于梅花桩内，不敢前进一步。即如法战时及甲午一役，两次亲见兵船反停泊在桩内，不获炮台，商船转停泊镇海关外，诸商人上下反多跋涉辛苦，偶一钓船碰倒梅花桩，即责令修整，索诈使费，此乃徒费帑金，坐误国事，若用二千匹马力之兵舰，即可直入，如拉朽木耳。法人一战，幸经吴镇军一炮击退，日舰则幸未至甬，得免于祸。宁郡绅士，情知其弊，亦噤若寒蝉，不敢一语道及官场糜费及误国事，此皆上下情不通之故耳。又法人失和时，左文襄调南洋兵轮四只赴闽，吴建康为统领，沿途询问渔人，闻相距十馀里外有法兵轮二只，即刻驶回不往。此时法兵船上用千里镜探望，颇为惊骇，自知木质旧船与新船四只必难对敌，正在危惧间，而吴统领忽将船驶回，法船知我舰将胆怯，因急即拔锚追逐，金管带一只因驶行较慢，遂逃入石浦江，自己凿沉，其馀三只均逃入镇海关内避之，可发一叹。该管带金荣返，伪报云，渔人带法人进港攻打，力竭，被伊击沈云。北洋用一不知海军之丁汝昌为统领，贻误大局，此乃李相之失于斟酌处。海军须用熟练风沙及知军务之人，方为合宜，当时若用邓世昌、刘步蟾二人为统帅，决不至于黄海一败。

当时日本兵船不及我船多矣，总署及兵部向不知察究各国军制及财政法律，何国运兵来华，须若干日期及兵费亦不知察。即如德国有兵而少饷，英有饷而少兵，故两国必须联盟。即如胶州一事，当时官场若洞烛细情，力拒其要求，而与之开战，则俄不至占旅大，英不至占威海，而并无今日之祸。闹教之事，由于不知其本，故今宜即议，与各国裁判定律，使民间不致受枉，可免闹教之祸。如平民入教，必须该教士先察问其人品如何，及有无犯法等事，因近来不肖华民，往往倚仗外人之势欺压平民，入教以后，又诬指旧怨，藉图报复，官庇教士，重办良民，良民均含怨莫伸，其祸愈久愈烈也。鄙意亦可抄日本治外法权之律，洋人虽强，然言之中理，伊必佩服。宜即设法律一科，毕业后，初时在县中为帮审官，如果有折狱之才，使外人心服，一年后加俸，日久即升，在府署为帮审官。每次审时必须二三人帮审，如上控府署，必须四五人帮审，以免人贿嘱之虞，由是再升为臬司之帮审。凡正官，但总其大略及办地方上之事，如钱债户田等关系。民事上不能管押收监，若偷盗、拐骗、殴打等事，可立即入狱。如此，则民人皆趋于正道，并知与外人往来。若如目下承审等官恶教士者，袒护平民，则洋人不服，如畏惧洋人，残害平民，又恐因而生事也。大凡办今日之事，总须熟识洋情。

只据江、鄂两帅去年保护之约，实成于熟识洋务之陶森甲观察、钱念劬太守两人之电商请不可犯各国之怒。日本风闻浙江奉诏排外，彼时何人不知真伪，弟及姚文敷茂才于伊时深知各国极怕与南方开衅，遂力请钱太守电告两帅，邀浙抚刘帅亟互守一同保护之约。故凡办洋务，必须熟悉洋情之人，即如昔年法人无理，冒犯马江，被张幼樵太史大误军机，与洋例孤拔元帅一死，即可索伊兵费，而张幼樵太史于孤拔之生死竟探听不着，其才如何，即此可以类推。张幼樵太史专欺压船政大臣及管带人等，有献条陈可击法人之时事者，反触其忌，怒而不用，故被法人击败。弟两次在申，屡闻官场高谈阔论以献上司，若一闻调往前敌营务，立即钻谋用贿，饰言巧避。弟论吴澄帅能辞了现任巡抚之缺带兵，其志向勇忠，实可佩可嘉，惜乎不知洋务及无好参谋之人帮助，此种人物，如再任大臣之职，必有可观也。弟本一海外残废商人，本不要预闻国事，因见贵报馆力倡拒俄之约，为国有大益，不胜佩服，故将素所闷郁所见闻之实事详告，以备贵报择登之。维持大局，殷盼之至。

手此，敬请台安。弟王仁乾顿首。（二月廿三日）

令兄穰卿先生处祈代为问好。

近时报张大销，声誉甚好，未知每日能销若干张？祈示知为盼。徐仲虎观察身着短衣，与工匠为伍，此种情形为向来总办司事等所不肯为，至被炸死，望贵报著论，照军营阵亡例优奖，以励后人，免致后人引以为戒，此事关系中国军务制造不小也。

七
（1899年）

穰卿仁兄大人阁下：

奉到初六日华教，一一领悉。惊知尊阃仙逝，有失吊奠，歉仄歉仄。伏希鼓盆自遣，毋过戚戚伤情，为慰为祷。启者，所论《中外日报》销行不及《申》、《新》两报，盖报馆销路终以愈久愈广。日本各报，亦多如是，想《中外日报》再一年后，定必能推广也。至看报，谓中国人不认真，诚哉有之，亦是拘于守旧之一端也。所询译书局代译书费，每万字约三十元，意义明晰，语句精当，与寻常翻译不脱东文语病者迥别，有目者可以共赏。如有书须译，可以寄示试译。钱念劬太尊十二日已抵瀛矣。张听帆观察与陈省三大令定下趟船即要返沪也。至报中欲采访日国近事，有族兄黍园在东，可以代办，容俟委命。译书馆近已译出有《练兵新法》、《战学农学新编》、《日本维新战略》等书，未识合销如何？亦希示知。专此布复，即请台安。愚弟王惕斋顿首。（己三月廿六收）

八
（1899年）

谨贻、穰卿二位兄台大人阁下：

久疏音候，歉仄殊深。辰维著作日新，履祺时懋，慰颂奚如。敬启者，兹有日本友松元正纯、吾妻兵治二氏，译成《大日本维新史》一册、《日本警察新法》一册、《战法学》一册、《国家学》一册，携书来沪销售。但二氏初次到中，人地生疏，言语未谙，诸恐不便。欲得沪上文人墨客相与结契，藉作周旋，嘱弟作书为介，持访尊馆，务乞推情酬接，以联海外之盟。在二

氏颇工汉学,可倩不律以代舌人也。一切统希神照为荷。专泐布奉,敬请着安。愚弟王仁乾顿首。(己三月初七收)

九
（1899年）

颂阁仁兄大人阁下：

接来示,已悉尊处士大夫游历概不登报。弟因天池观察留心世务,与众不同,弟冒昧奉托,祈勿深责。但弟有上陆天池之书,有关时务,奉呈台阅,内有谈及税务司事,势不能登。倘其中有可采纳,摘一二条斧政才酌之。近时逻罗太子到东,谅已见各报,无用弟赘述。昨日伍廷芳星使乘法公司来申,本欲奉函,因匆匆不及。弟于十八日往访,弟送伊春间上刘岘帅之禀及批语,又上天池观察之书,他阅之蒙谬赞一番,嘱弟后有益之事,千乞信来与我。弟昨送伊《治旅述闻》、《宪法》等书,不知伊在船中翻阅否？惟云弟上陆之书到申再行披阅云云。被昨晨张赓三等送登舟,不能畅谈为怅也。近日为书坊所卖学堂书送视察官之贿金发作,搜检金港堂、集英堂等书坊,又视察官家,已有数人下牢。

一、明年西历正月十六号起,日本小包寄费减半价,能推广便民,与我国邮局扰民,大相悬绝耳。

一、横滨明年众商义捐,设立中华学堂,每人每年十二元至六元学费,如真穷,不收学资,聘广东教师二人、三江教师一人。

一、福嶋少将尚在神户左近养病,尚未到东京。顺复详此奉。令兄处代问好。前湖南陈葆箴中丞之孙号师曾,及俞恪士观察之子今来东留学,拟入成城学校也。弟惕斋顿首。（二月廿日）

（摘自《汪康年师友书札》,上海古籍出版社1986年版）

四、发行书籍考

明治十年（1877），王惕斋在东京浅草黑船町创办"凌云阁"，主营湖笔、徽墨、古砚等文具，另刊刻出版汉文古籍目前发现的有四种，分别是（明）张燧著《千百年眼》、[日本]丹波茝庭著《诊病奇侅》、（清）王鸿年著《日本语言文字指南》、《日本陆军军制提要》，今略作考证如下：

《千百年眼》

《千百年眼》在明代是一部新颖奇特的书，曾盛传一时。它是一部质疑五千历史文化的一部"旷世奇书"。此书上起远古，下迄明季，涉及政治、军事、经济、文教、科技，还有许多为正史所不载的逸闻轶事。记述具体，议论新奇。

该书早在明代即在日本出版，如国家图书馆藏有日本扩充堂十二卷本。另外国家图书馆也藏有明代万历间刻本，属善本。此后，清代、民国期间也有刊刻。国家图书馆所藏王惕斋刊本，刊刻时间应在清晚期，其牌记刻有"光绪戊子（1888）夏日四明王氏刻于日东江户客次"（见下页书影）。孙点在为王惕斋写《诊病奇侅叙》中也提到："四明王惕斋商于日本之东都。曩刻《千百年眼》。"

王惕斋所刊《千百年眼》属中国人在海外刊刻本国书籍之罕见者，因此有着极高的文献价值和收藏价值。

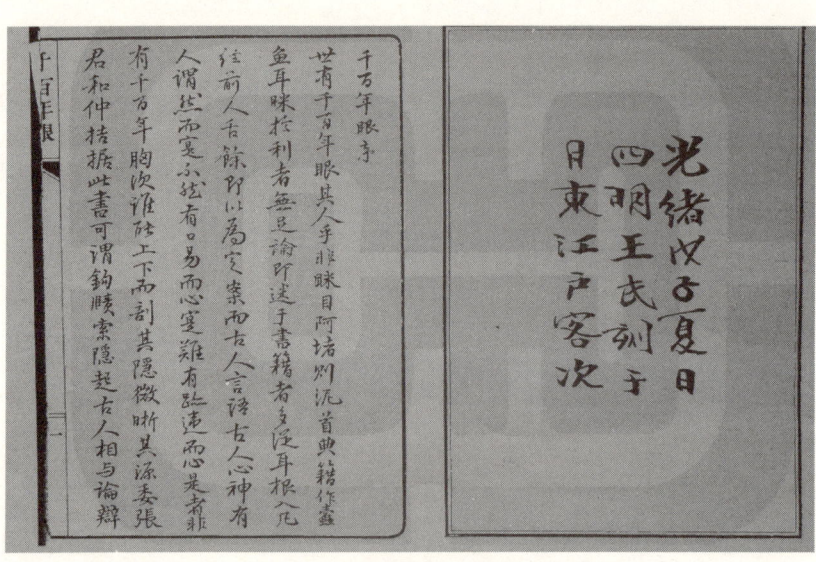

◇《千百年眼》牌记与序

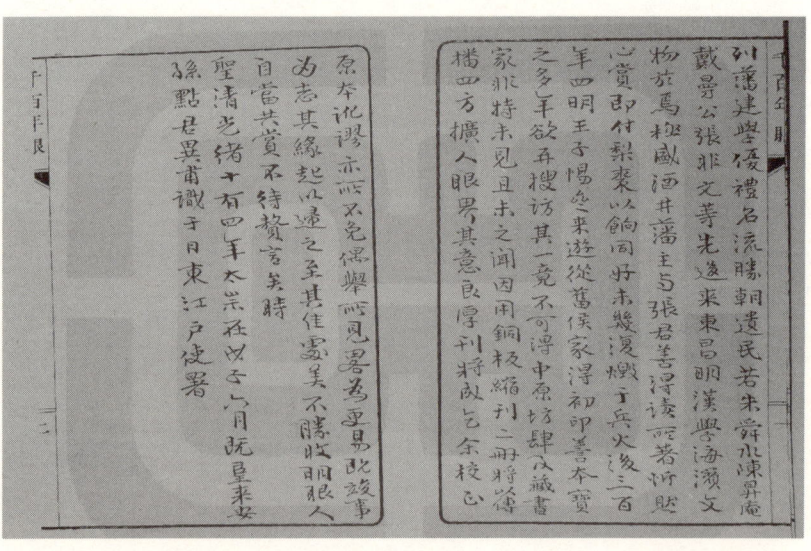

◇《千百年眼》序

《诊病奇侅》

　　[日本]丹波蒇庭（1755—1810）《诊病奇侅》。丹波氏乃日本著名汉医、德川将军侍医，本书由其再传弟子松井操用了十年时间（1878—1888）译成汉文，后由王惕斋出版发行。这是一本讲由中国传到日本，但在中国已经失传的"诊腹之法"的医书。现藏于浙江图书馆，今录诸序跋如下：

◇《诊病奇侅》封面

傅云龙叙

王君惕斋见丹波氏元简所著《诊病奇侅》二卷，为医者导诊腹一法，欲付手民，而问叙于云龙，时游美利坚有日，倚装读一遇，未尝不叹其得《内经》遗法、《刺禁论》之说，微中国无传诊腹法者，不图日本得之。然其医学自允恭时，新罗医士金武至国，始在晋义熙间嗣求汉医书于百济而医学起丹波氏有声传言为汉灵帝五世孙阿知王后，元简君著有《医剩》三卷、《伤寒论辑义》七卷、《类聚方要补》十卷、《素问识》、《医方挈领》诸书，而是

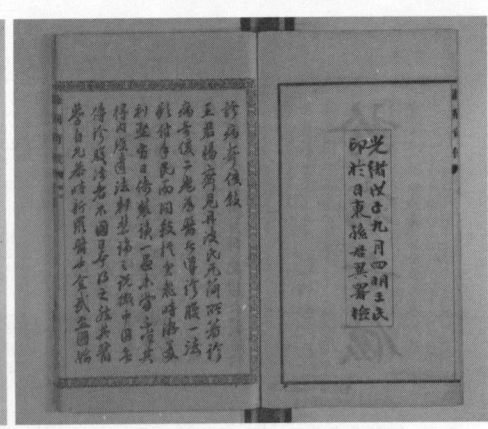

◇《诊病奇侅》傅叙

书未见刊本。其说外感诊脉、内伤则诊腹，其法诊时仰卧不得，则左卧又不得，则右卧先胸，次胃经，次任脉，次脾经天枢，次脐下，次诸空所，则腹四隅骨际，此其定位也。男女老少肥瘠与新久轻重，此其相应也。二者其要也。殆与中国推摩小儿腹疾略近。本片假文，译者松井氏操也，惕斋刊之，是亦仁术一端欤。光绪十四年夏四月四日，德清傅云龙叙。

孙点序

人之有腹，犹坤舆之有河海也。河海无水则胶滞淤塞而不利，于行有水而源流或失其所，势必泛滥而至于危害。是固不可以不慎也。四明王惕斋商于日本之东都，曩刻《千百年眼》，既属余校订，念其可以医俭腹者之病，厥功匪浅，欣然应之。未一月而竣事，近闻已畅行于中外矣。昨又以《诊病奇侅》抄本，乞为删润，受而读之。书为丹波茝庭所著，其再传弟子松井操译以汉文，所言诊病之法，莫善于诊腹，颇新奇而有至理。余不知医，往年从余姊夫江宁焦芝圃先生游，略闻其旨。大率望闻问切四者，不可偏废。顷随槎东渡时与浅田栖园远田澄庵、永阪石埭诸君子觞咏往还。三君医学或汉

或西,然皆绝有体会。金言日东诊腹之法为最有把握,今证以松井氏所译,觉余虽不知医,然读其所论,已稍稍了然于心,苟精而求之,所进不甚易哉。余尝谓中原近事,大都徒务虚名而于医

◇《诊病奇侅》孙序

为尤甚,习之者一知半解,以讹传讹,读《神农本草》,便诩知方药之名。阅《景岳全编》,已自谓刀圭之圣,乘其财运亦可活人,苟或不然,诿诸命数,视人命若儿戏。索谢仪类催租,高车驷马,深居简出,出必深夜,神智已昏,按脉匆匆,方剂早得,猝然问以病者,果系何症,竟有茫然而未能答之者,即嗫嚅而言之,亦不过支吾之词,影响之语而已,呜呼!庸医杀人速于刀斧,甚于寇贼,安得假尺寸柄胥。若辈而明,定以刑章,使之知畏惧而思所变计耶!谚云,不服药为中医,亦愤激之谈耳。若能循是编,而悉心领悟,积而久之,而豁然贯通于心腹之间。而后视病者之腹,与己之腹,毫发不爽,相其受病之原,量其用药之等,攻补不少,混轻重无或淆精细辨别,而谓有药不治病者,吾决不之信也。王子满腹经纶,苦无用处,乃以善本付之手,民以公诸世亦救时之良品欤,良医良相,具征于此,谁谓此中人,不具大知识耶!校既竟乃乐得而序之。

圣清光绪十有四年九月中,浣出使日本行人来安孙点君异甫,识于日东霞关皇华使署之嘤鸣馆。

廖宗诚序

《汉书·艺文志》载《黄帝岐伯按摩》十卷,书佚已久,余绎按摩之义,殆按病者之腹,摩之以察其受病之原意,秦汉以前诊腹之法,中土或有之,然班氏不以是书列于医经,与经方而列之于神仙家,岂按摩近乎导引术,而非诊疾之道欤?是不然,班志神仙之家,十有一黄帝,杂子十九家,方泰一杂子十五家,方列焉。所谓方者,抑岂尽服饵芝菌类乎?且乎证有内外,证之在内者,腹际之脉证之发见处也,手项之脉应其发见之处,而呈其候者也,

然而其理微矣，证其手项而不及其腹际，岂探本之道哉？今中土诊病之法，唯于两手项寸关尺，求之舍此，则望闻问切其近者也，余尝致力于医，因亦斤斤于寸关尺，参其消息，然不敢谓诊病之法，遂尽于此也，去年冬随韶东渡，见日医诊病人之腹，知即按摩，遗意顾未见其书，今四明王君惕斋，手松井操所译丹波元简《诊病奇侅》二卷，云将以聚珍版印行，而问序于余，且言松井氏竭数年之力，译为汉文，遇精于医者，则出以就质必求如原书之字斟句酌，而后止用力，可谓勤矣，受而读之，诊腹之法，甚备其有一二疑义，与字句之未显者，余间为点定，然则余虽未获读《黄帝岐伯按摩》，而读丹波氏之著，固心契其理矣。中土医术之失传者，藉此以补之，则所谓礼失而求诸野，亦此类欤。书以奇侅名，说文云："奇侅，非常也。"充此术而善行之，将跻夭扎于仁寿，不谓之非常不可也，惕斋印之，以广其传其功，顾不伟哉，光绪十四年八月二十日华亭廖宗诚序于日本东京使署。

沈文荧叙

上圣之治病也，明于阴阳之变迁，达于藏府之输泻，究察病能，故如烛照，数计无所隔阂，是以或闻而知之，或见而知之，群工不逮，必按动脉，详问外候，而后能得其隐微。胸腹足踝，诸动气切脉之一端也，中土医家惟症结异疾，始诊之，而东国之医，虽六气之渗，七情之郁，亦是以考验，虚实为攻补之准则。三松氏集诸家绪论为一书，曰《诊病奇侅》，松井子静将刊而行之，属余发明其义，嗟乎？六渗七郁，并而为病，其变化不可思议，若仅恃人迎、寸口，以审其受之源、邪之积，几何其不失于鲁莽也，五藏（脏）六府（腑）、九窍四肢、百脉二便，其机皆息息相通，苟因此诊而推广之。其于活人，思过半矣，夫奇侅者，军中所用之隐秘，见《汉书·艺文志》，三松以名篇，而松井能肄习之。然则如松井者，亦医学之孙吴欤！

光绪四年戊寅孟秋，大清出使随员正五品陕西候补，直隶州知州姚江沈文荧叙。

王仁乾跋

诊腹之法，传系《内经·刺禁论》及《难经》中所载，中土早已失传，日本医学，向习仲景

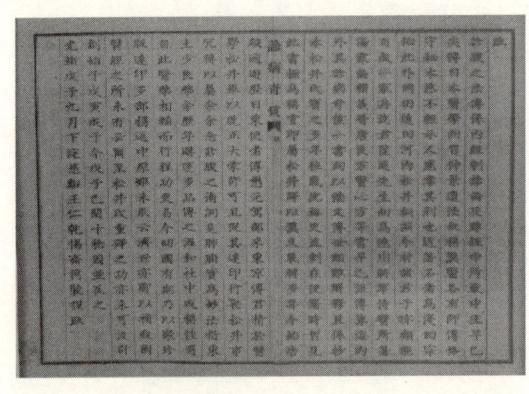

◇《诊病奇侅》王跋

遗法，故称汉医，各有师传，恪守秘本，然不轻示人，虑夺其利也。近著名者，为浅田宗伯，此外冈田远田，河内松井，桐渊今村诸君子亦类能自成一家，丹波君茞庭先生，向为德川将军侍医，所著《伤寒论辑义》、《晋唐良方》、《医心方》等书，早已流传，薄海内外。其《诊病奇侅》一书，向以倭文传世，颇难解释，且系抄本，松井氏宝之多年。往岁沈梅史直刺在使署时，曾见此书，极为称赏，即属松井译以汉文，展（辗）转多年，今始告竣，适游历日东使者傅懋元驾部来东京。傅君精于医学，松井举以就正，大蒙许可，且促其速印行世。松井事冗转以属余，余念诊腹之术，洞见肺腑，实为妙法，惜东土少良药，余历年购运多品，传之温和，社中咸称佳选，自此医药相辅而行程功更易。今回国有期乃以聚珍版，速印多部，携返中原，虽未敢云济世，亦聊以补我国医经之所未有云尔，至松井氏重译之功，亦未可没计，创始于戊寅（1878年），成于今戊子（1888年），已阅十稔因并及之。光绪戊子九月下浣慈溪王仁乾惕斋倚装谨跋。

《日本语言文字指南》

王鸿年

注：王鸿年（1874—？），字鲁璠，浙江永嘉人，清廪贡生。湖北武备学堂肄业，后赴日本留学，入东京帝国大学法科。毕业后，复入日本帝国大学院，专习行政法。毕业回国，考取法政科举人。历任四川武备学堂监督，

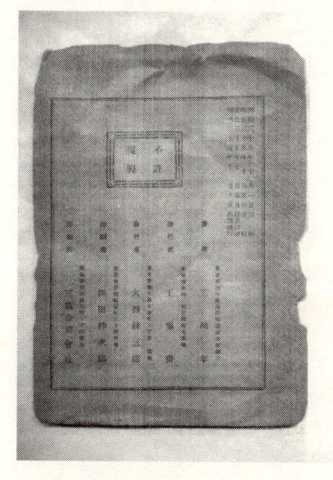

◇《日本语言文字指南》封面封底

兼代理督办四川学务处、提调学部专门司行走、外务部主事、北京政府外务部佥事、科长、参事上行走、营口交涉员。1916年10月起，任驻日使馆一等秘书官、参事官、代办使事。1919年5月，暂署驻朝鲜总领事。1922年2月至1924年4月，任驻远东共和国外交代办兼驻赤塔总领事事务，并任太平洋会议专门委员。1926年任外交部俄文法政学校校长，记名全权公使。1934年1月，派代驻日本横滨总领事。1935年11月，任驻日本横滨总领事。1936年8月回国。

王惕斋刻有王鸿年著《日本语言文字指南》，今藏于天津图书馆。

王鸿年自序

二十世纪为社会竞争之世界。吾东亚人士将于全球上演一绝大剧场。有志者遂提倡同盟之论，以期达此目的。独是东亚各国惟我与日本为第一最要关键。日本三十年来锐意图治，国民之精神争相磨激。凡世界上各种学问，无不发于著述，列之教科，进步之速，灼可衡鉴。甲午以后，吾国人士争慕东学，孜孜讲求，乃读其书。则字体错杂，文辞颠倒，学者苦之，于是又有望洋而叹之。感此，无他，不知其文法，故不解其趣旨。譬之入室者，必由于门。东学为室，东文为门，不得其门则不能入其室也。况其意义，错综变化万殊，失之毫厘，谬以千里，隔靴搔痒，究属无补。余于暇时，译录其文法要义数十百则，更附以东语，积而成帙，名曰《日本语言文字指南》。其间，鲁鱼豕亥，舛谬之端，知所不免。然殆为初学者导先路焉，神而明之，存乎其人。呜乎！古人有言：生于忧患，死于安乐。战争之极点，即为文明之起点。吾中国当此创深痛巨之际，果能上下协心，泯息猜忌，出万死一生之计，伸同仇敌忾之谊，枕戈撰血，誓雪大耻，以吾中国土地如此其广，人民如此其众，财产如此其富，而又加以二千余年以来之文化教育，与我种族之神明智慧，又何难独立自强于二十世纪中，掌握霸权以支配此有形物之世界哉。请以质之识时之俊杰。

王惕斋序

近来中东文士，日趋新学，译书纷出，洵足为启发文明之助。其中能审音酌义，不失本旨者，固属译家高手。然亦有一知半解，或言之而未达，或释之而转讹，其贻患后学，害亦非浅。余深忧之。因与王茂才伟璠博搜东书，揽各原委，究古今，辨雅俗，正讹匡谬，为《日本言语文字指南》一书。书成，复就东邦文士较正得失。则佥曰,字适义当,译学之善本也。乃付手民,排印成册。余曩与松平侯春岳善,尝赠余《常语薮》一书。云是所载,东邦俗谚,皆有从来,往往与中土古事相吻合。余袖归展览。知其证引精确者,固妙,而牵强附会亦属不少,如司马犊鼻裈。按《急就篇》:"合裆谓之裈。"《释名》云:"裈贯也,贯两脚,上击腰中。"实当时酒家佣保,所穿亵衣。或又解为膝裹。而《常语薮》,释为男人络跨,女人缠腰,未免任意牵合。附录之。以博一笑,并为译书者警。

光绪二十八年(1902年)惕斋识。

《日本陆军军制提要》

王鸿年

本书是一本介绍日本新政的书,今藏国家图书馆,书名页题"日本陆军军制提要"。版权页有"发行者王惕斋""著者王鸿年",署时间为"明治三十四年(1901)十一月五日印刷。"

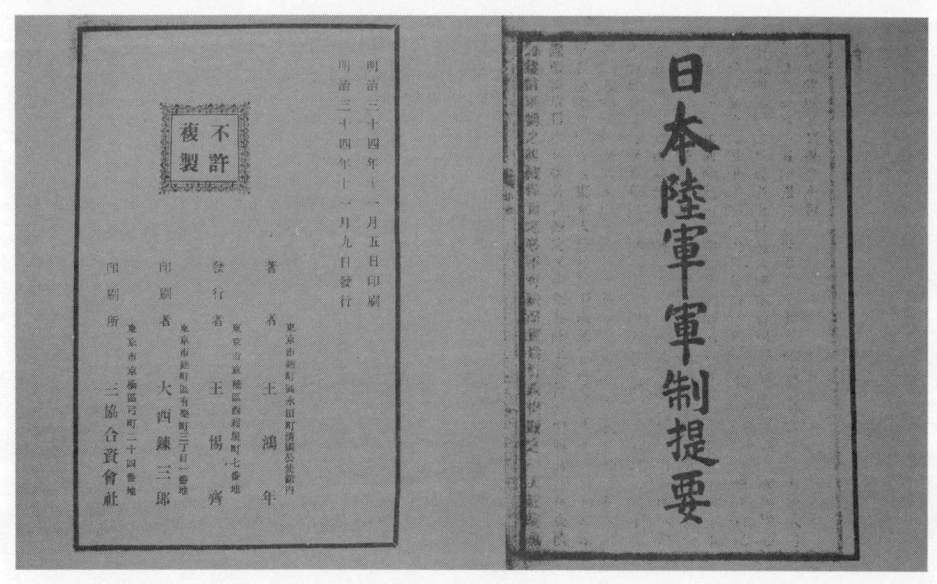

◇《日本陆军军制提要》书影

第二编

王锡斋研究

一、中日交往

冈千仞与《观光纪游》
——近代日本人的访华旅行记

王晓秋

19世纪下半叶，有不少日本文人学者到中国旅行或考察、访问，写下了一些访华旅行记，冈千仞的《观光纪游》是其中有较高价值的一文。

1884年6月，上海的《申报》上刊登了一条颇为引人注目的新闻："日本文豪某，携著书千卷，为中土山水之游。"这位"日本文豪"就是王韬的挚友、日本著名学者冈千仞。王韬访日时曾劝他漫游中国，到1884年，冈千仞终于实现了访华宿愿。由于他来华时随身携带了自己的著作《尊攘纪事》、《法兰西志》、《米利坚志》等一大批书籍，准备分赠拜访之中国官员名士，故《申报》上有"携带千卷"之说。

冈千仞，字振衣，号鹿门，生于1833年。他原是幕末仙台藩士，精通汉学与西学，因主张尊王维新，曾被藩主下狱。明治维新后曾任修史馆编修官、东京府书籍馆干事（即馆长）等职。后因对藩阀专制不满而辞官办学，以教导学生及著述吟咏自娱。其前后有弟子3000人，著述达300余卷。王韬对冈千仞的品格、胆识和文才十分钦佩。两人志趣相投，遂成莫逆之交。

冈千仞于1884年5月29日从横滨乘船出发，6月6日到上海，会晤老友王韬及其他上海名流。然后畅游苏杭，饱览风景名胜，拜访俞樾等江浙名士，访问朱舜水后裔。在慈溪还受到同船回国的旅日华侨王惕斋家族的盛情款待。他本想前往福州，然而当时正值中法战争马尾之役，只得返回上海，再北上津京，游览长城后经保定返沪。最后又南航广州、香港，因病不得已取消了长江之游计划，于1885年4月10日登英国轮船归国。前后在中国历时360日，历程近万里，会见中国官员、文人近200名。冈千仞在访华期间，"有所闻见，必手记"。这些日记总题名为《观光纪游》，其中包括《航沪日记》、《苏杭日记》、《沪上日记》、《燕京日记》、《沪上再记》、《粤南日记》等六卷，约六万字。

冈千仞访华期间，广泛进行日中文化交流活动，会见了许多中国官员和文人学者，仅在其《观光纪游》中提到姓名的就有近200人之多。除了

75

好友王韬等人外，还见过李鸿章、张之洞、盛宣怀等达官贵人，俞樾、李慈铭、汪士铎等名流学者。交往时大多用笔谈问答应酬，有时亦由陪同的王惕斋口译。交流内容广泛，涉及政治、经济、文化、学术等各个方面。冈千仞为人豪爽，往往直言不讳，畅抒己见，甚至有时与对方展开激烈辩论。他对当时中国社会的腐败和各种时弊痛加抨击，表达了希望中国改革和振兴的真诚愿望。

冈千仞游历中国之时，正值中法战争。他非常关心中国的命运，在交谈时，常常劝告中国人士应该适应世界潮流，学习西法，变法自强。他感到中国的知识分子很少了解世界各国的情况，连名噪一时的学者李慈铭也不太知晓日本的历史，因而为中国感到担忧。冈千仞还利用会见中国官员的机会，竭力敦促中国变法图强。他曾两次拜访直隶总督兼北洋大臣李鸿章。李鸿章见到他穿着日本民族传统服装和服，以为他是一位"古貌古心"的遗老。冈千仞赶紧解释自己并非崇古而主张知时务，并劝李鸿章"乘是机建大策运大势，转祸为福，变危为安"。他还向李鸿章的部下介绍日本维新历史，并主张从学习西方文化着手。冈千仞还劝说中国官员实行开放与改革，并向他们介绍欧美各国形势以及日本如何从"锁国一变为开国，致今日中兴之明治"的经验。

《观光纪游》中对中国晚清社会的弊病尤其是鸦片与科举八股的毒害，作了相当深刻的揭露与批判。他向王韬鼓吹"一扫烟毒与六经，振起中土元气"。王韬不仅深表赞同，而且补充说还应加上一个贪毒，即贪污受贿之风。冈千仞还认为中国以八股文取士的科举制度实际是一种愚民之术，应该"废科举，改革文武制度，洗刷千年陋习，振起天下之元气矣"！冈千仞在访华期间曾应邀到浙江慈溪王惕斋家乡住了一个月。王氏是当地的豪族富商，对他招待很殷勤，可是他却看不惯他们的铺张浪费和陋规旧俗，当面进行尖锐批评。

冈千仞足迹遍及大江南北、长城内外。他一方面赞赏中国的秀丽河山、迷人景色，一方面感叹中国政治腐败、士人不求进取与惨遭外敌蹂躏。他游览北京的圆明园旧址，见其只剩一堆废墟，不由嗟叹不已。他希望"存其迹为励人心鼓义愤之资也"，表达了日本进步人士关注中国命运，切盼中华振兴的友好情谊与高尚胸怀。

访华期间，冈千仞与许多中国文人学者交流思想，切磋学问。他虽然批评科举八股和儒学，但是也很尊重中国传统文化和著名学者。例如他特地到苏州拜访著名经学家、诗人俞樾，称颂其"文章著述为一世之泰斗"。他先后得到中国文人学者赠送的书籍143种，如获至宝，非常高兴。他还在中国各地搜购中国文化典籍,如在上海买到宋、金、元、明诸史以下50余种书籍,立即装成两箱,运回日本。他的愿望是"当世将得金千,重修鹿门精舍,拥万卷"。冈千仞也很重视近代中国人所写的海外游历笔记,他在北京各书店购得近代中国人所著海外游历日记、笔记十几部。他在一个友人家里见到近代中国最早的外交官之一张德彝写的游历和出使欧洲的记录《四述奇》及《西学考略》等书,爱不释手,借回去阅读。而当时一般的中国文人不太看重这类书籍及其作者,认为这类书"无学问见识"。而冈千仞不同意这种观点,并高度评价《四述奇》等书,认为该书与日本岩仓使团的《欧美回览记》一样,对欧美了如指掌,这两本书是"东洋人说欧事之嚆(音蒿)矢"。对于中日两国风俗习惯的不同,他听到中国人嘲笑日本人"席地而坐,食无案桌,寝无卧床"。而日本人也讥讽中国的一些旧习。冈千仞则认为不可"以内笑外,以彼非此"。中日两国"同文邻域而犹异其风俗如此",况欧美人呢?

冈千仞的《观光纪游》从一个日本学者的视角,观察晚清中国社会,痛陈时弊,也反映了当时中日两国知识分子对一些问题认识上的差异。这部书帮助日本人进一步了解中国,促进了两国人民之间的互相理解和感情交流。

(王晓秋,北京大学历史系教授,曾任中国中日关系史学会会长。本文摘自《中日文化交流史话》,商务印书馆1996年版)

慈溪王氏兄弟与日本文人

吕顺长

在日本明治时代，旅日华侨的经济地位主要体现在与中国国内的贸易活动和在日本国内的一般商业活动中。其中，在日本国内的一般商业活动，则集中在餐馆业、裁缝业、理发业三种行业，即俗称的菜刀、刮浆刀、剃刀这"三把刀"。但是，"三把刀"这三种职业也有一个发展过程，尤其是在明治初期，或者说是直至中日两国签订《中日修好条规》前后的十九世纪七十年代，它并不是大多数华侨所从事的主要职业。

在明治初期，日本为加快经济发展，曾不惜重金雇佣外籍专家学者来日作技术指导和培养科技文化人才，这些人员虽然主要来自欧美，但其中也包括不少的中国人[1]。如明治八年，北海道函馆雇请了两名中国的毛皮加工技术人员，有的地方还聘请了中国的技术农民指导农业生产。据记载，山东许士泰自光绪元年被日本北海道开拓使黑田清隆招至北海道后，在向日本农民传授农业技术的同时，开发经营官有土地，尤其是为北海道的洋葱种植业作出了巨大的贡献，其事迹甚至被奏报到日本天皇。1903年，著名实业家张謇考察日本北海道时，得知许士泰的事迹后不禁感慨赞许："世不必读书治政治家言方为人才，凡能平地赤立而发名成业者，真人才也！"[2]日本在制茶业方面也曾聘请了不少的中国技术人员。黄遵宪在《日本国志·物产志》中记载："明治七年，日本劝业寮创编《红茶制法》一书，颁布诸府县，民间始有学制者。次年，日本驻中国上海领事馆特聘我国人二名，于肥后之山鹿、丰后之木浦等处学制，而未能得法。又遣委员多田元吉往湖北、江西、安徽等处，学习栽培、制造诸法，并购觅良种赍归。其后日本三井银行与一西商，又延聘华人四十余名，于近江大津郡制造。"[3]

明治初期来日的华侨中，文人、画家或从事书籍以及文化用品经营者也非常引人注目。如：广东南海人冯镜如最初因太平天国革命而东渡日本，后在横滨创立文经商店，又名文经活版所，专营外国文具和印刷事业[4]；浙江慈溪人冯沄，号雪卿，以工书客居日本；江宁人王冶梅，嘉兴人陈曼寿也以工书善画客游日本；胡小萍，名震，浙江宁波人，工书善医，诗也清逸，长年旅居日本；[5]叶炜，字松石，浙江嘉兴人，擅长诗文书画，明治七年被聘任东京外国语学校汉文教员，任期满后曾一度归国，明治十三年再度赴日，以为日本人作书画为生；罗雪谷，明治五年前后赴日，明治八年开始居住于筑地居留地外，专门传习书画。[6]

慈溪王氏家族族兄弟王仁乾、王治本、王汝修、王琴仙自明治初期始，也长期旅居日本，或经商、或从事汉语教育、或专论诗文。本文着重对其中的王仁乾和王治本的在日经历以及他们与日本文人、学者、政界人物的交往作一考察。

一、王氏兄弟略历

王仁乾，字惕斋，浙江慈溪人，出身于富家大户。明治十年（1877）时，自称25岁，可推知他出生于1853年前后。明治九年（1876）受敦贺县士族伊东伯也邀请赴日，自明治九年三月至明治十年九月受雇于东京大锯町13号伊东伯也经营的商店从事中国产笔墨砚等用品的经营[7]。明治十年末，已在浅草黑船町拥有自己经营的商店"凌云阁"，翌年初商店迁往筑地入船町。主要经营书店，专售汉籍和文具。直至清末一直旅居日本。

王治本，字㭍园，别号梦蝶道人，浙江慈溪人，王仁乾族兄。明治十年（1877）时，自称43岁，可推知他出生于1835年前后。1862年，曾在家乡组织乡团抗击太平军。1875年受广部精的邀请来到日本。广部精，号鹿山，著名汉学家，1875年创办汉塾"日清社"，并编辑《日清新志》、《寰海新报》等汉文杂志。王治本来到日本后，先为日清社教授汉文，并为汉文杂志撰写文章。不久日清社并入中村敬宇的同人社，王治本也随之进同人社教授汉文。后离开同人社，创立诗社"闻香社"，与日本文人学者广为交游，其中又以与源桂阁的交往为最多。1877年，以何如璋为首的中国首批驻日使节赴日后，因王治本熟悉日本而被聘为使馆临时随员。1898年，日人创善邻译书馆，专译西文新法诸书为汉文书籍，主笔者有重野成斋、冈千仞、龟谷省轩等，王治本被聘为之"校正删润"。先后多次漫游日本，足迹遍及日本各地。1907年客逝于日本长崎。

二、王仁乾与日本文人的交往

王仁乾虽以商人的身份旅居日本，但他出身于富户，自幼受到良好的教育，于诗文书画具有一定的素养，加之他在日本的商业内容是经营汉籍，从而决定了他势必与日本的文人学者尤其是汉学家发生诸多交往。日本自进入明治时代后，举国上下大兴西学，千余年来一直被重视的汉学开始被冷落。尽管如此，对这一时期的日本文人来说，汉文仍为必备的素养，其汉文读写水平之高，以及对中国文人之敬仰，实出今人想象之范围。

王仁乾作为明治初期较早在居留地外居住的中国人，与在居留地居住的其他中国商人相比，具有与日本文人接触交往更加良好的环境。江户时代乃至明治初期，日本规定外国人只能居住于其划定的外国人居住地内，未经特别许可不得越界居住。明治四年至明治九年，经特别许可获得居留地外居住权者有五百余人，他们多为公使馆员、学校教员、或有一技之长而被日人聘用者，其中又以欧美各国人居多，中国人仅13名，见下表：

居留地外居住之中国人一览表[8]

居住开始年月	职业	姓名	住所	聘用者
明治八年四月	（制茶）	凌长富	牛达神乐坂二丁目秋元邸内	劝业寮
明治八年四月	（制茶）	姚秋桂	内藤新宿劝业寮支厅内	劝业寮
明治八年十月	制茶	吴新林	牛达神乐坂制茶试验所	劝业寮
明治九年二月	（家禽孵化）	陆亨瑞	内藤新宿劝业寮支厅内	劝业寮
明治九年二月	（家禽孵化）	仇金宝	内藤新宿劝业寮支厅内	劝业寮
明治七年二月	教师	叶松名	南神保町五番地内	文部省
明治九年九月	教员	薛乃良	猿乐町	学校
明治八年六月	西洋料理	江双林	聘用者邸	采女町10号北村重礼
明治八年六月	西洋料理	陈阿全	聘用者邸	采女町10号北村重礼
明治八年九月	西洋料理	邱阿细	聘用者邸	骏河台北甲贺町20号中川龟太郎
明治八年十月	书画传习	罗雪谷	聘用者邸	元浅草寺境内森田六三郎
明治九年三月	商业	王惕斋	大锯町13号	大锯町13号伊东伯也
明治八年十一月	制笔传习	冯畔三	通旅笼町	通旅笼町1号高木五郎兵卫

王仁乾与日本文人的交往，限于目前所能查阅到的史料，可举出以下数例：

1877年至1881年间，与原高崎藩藩主、酷爱诗文者大河内辉声交往甚密，曾作书赠与大河内悬于其书斋。此间，与宫岛诚一郎、植村慎斋、曾根俊虎、石川鸿斋等人均有所接触。[9]

1884年，冈千仞游历中国，王陪同游览苏杭等地，并邀请冈千仞在其慈溪老家居住近半月。[10]

1898年1月，汪康年赴日考察报务。王得知后，通过蒋黼建议汪康年："岸田吟香，前在沪开药善堂者，居东京银座二丁目，如暇，可访之，文雅之士；文人龟谷省轩、岛田重礼、重野安绎皆有名人，亦可访之，其所居可询之岸田氏。"同时推荐"公使馆译官罗宝森、卢子铭二人甚正派，可托为舌人。横滨领署译官潘道科极不正派，切不可托其传语，恐误大局。"[11]

1898年，湖北留学生监督张听帆等赴日，贵族院议长近卫公爵等设宴欢迎，请王代为邀请。除考察团主要成员外，驻日公使李盛铎、日本外务省和陆海军两省官员等数十人出席，王仁乾也列其中。[12]

1899年，友人松本正纯、吾妻兵治二人译成中文书籍《大日本维新史》、《日本警察新法》、《战法学》、《国家学》诸书，王介绍他们携带前往上海销售，并请汪康年协助。[13]

1899年，介绍朝日新闻社某记者为罗振玉所编的《农学丛书》提供译稿，并在回上海时将译稿带给罗振玉。[14]

以下，以王惕斋陪同冈千仞游览苏杭为例，介绍两人的交往情况。

冈千仞（1833—1914），字振衣，号鹿门，原仙台藩士。精通汉学与西学，明治维新后，曾任修史馆编修官，东京府书籍馆干事等职，后因对藩阀专制不满而辞官办塾，以教导学生及著述，前后有"弟子三千"，著述达三百余卷。当时驻日公使如何如璋、黎庶昌以及其他使馆成员、曾游历日本的文人王韬等均与其有密切交往。

1884年5月29日，冈千仞从横滨出帆，6月6日抵达上海。同船者有王惕斋和任满归国的杨守敬等。原打算先前往福州拜访时任船政大臣的何如璋，但在杨守敬和王惕斋的劝说下，决定先游览苏杭。冈千仞提出游览苏杭期间无人代为翻译时，王惕斋主动提出"将取归路苏杭，不复烦舌人[15]"。7月5日进入杭州，随后在浙江还游览了绍兴、余姚、慈溪、宁波等地。在杭州，由王惕斋、无适、顾云台等人陪同游览了名胜古迹。无适系日本本愿寺僧人，居杭州弥勒寺已三年。顾云台曾游历日本，并购回大量书籍，时正在杭州珠宝街开书肆,"满家图册一半东书"。在绍兴,王惕斋陪同游览了兰亭和禹陵。在余姚,走访了朱舜水第二十三世直系子孙,看到朱舜水曾提及的朱家邻近的王文成庙至今尚存,不禁深表感慨。在慈溪,应王惕斋的邀请,拜访了位于慈溪北郊的王氏家族,自7月18日至8月1日居住王家,并受到盛情款待。对此,冈千仞在游记《观光纪游》中这样概述了其缘由:"吾与惕斋同发横滨,瀛海湾倒,食息寝处,无日不相与,遂访其家,举族欢迎如亲兄弟。此亦文字因缘,非偶然者。"

王惕斋家族为当地的豪商富族,"族人同居三世,广厦连宇,画为数十区","男女婢仆六七十人"。族中有一叫砚云的举人,颇有才学,他不仅为冈千仞题书作画,还多次长时间笔谈交流,双方直言不讳,畅抒己见,有时还展开了激烈的争论。其中,两人就中国是否应该禁吸鸦片、引进西洋器械的论争,读来耐人寻味,颇能反映二人的立场和观点。

7月24日,王家再设盛宴款待冈千仞,宴后还另设洋烟(鸦片)和茶招待客人。吸鸦片时,"二人对卧,且吃且话,此为常法"。冈千仞见之,严厉指出:"烟毒缩人命,耗国力,苟有人心者所不忍为。"砚云听后大为不悦,强辩道:"洋烟行于中土,一般为俗,虽圣人再生,不可复救。"冈千仞引用魏源禁烟时所论鸦片之危害,再联系到目睹之现实,不禁感叹:"中人不猛醒于此,何也?"次日,砚云见冈千仞屡屡论及洋务,痛斥烟毒,便以李鸿章开招商、机器二局为例,认为洋务独耗国力而无一所成,并无可取之处。冈千仞一一举出"器械之利"加以驳斥,砚云愤然曰:"器械岂圣人之所言乎!"二人你来我往,"论累数十纸"。"砚云有奇气,文笔纵横,实为难得之才。而言及外事,顽然执迷一至此极,殆不可解者。是事不止砚云为独然"。同为文人,二人见识、观点差距之大,实在令人叹息。

冈千仞此次游历,除上海、苏杭一带外,还北上天津、北京,南下广州、香港,于1885年4月10日乘英国邮船归国。前后历时一年,会见中国官员、文人等近二百名。所得游记约六万字,分为《航沪日记》、《苏杭日记》、《沪上日记》、《燕京日记》、《沪上再记》、《粤南日记》六卷,总题名为《观光纪游》。

此外,王惕斋在日期间,与中国旅日者的交往也非常频繁。他频频出入中国驻日使馆,与何如璋等驻日公使和公使馆员都有较深的接触。当时中国赴日考察者中,如汪康年(1898)、罗振玉(1901)、缪荃孙(1903)、张謇(1903)、胡景桂(1903)、吴荫培(1906)等,在日期间均与王惕斋有过接触,并得到他的照顾。在汪康年归国后,王惕斋屡次致信将自己在日本所了解到的情况告诉他，并表明自己本为"海外一残废商人，本不要预闻国事"，只因汪康年所办之报力倡时务，才"将素所闷郁所见闻之实事详告，以备贵报择登之"。吴荫培在他的游记中，也有"惕斋遨游东国已数十年，熟悉商情，洞察时务，入都会有建白，为当轴者所知，其言可采用也"的记载。这些都说明王惕斋虽仅为一名旅日商人，但在为商和与日人广为接触的同时，始终关心国内时务。

三、王治本与日本文人的交往

1880年畅游日本的李筱圃在他的游记《日本纪游》中有这样的记载："王惕斋来，言伊有族兄王黍园，现馆废藩源辉声家，专论诗文。"这位王治本所寄居之家的主人就是上文曾提及的原高崎藩藩主，酷爱诗文的大河内辉声。

源辉声（1848—1882），初名辉照，号桂阁，祖居大河内，故又称大河内辉声或源桂阁。世袭高崎藩藩主，食禄八万二千石。明治维新后的1869年，政府下令各藩奉还版籍，辉声被任命为知事，改封华族；1871年，废藩置县，高崎被并入群马县，辉声卸官归乡，以广交文士、吟诗作文自娱。他把西洋人和清国人进行比较，认为"西洋人神气颖敏，行事活泼，孜孜汲汲覃思于百工器用制造也。至清国人，则不然，百官有司，庙谟之暇，皆以诗赋文章，行乐雅会，善养精神，故性不甚急也"。因此，"京畿之商贾，天下之人士，其求名趋利辈，宜交西洋人。高卧幽栖，诗酒自娱之人，宜交清国人也"[16]。而此时的辉声当然属于后一类。他在与中国文人交往时，即使对方会日文或带有翻译，也自称"口讷不喜口谈，惟以一支笔换千万无量语言"，而宁愿进行笔谈，以留下墨迹作为纪念。这些笔谈纪录，被整理成册，统称《大河内文书》，包括《罗源帖》18卷，主要记载1875—1876年与中国旅日文人画家罗雪谷的笔谈；《丁丑笔话》7卷、《戊寅笔话》26卷、《己卯笔话》16卷、《庚辰笔话》10卷，分别记载了1877—1880年与公使馆成员以及其他访日中国文人的近500次笔谈；《黍园笔话》17卷，记载了1880—1881年与本节的主人公王治本的141次笔谈。此外，还有《韩人笔话》1卷，为与访日朝鲜人之笔谈；《书画筵》1卷，为与中国书画家谈书法、绘画时的纪录。

王治本自1875年来日后，不久就与源辉声有所交往。当源辉声发现王治本的诗文书画均远远胜过自己时，不禁十分钦佩，因此决定拜其为师，教自己汉文汉诗。至1877年首届驻日使团来日时，两人已是无话不谈的挚友。使节团抵达日本后，辉声从王治本处得知副使张斯桂为其浙江同乡，随员中也有熟识者时，立即提出希望王治本能介绍他去认识何如璋及其他随员。此后，每次相见，必提及此话题，直至通过王治本以及使馆随员沈文荧（字梅史）的介绍，前往使馆见过何如璋和张斯桂，才告满意。此后，他与使馆成员频频接触，留下了许多中日文化交流史上的佳话。

1880年，源辉声为进一步与王治本切磋诗文，还干脆将他请到自己家居住。此后约一年半时间，二人朝夕相处，时时挑灯笔谈，留下笔谈记录达17卷之多。笔谈内容形式多样，几乎无所不包。

1882年，王治本离开源辉声家，开始漫游日本，直至1907年在长崎去世，其足迹几乎遍及全日本。所到之处，无不受到热情的接待和欢迎。实藤惠秀氏曾对王的漫游时间和线路进行整理，大致如下：

1882年，甲府（5月）、骏河、远江、尾张、名古屋（中秋）、福井（7月）、金泽（8月）、福光、高冈、富山。

1883年，高田、放生津、冰见、七尾、金泽（3月）、大圣寺、函馆、新潟（8月）、五泉、新潟。

1884年，佐渡（春）、越后与板町（秋）。

1885年，尾道（中秋）、竹原（冬）。

1886年，高知（春）、防府（秋）、山口（冬）。

1887年，下关（1月）、熊本（3月）。

1888—1890年，居东京。

1891年，佐渡（冬）。

1892年，秋天从东京出发。

1893年，仙台、登米町（春）、一关（夏）、水泽町。

1894年以后，因甲午战争一度回国，战后又回到日本。有1899年与森槐南等唱和诗歌，和1903年为川田瑞修改诗句的记载。

1905年，重游福井、金泽、富山。

1906年，津（3月）、爱知县弥富町（5月）、桑名、福井。

1907年，于长崎去世。[17]

王治本的上述日本漫游，大致可以分为四次：第一次，1882至1884年，主要漫游日本本州中部地区；第二次，1885至1887年，主要漫游本州西部、四国和九州；第三次，1892至1893年，主要漫游日本的东北地区；第四次，1905至1907年，故地重游。

有关王治本在日本漫游的情况，实藤惠秀氏曾专门撰文作了非常详细的介绍，故在此仅举一例，其他不再赘述。1883年，王治本与旅居日本的族兄弟王汝修、王琴仙一起漫游北海道函馆，停留半月多。当时的《函馆新闻》在一篇题为《清客漫游》的报道中对此有这样的记载:"在东京以诗文书画著名的清客王黍园、王骅侯(汝修)、王琴仙三氏昨乘'丰嶋丸'来函。三氏于东京常与文墨诸大家共游,诗文书画均称绝妙,为清客之中屈指可数者。本港文雅之士亦多乞请挥毫。"在函馆期间,王治本等不仅充分展示了诗文书画的才能,还表演了篆刻,受到了当地文人的热情欢迎。他还为《函馆新闻》写下《函馆八景》的组诗。离别之际,他留言日本诸友:"丈夫何事泪潸潸,话到分离襟已斑。非效伯夷居朔海,差如老子遇函关。写成恨诗难消恨,爱作闲游转不闲。八八烟波从此去,借叹奇胜破愁颜。"[18]

王治本漫游日本,其主要目的不是观光游览,而是应各地文人雅士之邀请,前去为他们题书作画、润笔诗文。这是明治初期旅日文人与日本人进行文化交流的一种重要手段,同时也是他们在日本谋生的一种方式,否则他们在日本的生活将难以为继。那么,他们的收入大致又怎样呢?《大河内文书·戊寅笔话》第七卷内附有王治本和王琴仙二人共同制定的"润笔仿单",即为日本人题书作画之大致价格表。

不陋居主人王黍园先生、问梅居主人王琴仙先生诗文书画润笔格:撰序跋论记,每篇两圆;题画题扇,每章五十钱;酌裁稿本,另议;从学诗文,每月壹圆;书大幅堂画,每幅壹圆;书屏幅,每贰分;书对联,每贰分;书扇面册帙,每贰拾钱;书匾额(字在尺外大者),每四字贰圆(如小匾,照屏幅式);画大幅堂画,每贰圆;画屏幅,每贰分(如画四幅,壹圆贰分);画账额,每贰分;画扇面册帙(小件),每壹分;篆刻图章,每字贰拾钱(如图章过小、字画过多者不刻)。光绪三年丁丑十月吉旦,明治十年十一月。得所老人酌定。

王治本漫游日本二十余年,所作诗文书画作品不计其数,这些作品有许多至今尚为日本各地的收藏者所保存。据实藤惠秀氏1965年通过《朝日新闻》征集统计,日本国内至少有38人收藏有王治本的各类作品和资料,实为研究明治初期在日中国文人与日人之交往弥足珍贵的史料。

为便于参考,最后将有关王治本日本漫游的主要研究论文罗列如下:实藤惠秀《王治本在金泽的笔谈》、《王治本的日本漫游》,二文均收入春秋社1973年出版的《近代日中交流史话》;实藤惠秀《王治本日本漫游记录》,载《武藏野女子大学纪要》第4号。此外,王晓秋氏在《近代中日文化交流史》中也有专节论述。

注：

[1] 据统计，日本自明治初年至明治二十二年间，共聘用外籍人2299人，其中居前五位者为英国928人，美国374人，法国259人，中国253人，德国175人。

[2] 张謇《癸卯东游日记》，拙编《晚清中国人日本考察记集成·教育考察记》（下），杭州大学出版社1999年版，第552页。

[3] 黄遵宪《日本国志》，见王宝平主编《晚清东游日记汇编·日本国志》，上海古籍出版社2001年版，第398页。

[4] 冯自由《华侨开国革命史》，转引自《华侨与辛亥革命》，中国社会科学出版社1981年版，第32-33页。

[5] 李筱圃《日本纪游》第6页，南京图书馆藏。

[6] 《都市纪要（4）：筑地居留地》，附表A《自明治四年至明治九年末居留地外居住外人表》，东京都情报联络室1957年版；实藤惠秀《近代日中交涉史话》，春秋社1973年版，第122页。

[7] ユネスコ东亚文化研究中心编《资料御雇外国人》，小学馆1975年版，第479页。

[8] 《都市纪要（4）：筑地居留地》，附表A《自明治四年至明治九年末居留地外居住外人表》，东京都情报联络室1957年版。括号内系笔者依据其他资料补充。另据考证，陆亨瑞、仇金宝系宁波鄞县西乡施家漕人，赴日时分别为26岁和27岁，明治九年二月受日本劝业寮聘请赴日传授家禽孵化技术，同年12月期满归国。

[9] 实藤惠秀编译《大河内文书》，东洋文库1964年版。

[10] 冈千仞《观光纪游》，王锡祺辑《小方壶斋舆地丛钞》（八）所收。

[11] 上海图书馆编《汪康年师友书札》第3册，第2931页。

[12] 上海图书馆编《汪康年师友书札》第1册，第40-41页。

[13] 上海图书馆编《汪康年师友书札》第1册，第49页。

[14] 《植漆法·附记》，《农学丛书》第1集，第7册。

[15] 冈千仞《观光纪游》，王锡祺辑《小方壶斋舆地丛钞》（八）所收。本节以下所引均据此，不再一一注出。

[16] 源桂阁：《芝山一笑·后序》，转引自王晓秋《近代中日文化交流史》，中华书局1992年版，第146-147页。

[17] 实藤惠秀《王治本的日本漫游》，《近代日中交流史话》所收，春秋社1973年版。

[18] 转引自《中日交流史中的华侨》，辽宁人民出版社1991年版，第242页。

（作者系日本四天王寺大学教授，本文转载自《慈溪史志》2007年第1期，刊发时注明始发于《浙江方志》2002年第3期，收入本书时作者又略有修改）

慈溪王氏兄弟在1870年后所做的中日民间交流

王勤谟

前言

2008年10月9日，日本宫城县日中友好协会会长江幡武（日本东北大学名誉教授，理学博士）一行13人，访问黄山村。《宁波日报》同年10月14日报道此次访问，说："他们在研究日本著名学者冈千仞时，发现其在1884年曾来王氏故居游学，因此萌发了前来考察访问的念头，以续中日民间文化交流的百年佳话。"

冈千仞（1833-1914），号鹿门，仙台藩士、汉学家、诗人、作家、旅行家，是日本维新人士。历任文部省出仕、教职及修史馆员、图书馆馆长等职。48岁辞官后，专心从事教育、游历、撰写著作。前后有弟子3000人，著述达300余卷。为褒奖他在维新时期的胆识和功绩，时为皇太子的大正天皇召见过他。临终前被授予从五位的叙位。冈千仞于1884年5月29日从横滨乘船来中国。上海《申报》6月15日以《文士来游》为题报道冈千仞"前日至沪行箧中有书数百卷，诸友荐引笔札数十函，此固日本名流中之佼佼者也"。冈千仞在中国访问行程近万里，历时320日，会见中国官员、文人近200名。见过李鸿章、盛宣怀等达官贵人，俞樾、李慈铭、汪士铎、王韬等名流学者。交往时大多用笔谈，有时亦由陪同的王惕斋口译。交流内容涉及政治、经济、文化、学术等各个方面。冈千仞为人豪爽，往往直言不讳，畅抒其见，甚至有时与对方展开激烈辩论。冈千仞在访问期间，"有所闻见，必手记"。这些日记总题名为《观光纪游》[1]，约六万字。由于"在慈溪还受到同船回国的旅日华侨王惕斋家族的盛情款待"，住了半个月，从而在日记中记录了当时在黄山村中日民间文人交流的情况。

据日本人田宫觉著《清朝书法家的来越（明治十六年至十七年）》[2]一文介绍，明治十六年至十七年去越（日本"北陆道"地区古称，包括现在的新泻、福井、石川、富山四县）访问的10个清朝书法家中竟有4个是黄山村王氏一族兄弟。这4个王氏族兄弟是：王治本、王惕斋（王仁乾）、王藩清（王琴仙）和王汝修。冈千仞[1]也提到了这4个人。

《宁波日报》介绍王治本说："由于其长期在日本游历、讲学，故在我市的有关史志中很难找到他的事迹。然而在日本，他却是很多日本学者的研究对象。"我作为王惕斋之孙，希望国内学者能够开展这方面的研究，挖掘这一时期中日民间交流的史实，为中日两国人民世世代代友好下去，添砖加瓦。令人高兴的是，国内也有一些学者做了很好的工作。如国家清史编纂委员会所编文献丛刊《晚清东游日记汇编·中日诗文交流集》[3]中收入了王治本、王藩清与日本文人的诗文交流；北京大学教授王晓秋在《中日文化交流史话》[4]和《近代中日文化交流史》[5]中均提及冈千仞与王惕斋家族的友好交流；《浙江方志》2002年第3期刊登《慈溪王氏兄弟与日本文人》[6]（浙江大学日本文化研究所副教授吕顺长著），详细介绍了王仁乾和王治本在日本居住40年和30年间与日本文人的交往。陕西师范大学出版社2008年4月出版了日本"易圣"高岛吞象著，王治本译的《高岛易断》一书[7]，编者序中说："本书是以我国清代浙东学者王治本先生所译的汉文版本为基础进行精心点校。"本文根据以上著述和家藏的一些资料，介绍王氏兄弟在1870年后在日本对中日民间交流的作用。

一、王氏家族四兄弟在日本的民间交流活动

王氏家族四兄弟都是在日本明治维新（1868年）初期去日本的。他们在日本的民间交流活动和中日两国当时形势的发展密切相关。大致可以分为甲午战争（1894—1895年）前后两个阶段。

第一，甲午战争前，日本文人深为喜好中国的传统文化，同时开始大兴西学，而学习西学的人中不少也有深厚的中国传统文化的底蕴。以至中国驻日公使馆建立后，开展中日友好活动的形式之一是举行中日文人的汉诗唱和会，达十几次之多。这也是编辑《中日诗文交流集》的由来。

因此，王氏家族四兄弟甲午战争前在日本的民间交流活动的主要内容，是中国传统文化的活动方式：作序、作诗、作画、书法等。

我的祖父王惕斋，据王氏家谱记载："黄山庸晟三子。讳仁乾，字健君，号惕斋，晚号独臂翁（因1892遭日本华族马车撞倒，碾伤左臂，延治不愈，失一臂成为重残者）。国学生，布政使司经历（注：正六品）。清道光十九年己亥九月初七日丑时生，宣统三年辛亥三月二十四日亥时卒于上海客次，寿七十三。"我父亲去世后留给我仅有的一张祖父照片背面写有："1870—1871年东渡，1910年回国，旅日华侨的老前辈。"他是王氏家族中最早去日本者。王惕斋于明治9年3月受雇于东京大锯町13号伊东伯也经营的商店从事商

业。明治十年末，已在浅草黑船町拥有自己经营的商店"凌云阁"，翌年初商店迁往筑地人船町。主要经营书店，专售汉籍和文具。吕顺长文中说："王仁乾虽以商人的身份旅居日本，但他出身于富户，自幼受到良好的教育。于诗文书画具有一定的素养，加之他在日本的商业内容是经营汉籍，从而决定了他势必与日本的文人学者尤其是汉学家产生种种交往。……1877年到1881年，与原高崎藩藩主、酷爱诗文者大河内辉声（也名源辉声，号桂阁）交往甚密，曾作书赠与大河内悬于其书斋。"他依日本社会需要出售中文书籍，从中了解到日本社会的变化。张謇（光绪状元，近代立宪派，辛亥革命后任南京临时政府实业总长）1903年日记中写道："闻惕斋言，方其农学初兴，购用《农政全书》甚多。特今日言农学者喜张欧美耳。国势弱则前古人与后来人并受其累。亦至言也。"其后，在中日书籍的翻译、销售等方面也进行一定的沟通。1899年，其友人松本正纯、吾妻兵治二人将《大日本维新史》《日本警察新法》、《战法学》、《国家学》诸书译成中文，王惕斋介绍他们携书前往上海销售，并请汪康年（光绪进士，1896年与夏曾佑办《时务报》，约梁启超任主编）协助。同年，他介绍朝日新闻社某记者为罗振玉所编《农学丛书》提供日文译稿，并在回上海时将译稿带给罗振玉。

在这一时期的中日文化交流上成绩最为显著的是王治本。据家谱载："黄山庸德三子。讳仁成，改名治本，字维能，号桼园，晚号改园。郡增贡生，候选库大使调充出使日本翻译生。知诗能文，伉爽不羁，往来日本三十余年，国人多与酬谢唱，或以兼金购其诗文。所著有栖栖行馆诗稿、食研斋文稿等书凡四种。配陆氏，副室：日本风间氏、横井氏。公与陆氏合葬潭肚河之原。副室二氏俱出姓。子四：义巢、义明、义海、义江（义海、义江日本妾风间氏所出）。"《浙江方志》所载吕顺长著《慈溪王氏兄弟与日本文人》一文记载："王治本自1875年来日后，不久就与源辉声有所交往。当源辉声发现王治本诗文书画均远远胜过自己时，不禁十分敬佩，因此决定拜其为师，教自己汉文汉诗。……1880年，源辉声为进一步与王治本切磋诗文，还干脆将他请到自己家居住。此后约一年半时间，二人朝夕相处，时时挑灯笔谈，留下笔谈记录达17卷之多。笔谈内容形式多样，几乎无所不包。"王晓秋在《近代中日文化交流史》中写道："仅仅1880—1881年之间，两人的笔谈竟达17卷之多，以王治本的号，题为《桼园笔话》。笔者在日本研究期间，曾在早稻田大学图书馆查阅了全部《桼园笔话》。他们在笔谈中常常探讨中日两国的文化艺术，交流心得，唱和诗文。笔谈内容还涉及时事、社会、风俗，以至生活、饮食、中药等等，简直无话不谈。源桂阁的诗稿大多经王治本评点、修改，甚至有时索性由他捉刀代笔。"吕顺长指出："1882年，王治本离开源辉声家，开始漫游日本，1907年因病回国，1908年去世，其足迹几乎遍及全日本。所到之处，无不受到热情的接待和欢迎。""有关王治本在日本漫游的情况，实藤惠秀氏等曾专门撰文作了非常详细的介绍"；"1883年，王治本与旅居日本的族兄弟王汝修、王琴仙一起漫游北海道函馆，停留半月"。据当时的《函馆新闻》报道："在东京以诗文书画著名的清客王桼园、王犀侯（汝修）、王琴仙三氏昨乘'丰嶋丸'来函。三氏子东京常与文墨诸大家共游，诗文书画均称绝妙，为清客之中屈指可数者。本港文雅之士亦多乞请挥豪。""在函馆期间，王治本等不仅充分展示了诗文书画的才能，还表演了篆刻，受到了当地文人的热情欢迎。"仙台文士今泉篁洲编的《仙台人名辞书》中介绍了王治本，说他是"清国儒者，号桼园与梦蝶道人，清国浙东学士，以博学能文闻名国中。明治十年顷东游，遂住东京，当时的文人儒士，仰之如泰斗。明治二十六年来仙台，逗留阅年。当时的知事船越松窗，文士佐伯羽北、北条鸥所等大加款待，诗酒征逐，迨无虚日。友部铁轩、片野栗轩、今泉篁洲、毛利竹甫等文士，均受其诗文添削，仙台文坛大得裨益。"[5]

《中日诗文交流集》指出，王治本曾为很多日本文士的著作评点、序跋等。但他本人"著作甚少，仅见《舟江杂诗》一卷存世。另有《桼园笔话》17卷、《王治本在金泽笔谈记录》11册和《清客笔谈》2册见存。"另外，族谱中还记载了以下4本著作：《食研斋文稿》2卷、《栖栖行馆存稿》8卷、《梦馀随笔》和《春萍秋蒂轩随笔》。此外，王治本对《红楼梦》在日本的传播也起了重要作用。

王氏兄弟中其他两人的资料，我目前看到的不多，不再叙述。

《中日诗文交流集》还指出，"与外交官不同，这些文人往往是为生计所迫而乘槎东渡。上述叶炜、陈鸿诰和王治本的情况是如此"。据王治本在《桼园笔谈》中说："仆在20年前，家计虽非巨富，亦有田百余亩，有两替（注：钱庄）等店数家。自西匪扰后，荡无存者，现在因谋食殊难，故作远游。"吕顺长写道："明治时代，许多日本人以得到中国文人的字为荣，甚至一再恳求为其题词者也大有人在。……由于日本人如此喜爱中国的书法艺术，因此有些中国书法家干脆东渡以卖字谋生。……当时中国书画家在日本为人写字作画的报酬，称为'润笔料'，收入也相当可观。在《大河内文书·戊寅笔话》第七卷里有一份《润笔仿单》，是为当时在日本的两位中国书法家王桼园与王琴仙的诗文书画拟定的价格表。其中规定写一篇序跋二元，题画题扇一章五十钱，教诗文每月一元，写大幅中堂一元，写屏幅一张五十钱，写对联五十钱，写扇面一张二十钱，写匾额四个字二元，画大幅堂画二元，画屏幅五十钱，画扇面册帙小件二十五钱，篆刻图章每个字二十钱。这是

1877年（明治十年）定的价格，以后又有提高，如王治本漫游金泽时，写一幅扇面已从二十钱提到五十钱了，而当时日本高级旅馆一天的房租也不过五十钱左右，所以收入还是很不错的。"

第二，明治维新后，汉学在日本开始衰微。日本是靠学习西学，战胜了当时不学西学的清朝，从而给清朝有识之士以很大的震动，纷纷东渡日本，寻求维新之道，或通过日本学习西学。在这种机运下，王惕斋就成为清朝在日本的"民间外交家"。具体表现在以下4个方面：

介绍日本明治维新，提出改良时政建议。盛宣怀（1902年任清朝工部左侍郎、会办商约大臣，1910年任邮传部尚书）在《东游日记》中写道："渠言，到日本时，尚在明治初年。已阅四十载。维新一切情形均其目睹。……惕斋虽久居海外，不忘祖国，曾有条陈当道改良时政书及时弊琐言。余赠以联句云:君老游踪观变政，天留右手写新书。颇觉切合。"我父亲曾来信告我："你祖父死于1911年。家里原有《独臂翁见闻录》许多本，以及他撰写的日语学习小册子和改良时政书等。现在一本也不剩了。……黄山家中原有盛宣怀写对联'君老游踪观变政，天留右手写新书'。盛做邮电大臣时，你祖父一再上条陈，怎样办邮局。"《慈溪王氏兄弟与日本文人》记有："在汪康年归国后，王惕斋屡次致信将自己在日本所了解到的情况告诉给他，并表示自己本为'海外一残废商人，本不要预闻国事'，只因汪康年所办之时务报（梁启超任主编）力倡时务，才'将素所闷郁所见闻之实事详告,以备贵报择登之'。吴荫培在他的游记中，也有'惕斋遨游东国已数十年，熟悉商情，洞察时务，入都会有建白，为当轴者所知，其言可采用也'的记载。这些都说明王惕斋虽仅为一旅日商人，但在为商和与日人广为接触的同时，始终关心国内时务。"

重视研究日文，发行介绍日本新政书籍。王惕斋在日本拥有经营汉籍等的商店"凌云阁"。也发行书籍。已发现的有两本，都为王鸿年所著。一是收藏在国家图书馆的《日本陆军军制提要》，这是一本介绍日本新政的书。另一本是收藏在天津图书馆的《日本语言文字指南》。在这本书中有王惕斋的序和王鸿年的自序。这两篇序言都提及出版该书的目的是促进正确翻译日本的书，并通过翻译日本的书，学习西学。如王鸿年自序中所说："日本三十年来锐意图治，国民之精神争相磨激。凡世界上各种学问，无不发于著述，列之教科，进步之速，灼可衡鉴。甲午以后，吾国人士争慕东学，孜孜讲求，乃读其书。则字体错杂，文辞颠倒，学者苦之，于是又有望洋而叹之。感此，无他，不知其文法，故不解其趣旨。譬之入室者，必由于门。东学为室，东文为门，不得其门则不能入其室也……余于暇时，译录其文法要义数十百则，更附以东语，积而成帙，名曰《日本语言文字指南》。"王惕斋在序中表示了同样的意思，而且强调："近来中东文士，日趋新学，译书纷出，洵足为启发文明之助。其中能审音酌义，不失本旨者，固属译家高手。然亦有一知半解，或言之而未达，或释之而转讹，其贻患后学，害亦非浅。余深忧之。因与王茂才伟璠博搜东书，揽各原委，究古今，辨雅俗，正讹匡谬，为《日本言语文字指南》一书。书成，复就东邦文士较正得失。则佥曰，字适义当，译学之善本也。乃付手民，排印成册。"此外，王惕斋本人也撰写过日语学习小册子。

接待清朝政府来日考察官员。《慈溪王氏兄弟与日本文人》记载："他频频出入中国驻日使馆，与何如璋等驻日公使和公使馆员都有较深的接触。"王惕斋在当时中日交流上是一个交游广阔的活跃人物。我家曾有肃亲王善耆所书对联，张謇的日记中提到："惕斋京寓来讯，寄肃亲王书赠之扇。"王惕斋接待清政府官员的工作，有时是这些官员主动约请的，有时则由日本政府委托办理。前者如缪荃孙在《日本考察学务游记》中记载："光绪癸卯正月江南高等学堂总教习江阴缪小珊（荃孙）提调南陵徐积馀（乃昌）奉署两江总督张公咨赴日本考察学校。……发东京王惕斋（仁乾）信。访去岁延聘东文教习白河次郎寓所约同赴东京。……抵东京新桥车栈。王君惕斋来迎偕赴京桥区木挽町厚生馆。"后者如《慈溪王氏兄弟与日本文人》记载："1898年，湖北留学生监督张听帆等赴日，贵族院议长近卫公爵等设宴欢迎，请王代为邀请。除考察团主要成员外，驻日公使李盛铎、日本外务省和陆海军两省官员等数十人出席。王仁乾也列其中。"

接待和帮助中国民间赴日考察人士。《慈溪王氏兄弟与日本文人》记载："当时中国赴日考察者中，如汪康年（1898）、罗振玉（1901）、缪荃孙（1903）、张謇（1903）、胡景桂（1903）、吴荫培（1906）等，在日期间均与王惕斋有过接触，并得到他的照顾。"我的表兄冯少甫在2004年初来信中也告诉我，"那时在上海的实业家，去过日本的都和惕斋先生有来往，像创办大丰公司的林涤庵，大中华火柴厂的刘鸿生，天原、天厨、天利的吴蕴初等。"

这种接待和帮助可举两例于下：一是对汪康年。《慈溪王氏兄弟与日本文人》记载："1898年1月，汪康年赴日考察报务。王得知后，通过蒋黼建议汪康年：'岸田吟香，前在沪开药善堂者，居东京银座二丁目，如暇，可访之，文雅之士；文人龟谷省轩、岛田重礼、重野安绎皆有名人，亦可访之，其所居可询之岸田氏。'同时推荐'公使馆译官罗宝森、卢子铭二人甚正派，可托为舌人（注：翻译）'。"

二是张謇。张謇日记记载他与王惕斋接触频繁，如："（1903年5月）24日，甬人张伯岩、黄桂芬以王惕斋所属来为照料"，"（闰5月）20日，惕斋同往访长冈子爵、岸田吟香、永阪周二，三君皆喜接待华人"。"24日，诣惕斋考制盐事。"7月11日返沪后，"13日，复惕斋，归其垫款"。

王惕斋一生慷慨，交友广泛。他对赴日考察人士也都是以一个久居日本的中国人，对待来日的乡谊竭尽"地主"之谊，甚至垫款，促进他们访日的成功，古道热肠，难能可贵。同时，我国不同地区的朝野访日人士到日本拜会王惕斋并请他做不同程度的帮助，也说明王惕斋在当时中日两国的社会上有一定的名望和周转能力，是一个名副其实的民间外交家。

二、冈千仞在黄山村和王氏家族的一次民间交流

黄山村地处宁（波）绍（兴）平原，是南方典型的水网地带。位于慈城镇（原慈溪县县治）西南5公里。东西约2公里、南北约1公里多。

冈千仞在黄山村与王氏家族的交流，主要保存在他用汉文写的《观光纪游》中。《观光纪游》记述了冈千仞从光绪十年（1884年）闰五月廿六日至黄山六月十一日离宁波共15天，主要是在黄山的见闻，详细描绘了黄山王氏族人的生活、起居、屋宇、族规、习俗、宴饮、诗书、观光等，字里行间，流露出对中国乡间的富贵奢华，既有羡钦，也有点微词；而对文人之才气则颇为仰慕，但也嫌他们见识迂腐。特别是和王氏族人进行的一些笔谈和谈话，涉及局势、时事与中日两国政治文化。他对于当时中国的科举和士人抽鸦片现象多有直爽评论，并引起激烈争辩。《观光纪游》是120多年前，从一个日本文人眼里看到的王氏家族物质层面和思想层面的弥足珍贵的历史资料。这次交流最重要的还是体现在思想层面上。双方都有很深厚的传统汉文化，语言虽然不通，但可笔谈；而且作诗、作书画等都有共同语言。但是，一谈及时事，有维新思想的冈千仞和王氏家族的"拘儒迂生"高下立见。当然，也不是冈千仞的每一个看法都是对的，如他对林则徐的禁烟不以为然，是很难得到中国人的赞同的。冈千仞在《观光纪游》表达的意见中还是有发人深省的地方，我认为最主要的有以下两点：

一是冈千仞对砚云举人的评价，"砚云有奇气，文笔纵横，实为难得之才，而言及外事，顽然执迷"，"主张陋见，不知宇内大势"。家谱记载，砚云，邑庠生。以知县用，加五品衔。好学，工诗。著有《二琴居诗钞》行世。冈千仞认为，"是事不止砚云为独然"。晚清时期，中国的衰败，是和中国当时上上下下的士大夫阶层不能与时俱进密切相关的。

二是冈千仞指出的，"非一洗烟毒和六经毒，中土之事，不可下手"。王晓秋在《近代中日文化交流史》中指出，冈千仞在和王韬交流后，王韬不仅深表赞成而且补充说还应加上一个贪毒，即贪污受贿，"并贪毒为三毒"。

冈千仞指出的"中土之病源"，对黄山村的王氏家族部分的人来说，也是不幸而言中的。如王惕斋之侄就因吸毒而获罪，并倾家荡产。

结束语

通过编写本文过程中对资料的收集与研究，我产生了以下三点想法：

一、黄山村王氏兄弟在1870年后中日民间交流中的情况值得进一步研究，他们在中日人民友好往来的历史中应占有一席之地。日本宫城县日中友好协会对黄山村的访问表示了日方的重视。我方，特别是宁波市、慈城镇，我认为也应予以一定的重视，这既是落实中日人民世世代代友好下去的具体内容，也是对乡土历史的一种挖掘和重视。

二、王氏兄弟之所以能在当时中日民间交流中起一定的作用，归根到底是当时历史背景所决定的。甲午战争前，日本文人中存在崇尚汉学的潮流，所以王治本等四兄弟能以他们的深厚的汉学底蕴，受到崇尚汉学的日本人士的欢迎，认为对他们大有裨益，并尊之为"泰斗"。

甲午战争后，中国人开始向日本取经，王惕斋就能够发挥他久居日本的优势，成为沟通中日之间交流的"民间外交家"。以史为鉴，甲午战争前后中日两国相互学习转换的深层次原因，是现在中华民族伟大的复兴时期所值得思考的。

三、无论王氏四兄弟在日本成功的活动，还是冈千仞的访问日记，都说明一个偏僻的黄山村在当时有着为数不少有才学的人。这些人在国内，在宁波、在慈溪，都不出名，不过只是一些秀才、举人、训导、教谕、知县、理问、经历等低阶层人士，但在日本人看来却是一些有学问的人、有才能的人。这种现象又说明了什么？我想至少说明，中华民族是一个有智慧的民族，如何充分发挥中国人的潜质，也是一个值得研究的课题。

参考文献

［1］冈千仞原著，张明杰整理《观光纪游》，中华书局2009年版。
［2］田宫觉著《清朝书法家的来越（明治十六年至十七年）》。
［3］国家清史编纂委员会《晚清东游日记汇编·中日诗文交流集》。
［4］王晓秋《中日文化交流史话》，商务印书馆1996年版。
［5］王晓秋《近代中日文化交流史》，中华书局2000年版。
［6］吕顺长《慈溪王氏兄弟与日本文人》，《浙江方志》2002年第3期。
［7］高岛吞象著、王治本译《高岛易断》，陕西师范大学出版社2008年版。

（本文刊登于中国中日关系史学会编《中日关系史研究》2009年3月出版的2009年第1期，总第94期）

清朝晚期宁波一个小村庄中王氏族人的中日民间友好活动

王勤谟

2008年10月9日，以日本宫城县日中友好协会会长、（日本）东北大学名誉教授、理学博士江幡武为团长的日本友好访华团一行13人，访问了宁波市慈城镇黄山村。2009年9月19日，江幡武又率领一个友好访华团再次访问了黄山村。这次访问的主要成员有：日本中国友好协会理事、宫城县日中友好协会副会长、理事长苏武多四郎，宫城教育大学校长助理、教授岛森哲男。

日本友人两次访问黄山村是因为早在一百三十多年前，黄山村曾经接待过日本著名学者冈千仞的访问。而冈千仞之所以访问黄山村，又因为和当时黄山村有四个王氏族人——王惕斋（仁乾）、王治本（桼园）、王藩清（琴仙）、王汝修（骍侯）旅居日本时所结下的友谊有关。

2008年、2009年来访黄山村的日本友人，主要是冈千仞和王惕斋、王治本等人的研究者。他们为了到中国寻找这些王氏的故居和后人，花了四年时间；2008年打听到后，就来访问了。这两次访问，赓续了一百三十年前先人们开创的中日人民之间的友谊。

一、冈千仞1884年访问黄山村

冈千仞（1833-1914），号鹿门，日本仙台藩士、汉学家、诗人、作家、旅行家，是日本维新人士。历任文部省出仕、教职及修史馆员、图书馆长等职。48岁辞官后，专心从事教育、游历、著作。前后有弟子3000人，著述达300余卷。为褒奖他在维新时期的胆识和功绩，时为皇太子的大正天皇召见过他。临终前被授予从五位的叙位。

1884年5月29日，冈千仞从横滨乘船出发来中国。6月15日，上海《申报》以《文士来游》为题，报道了冈千仞的访问活动，说"前日至沪，行箧中有书数百卷，诸友荐引笔札数十函，此固日本名流中之矫矫者也"。那次，冈千仞在中国访问行程近万里，历时320天，会见中国官员、文人近200名。

见过李鸿章、盛宣怀等达官贵人和俞樾、李慈铭、汪士铎、王韬等名流学者。交往时，冈千仞大多用笔谈，有时亦由陪同的旅日华侨王惕斋口译。交流内容涉及政治、经济、文化、学术等各个方面。冈千仞为人豪爽，往往直言不讳，畅抒其见，甚至有时与对方展开激烈辩论。冈千仞在访问期间，"有所闻见，必手记"。这些日记总题名为《观光纪游》。

在慈溪黄山村访问时，冈千仞受到同船回国的旅日华侨王惕斋及其家族的盛情款待，住了半个月。读冈千仞日记，可以看到其中记录了当时黄山村王氏家族的物质层面，特别是和冈千仞交谈过程中反映出来的思想层面。现在看来，全是弥足珍贵的历史资料。

黄山村是由王氏一个家族组成的以士大夫为主体的村庄。如果把黄山村和王氏家族看做是当时中国社会的一个缩影，也可从一个日本维新人士眼中看到晚清时期中国兴衰的部分缘由。

这里，笔者引用冈千仞日记中一些有关的主要内容，来说明这个问题。

（1884年7月18日）芦苇弥岸。时见村落。是为慈溪北郊（注：应为西南郊）。小沟左折。直致王君门前。珠垣（景星）、再培（迪中）、并卿（景威）、致和（仁中）、砚云（仁厚）出接。皆惕斋族兄弟。王氏，慈溪大族，分宗以来，族人同居三世，广厦连宇，画为十数区，分灶同产，男女婢仆六七十名。吾与惕斋同发横滨，瀛海万里。食息寝处，无日不相与。遂访其家。举族欢迎，如亲兄弟。此亦文字因缘。非偶然者。砚云，举人，有才学。笔谈致哺。

（7月19日）观王氏家庙。壁书先中书君家训十二条。族人登科第者，皆书联额揭壁。族约尤严，曰降入非流者，不得与祭。非流谓窃盗犯刑，操俳优、仆役、剃刀、异丁诸贱业类。庭设舞台，每春秋奠祭，演杂剧，会族人观之。赴王表堂（熙）之招。表堂，李园（治本）子，飨酒饭。过并卿，方吃片烟，要至王君家再酌。并卿尝为福建霞浦县令。有学问。

（7月20日）此间士大夫屋宅，四周垣壁，高二三丈，重门严锁。填石若砖为中溜，设大瓮四五，以贮雨水，曰煎茶非雨水，不发香味。堂设坑床、案桌、椅子，揭名人书画，文房器具，烂然照座。屋内分六七区，族人各占一区，耕耘作业，皆任隶氓。富贵者多就都会，开商店，遣族人及若隶属监督，不躬亲。子弟至八九岁，必延师学举业。闺阁尤极美丽，卧床丹雘，帷帐四垂，价自四五十元至百元。其所以自奉，极为矜贵。已无衣食之忧，偃然自足,渐流骄奢。而子弟知读书有才气者,专耗精神于八股之学。及其累试不第，漏不平于酒色，颓然自放，不役心于世事，猖狂为达，放诞为豪，妄庸为贤，迂疏为高。或至溺洋烟，荡资产，卖子女，缩性命，不自悔焉。余来此累月，略得中土之病源，附记于此。

（22日）朝雨。赴王仁和之邀。仁和兄骘侯（仁爵）以善书，游我国，现同杢园客于新泻。族人会集，表卿曰："曾制军（国荃）赴上海接法使，论安南之事，和战决此一举。今日之事，不战则无以树国威。唯我朝尚文不尚武，其主绥抚，固非畏彼，不忍残害无辜生灵。以伤天地之和气也。"余曰："宋一代贿契丹以立其国，此事非无例，唯非盛德之事而已。"众论和战利害，满座嚣然。顾彼以大舰大炮劫中土，开埠口二十所，此不特中土古来所无，实为五州之变局。而士人瞢焉如无见，漠焉如无闻，犹以绥抚为辞柄，以姑息为得策，上下蒙蔽，偷安旦夕，余不知此事何所归着。饮至夜。

（24日）栗麓（义宽）设飨。中土飨客，八人一案，陈果实肉脯，或六种或八种，终饮不撤，人具一盏，无献酬之烦。肴馔多皆膏炒，吃了更进，至十数种若二十种。最后进杏仁羹、八宝饭。饭毕，温巾热汤，拭面擦手，踞床吃茶。更设烟具别室，二人对卧。且吃且话，此为常法。余痛驳烟毒缩人命，耗国力，苟有人心者，所不忍为。砚云不悦，曰："洋烟行于中土，一般为俗，虽圣人再生，不可复救。"此虽非由衷之言，亦可以知其成弊害，一至此极。魏源尝论烟害曰："耗中土之精英，岁千万计。此漏不塞，虽万物为金，阴阳为炭，不能供尾闾之壑。"又曰："日本水战火攻，不如中土，止以陆战之悍，守岸之严，刑罚之断，号令之专，能禁邪教，断烟害，使彼不得轻犯。谓我水战火攻，不如洋人，犹可；谓守岸禁邪。不如日本，可乎？不可乎？号令之不行海外，犹可；今并不行于海内贩烟、吸烟之莠民，可乎？不可乎？"此实沉痛之言。而中人不猛省于此，何也？

（25日）砚云见余数举洋事，痛论烟毒，遂曰："李中堂开招商、机器二局，经费百万，蠹国财，耗国力，无一所成，大失民心。"余曰："洋人制机器，驶舟车，资纺织，尽力农桑国本，凡百工业，其日致富饶，趋强盛，雄视宇内，实机器之由。而今中堂开二局，用力于此，将收彼长为我用，此真尽力国本者。"砚云愤然，曰："机器岂圣人之所言乎？此徒率国人，去质实趋机巧尔。"余曰："唐虞璇玑玉衡，周公指南车，孔明木牛流马，无一非机器。圣人制耒耜，垦田亩；制机杼，织布帛；制锯斧，营宫室。其开物成务，无一不由机器。今也，洋人讲工艺，开机器，殆集中土圣人所制作而大成者。尧舜与人为善，而子摈为去质实趋机巧，何也？"砚云变色，曰："英法豺狼，岂可以人理论乎？"余曰："中土以豺狼待彼，彼故以豺狼报中土。中土若以尧舜心事待彼，彼岂有不以诚接中土之理乎？林文忠不能谕愚民止吃烟。卒然以兵戈逼英人，略夺烟膏，逞一时之愤。尧舜内修文教，外奋武卫，岂为此粗暴无名之举乎？"论累数十纸，言颇切至，砚云竟不服。砚云有奇气，文笔纵横，实为难得之才，而言及外事，顽然执迷，一至此极，殆不可解者。

是事不止砚云为独然。

（8月1日）拟待夜潮辞发，濯与静庵治行。竹孙为余作书画数纸，砚云赋赠五律四首，有"五方异其俗，安得互相强"句，盖指前论洋烟机器，意见不合也。方今风气一变，万国交通，此五洲一大变局，而拘儒迂生，辄引经史，主张陋见，不知宇内大势所以至此。此殆巢幕之燕，不知及堂之火者。余私谓，非一洗烟毒与六经毒，中土之事不可下手。六经有可信者，有不可信者，苟信不可信者，流毒无所不至。黄公度在东，悦余好论洋事，常曰："形而上，孔孟之论至矣；形而下，欧米之学尽矣。"论当今之事者，不可无此见解也。

以下是冈千仞到上海后的日记：

（22日）诣公署，安藤领事病辞，见太田书记，纳护照公文。吟香来过，余曰："目下中土非一扫烟毒与六经毒，则不可为也。六经岂有毒乎？唯中人拘泥末义，墨守陈言，不复知西人研究实学，发明实理，非烂熟六经所能悉。孟子不言乎？尽信书，不如无书。六经有可信者，有不可信者。若不信其可信者，而信其不可信者，则六经之流毒，何异老庄之毒晋宋乎？"吟香击案为名言。

（25日）王紫诠来访，余以一扫烟毒与六经毒，振起中土元气为说。紫诠笑曰："更有一毒，并贪毒为三毒。中土大小政事，成于贿赂。"

冈千仞的日记《观光纪游》，已于2009年5月由中华书局出版。上述引文就摘自该书。整理者张明杰在正文前的《冈千仞游华及其所作游记》一文中说："冈千仞始终以严厉的目光来审视当时的中国，对晚清社会的种种弊端痛加抨击。他把中国社会与经济落后的原因归结为'烟毒'和'经毒'，认为'目前中土非一扫烟毒与六经毒则不可为也'。同时批判官绅及知识阶层守旧自封，不达外情，敦促士人讲格致实学，用心外事，变法自强。平心而论，他的这些批评或主张在当时是很对症的，也很有积极意义。"

张文所引冈千仞的看法，主要来自他和王氏族人中的官绅人士的接触和思想交流之中。

二、王治本在日本的文化活动

黄山村四个王氏族兄弟，大致在日本明治维新初期（1870年）先后去的日本，1910年代先后回国。四人中，王治本、王藩清、王汝修在日本主要从事文化活动，其中以王治本的成绩最为显著。

据王氏家谱记载：王治本"讳仁成，改名治本，字维能，号黍园，晚号改园。郡增贡生，候选库大使调充出使日本翻译生。知诗能文，伉爽不羁，往来日本三十余年，国人多与酬唱，或以兼金购其诗文。……清道光十五年乙未十二月初八日辰时生，光绪三十四年戊申五月十八日申时卒，寿七十四。"1877年应日本友人广部精的邀请去日本，1907年因病回国。1908年去世。

国家清史编纂委员会所编文献丛刊《晚清东游日记汇编·中日诗文交流集》，收入了王治本、王藩清与日本文人的诗文交流。《中日诗文交流集》中特别提到："光绪初期寓日文人中，还有一位不可忘却的人物，他就是王治本。"

《浙江方志》2002年第3期登的由浙江大学日本文化研究所副教授吕顺长写的《慈溪王氏兄弟与日本文人》文章（以下简称吕文）说：王治本"来日后，不久就与（原高崎藩藩主、酷爱汉学的）源辉声有所交往。当源辉声发现王治本诗文书画均远远胜过自己时，不禁十分敬佩，因此决定拜其为师，教自己汉文汉诗。……1880年，源辉声为进一步与王治本切磋诗文，还干脆将他请到自己家居住。此后约一年半时间，二人朝夕相处，时时挑灯笔谈，留下笔谈记录达17卷之多。笔谈内容形式多样，几乎无所不包。"

北京大学教授王晓秋著的《近代中日文化交流史》一书中也提到："仅仅1880-1881年之间，两人的笔谈竟达十七卷之多，以王治本的号，题为《桼园笔话》。笔者在日本研究期间，曾在早稻田大学图书馆查阅了全部《桼园笔话》（原本与微卷）。他们在笔谈中常常探讨中日两国的文化艺术，交流心得，唱和诗文。笔谈内容还涉及时事、社会、风俗，以至生活、饮食、中药等等，简直无话不谈。源桂阁的诗稿大多经王治本评点、修改，甚至有时索性由他捉刀代笔。"

吕文说："1882年，王治本离开源辉声家，开始漫游日本，……其足迹几乎遍及全日本。所到之处，无不受到热情的接待和欢迎。""有关王治本在日本漫游的情况，实藤惠秀氏等曾专门撰文作了非常详细的介绍。"吕文中举了一个例子："1883年，王治本与旅居日本的族兄弟王汝修、王琴仙一起漫游北海道函馆，停留半个月。当时的《函馆新闻》在一篇题为《清客漫游》的报道中对此有这样的记载：'在东京以诗文书画著名的清客王桼园、王舜侯（汝修）、王琴仙三氏昨乘"丰嶋丸"来函。三氏于东京常与文墨诸大家共游，诗文书画均称绝妙，为清客之中屈指可数者。本港文雅之士亦多乞请挥豪。'在函馆期间，王治本等不仅充分展示了诗文书画的才能，还表演了篆刻，受到了当地文人的热情欢迎。"《近代中日文化交流史》中还介绍了王治本去仙台的情况。书中说："有关王治本旅行到仙台的情况，在仙台文士今泉篁洲编的《仙台人名辞书》王治本的条目中有所介绍。'王治本，清国儒者，号黍园与梦蝶道人,清国浙东学士,以博学能文闻名国中。明治十年顷东游,遂住东京,当时的文人儒士,仰之如泰斗。明治二十六年来仙台,逗留阅年。当时的知事船越松窗,文士佐伯羽北、北条鸥所等大加款待,诗酒征逐,迨无虚日。友部铁轩、片野栗轩、今泉篁洲、毛利竹甫等文士,均受其诗文添削,仙台文坛大得裨益。"在田宫觉文中还记载了一个加州今泽的二十七八岁的玉纤女士,在得知王治本到该地游历后,就去找他,并随同去别处。用今天的话来说,也就是王的"粉丝"。

据《中日诗文交流集》中说,王治本在日期间,曾为很多日本文士的著作评点、序跋等。但"王治本的著作甚少,仅见《舟江杂诗》一卷存世。另有《黍园笔话》十七卷、《王治本在金泽笔谈记录》十一册和《清客笔谈》二册见存。"另外,族谱中还记载了以下四本著作:《食研斋文稿》二卷、《栖栖行馆存稿》八卷、《梦馀随笔》和《春萍秋蒂轩随笔》。2008年陕西师范大学重新出版了由日本"易圣"高岛吞象所著,并请王治本补正翻译的、再现易占失传正法的、38万字的《高岛易断》。在陕西师范大学重新出版该书的编者序中也特别提到,"本书是以我国清代浙东学者王治本先生所译的汉文版本为基础进行精心点校。"王治本在1877年至1905年撰写的序跋和题词也已由浙江工商大学王宝平教授进行了系统的收集和整理,并发表在《文献》杂志2009年第4期。此外,王治本对《红楼梦》在日本的传播也起了重要作用。

王氏兄弟中其他两人的资料,目前看到的不多,不再叙述。

三、王惕斋作为旅日老华侨所进行的广泛的中日交流活动

王惕斋是我的祖父。据王氏家谱记载:王惕斋"讳仁乾,字健君,号惕斋,晚号独臂翁。国学生,布政使司经历(注:正六品)。清道光十九年己亥九月初七日丑时生,宣统三年辛亥三月二十四日亥时卒于上海客次,寿七十三"。

我父亲去世后留给我仅有的一张祖父照片背面,写有:"1870-1871年东渡,1910年回国,旅日华侨的老前辈"。可见,祖父王惕斋是王氏家族中最早去日本者。

王惕斋晚号"独臂翁",是因为他在1892年遭日本华族马车撞倒,碾伤左臂,延治不愈,失一臂成为重残者。听伯父家说,王惕斋失去一臂的同时还失去家庭,他的日籍夫人携一子一女离去了。王惕斋的截臂一直浸在药水中,归国时携回,1911年过世时随葬。王惕斋因伤臂曾两次与日华族诉讼。此事在盛宣怀(1902年任清朝工部左侍郎、会办商约大臣,1910年任邮传

部尚书）的《东游日记》中有记载。今录于下：

"初五日，雨，华商王惕斋过访。……见其短一左臂。询其故。云：前十六年，乘人力车，为贵族马车撞倒碾伤。延辩护士讼诉。庭判，谓：咎不在马车。遍访外科，均不肯言。旋访一新到德国医生，求其指教。曰：若非马车数百斤压力，何能使伤骨粉碎。现惟有将臂截去。乃熟记此言。复讼。被告谓：已领伤费，情同讹诈。余讼曰：从前只望医愈，现截臂成废，须偿我一生养费。被告词屈。遂判定：右手无恙，但做事须请一帮手。议贴每年薪费洋六百圆。以十二年为度，共得七千二百圆。区区钱财不足言，惟讼胜贵族，差可自豪。"

王惕斋在日本进行的中日交流活动大致可以分为甲午战争前后两个阶段。

（一）甲午战争前

吕文说：王惕斋"明治10年末，已在浅草黑船町拥有自己经营的商店'凌云阁'，翌年初商店迁往筑地人船町。主要经营书店，专售汉籍和文具"，"王仁乾虽以商人的身份旅居日本，但他出身于富户，自幼受到良好的教育。于诗文书画具有一定的素养，加之他在日本的商业内容是经营汉籍，从而决定了他势必与日本的文人学者尤其是汉学家产生种种交往。……1877年到1881年，与原高崎藩藩主、酷爱诗文者大河内辉声（源辉声）交往甚密，曾作书赠与大河内悬于其书斋。此间，与宫岛诚一郎、植村慎斋、曾根俊虎、石川鸿斋等人均有所接触。"他依日本社会需要出售中文书籍，从中了解到日本社会的变化。张謇（光绪状元，近代立宪派，辛亥革命后任南京临时政府实业总长）1903年日记中说，"闻惕斋言，方其农学初兴，购用《农政全书》甚多。特今日言农学者喜张欧美耳。国势弱则前古人与后来人并受其累。亦至言也。"

（二）甲午战争后

明治维新后，汉学在日本开始衰微。日本依靠学习西学，在甲午战争中战胜了当时不学西学的清朝，从而给清朝有识之士以很大的震动，并纷纷东渡日本，寻求维新之道，或通过日本学习西学。在这种形势下，王惕斋就以旅日老华侨身份，成为清朝在日本的"民间外交家"，推动中日之间的友好活动，推动国内的维新改革。主要表现在以下五个方面：

第一，介绍日本明治维新，提出改良时政建议。盛宣怀在《东游日记》中写道："渠言，到日本时，尚在明治初年。已阅四十载。维新一切情形均其目赌。……惕斋虽久居海外，不忘祖国，曾有条陈当道改良时政书及时弊琐言。余赠以联句云：君老游踪观变政，天留右手写新书。颇觉切合。"我父亲生前曾来信告我："你祖父死于1911年。家里原有《独臂翁见闻录》许多本，以及他撰写的日语学习小册子和改良时政书等。现在一本也不剩了……黄山家中原有盛宣怀写对联'君老游踪观变政，天留右手写新书'。盛做邮电大臣时，你祖父一再上条陈，怎样办邮局。"吕文中也记有："在汪康年归国后，王惕斋屡次致信将自己在日本所了解到的情况告诉给他，并表示自己本为'海外一残废商人，本不要预闻国事'，只因汪康年所办之时务报力倡时务，才'将素所闷郁所见闻之实事详告，以备贵报择登'。吴荫培（1890年探花及第，授职翰林院编修。历任京兆试、礼部试、福建乡试考官。自费考察，回国后，创办女子师范幼稚园、水产农林讲习所等）在他的游记中，也有如下记载："惕斋遨游东国已数十年，熟悉商情，洞察时务，入都会有建白，为当轴者所知，其言可采用也'。这些都说明王惕斋虽仅为一旅日商人，但在为商和与日人广为接触的同时，始终关心国内时务。"

第二，重视研究日文，发行介绍日本新政书籍。王惕斋在日本拥有经营汉籍的商店"凌云阁"，也发行书籍。目前已发现的有三本。一是收藏在国家图书馆的《日本陆军军制提要》，王鸿年著，是一本介绍日本新政的书。二是收藏在天津图书馆的《日本语言文字指南》，也是王鸿年所著。三是收藏在浙江图书馆的《诊病奇侅》，日本著名汉医、德川将军侍医丹波茝庭（1755-1810）所著，由其再传弟子松井操用了十年时间（1878-1888）译成汉文，由王惕斋出版发行。这是一本讲由中国传到日本，但在中国已经失传的"诊腹之法"的图书。在这本由孙点所作的序中，还提到王惕斋曾出版过明朝旅居日本的张燧的史学著作《千百年眼》。在《日本语言文字指南》中，有王惕斋的序和王鸿年的自序。这两篇序言都提及出版该书的目的是促进正确翻译日本的书，并通过翻译日本的书，学习西学。如王鸿年自序中所说："日本三十年来锐意图治，国民之精神争相磨激。凡世界上各种学问，无不发于著述，列之教科，进步之速，灼可衡鉴。甲午以后，吾国人士争慕东学，孜孜讲求，乃读其书。则字体错杂，文辞颠倒，学者苦之，于是又有望洋而叹之。感此，无他，不知其文法，故不解其趣旨……余于暇时，译录其文法要义数十百则，更附以东语，积而成帙，名曰《日本语言文字指南》。"王惕斋在序中表示了同样的意思，而且强调："近来中东文士，日趋新学，译书纷出，洵足为启发文明之助。其中能审音酌义，不失本旨者，固属译家高手。然亦有一知半解，或言之而未达，或释之而转讹，其贻患后学，害亦非浅。余深忧之。因与王茂才伟璠博搜东书，揽各原委，究古今，辨雅俗，正讹匡谬，为《日本言语文字指南》一书。书成，复就东邦文士较正得失。则金曰，字适义当，译学之善本也。乃付手民，排印成册。"此外，2010年7月1日

《宁波晚报》刊登了一条消息：" 慈城地方文化研究专家钱文华在慈城发现了由王惕斋在1884年前撰写的《无师自通东语录》。""用普通话和宁波话对常用的日语词汇和句子一一进行注音。"浙江工商大学日本语言文化学院院长、博导王宝平教授在接受记者电话采访时对该书的评价是，"这是我国目前发现的最早的日语学习工具书，而且这种类型也是我见过的惟一一本"。

第三，接待清朝政府来日考察官员。吕文中记载："他频频出入中国驻日使馆，与何如璋等驻日公使和公使馆员都有较深的接触。"日本学者实藤惠秀编写的《大河内文书》一书中，也记载了1877年清朝首任驻日公使馆人员中就有王惕斋的同乡副公使张斯桂（宁波府慈溪县庄桥马径村人）、随员沈文莹（绍兴府余姚县）等相识的人，一开始过往就很密切；并积极为公使馆找合适的房子等。王惕斋接待清政府官员的工作，有的是这些官员主动约请的，有的则由日本政府委托办理。前者如缪荃孙在《日本考察学务游记》中记载："光绪癸卯正月江南高等学堂总教习江阴缪小珊（荃孙）提调南陵徐积馀(乃昌)奉署两江总督张公咨赴日本考察学校。……发东京王惕斋（仁干）信。访去岁延聘东文教习白河次郎寓所约同赴东京。……抵东京新桥车栈。王君惕斋来迎偕赴京桥区木挽町厚生馆。"后者如吕文记载："1898年，湖北留学生监督张听帆等赴日，贵族院议长近卫公爵等设宴欢迎，请王代为邀请。除考察团主要成员外，驻日公使李盛铎、日本外务省和陆海军两省官员等数十人出席。王仁乾也列其中。"

第四，接待和帮助中国民间赴日考察人士。吕文中记载："当时中国赴日考察者中，如汪康年（1898）、罗振玉（1901）、缪荃孙（1903）、张謇（1903）、胡景桂（1903）、吴荫培（1906）等，在日期间均与王惕斋有过接触，并得到他的照顾。"此外，那时在上海的实业家,去过日本的也都和王惕斋有来往，如创办大丰公司的林涤庵，大中华火柴厂的刘鸿生，天原、天厨、天利的吴蕴初等。

这种接待和帮助，可举两例于下：

一是对汪康年。吕文中说："1898年1月，汪康年赴日考察报务。王得知后，通过蒋黼建议汪康年："岸田吟香，前在沪开药善堂者，居东京银座二丁目，如暇，可访之，文雅之士；文人龟谷省轩、岛田重礼、重野安绎皆有名人，亦可访之，其所居可询之岸田氏。"同时推荐"公使馆译官罗宝森、卢子铭二人甚正派，可托为舌人（注：翻译）'。"

二是对张謇。张謇日记记载他与王惕斋接触频繁，如："（1903年5月）24日，甬人张伯岩、黄桂芬以王惕斋所嘱来为照料"，"（闰5月）20日，惕斋同往访长冈子爵、岸田吟香、永阪周二,三君皆喜接待华人。""24日，诣惕斋考制盐事。"7月11日返沪后,"13日 复惕斋,归其垫款"。

第五,推动中日文化交流。吕文中介绍了两个例子:"1899年,友人松本正纯、吾妻兵治二人译成中文书籍《大日本维新史》、《日本警察新法》、《战法学》、《国家学》诸书,王介绍他们携带前往上海销售,并请汪康年协助。""1899年,介绍朝日新闻社某记者为罗振玉所编的《农学丛书》提供译稿,并在回上海时将译稿带给罗振玉。"罗振玉曾收集和整理甲骨、铜器、简牍、明器佚书等考古资料,均有专集刊行,流传较广者有《殷墟书契》和《三代吉金文存》等。(见《辞海》)

王惕斋一生慷慨,交友广泛。他对赴日考察人士竭尽"地主"之谊,甚至垫款促进他们访日的成功,古道热肠,难能可贵。同时,我国不同地区的朝野访日人士,到日本后都拜会王惕斋并请他做不同程度的帮助。这说明王惕斋在当时是一个爱国、爱乡,有维新思想,受人尊敬的旅日老华侨。他在中日两国的社会上,有一定的名望和周转能力,是一个名副其实的在当时推进中日友好活动的民间外交家。

四、把这一中日友好活动继续开展下去

2009年11月29日,江幡武先生从日本给笔者来信说:"您也要回家。我本来有计划访问别的地方。……我们变更计划,这样这次能和您见面。这次访问的印象很好。保国寺的建筑和展品也不愧"海上丝绸之路"遗产……我们实在感谢当地有关人员热情招待。我们希望您和王勉善先生(注:王治本曾孙)有机会来访问仙台。你们的访问能从新引起日本人对王惕斋、王治本以及清末时期日中友好交流情况的关心。"

江幡武的信,明显表达了日本友人把这一友好活动继续开展下去的愿望。而要继续开展这一友好活动,关键在于要继续挖掘史料,开展对他们的研究工作。在这一点上,正如2008年日本友人第一次访问黄山村后,10月14日《宁波日报》对王治本所介绍的那样:"由于其长期在日本游历、讲学,故在我市的有关史志中很难找到他的事迹。然而在日本,他却是很多日本学者的研究对象。"

因此,还有许多工作有待我国学者们来做。例如,源辉声在明治十年前后与中国外交官员、学者等笔谈的原稿——《笔谈遗稿》,其保存在日本早稻田大学部分已由中国社会科学院在20世纪90年代初全部复印,其中有与王治本、王惕斋、王藩清笔谈的宝贵的资料。日本学者实藤惠秀曾从中选取部分内容出版了《大河内文书》一书,又与新加坡学者郑之瑜一起,将笔谈中有关黄遵宪的部分整理出来,出版成书,供研究黄遵宪的学者使用。现在,

也可以将王治本等有关王氏兄弟部分整理出来。又如，也需要将王惕斋的一些著作，包括曾出版过一本自传体的《独臂翁见闻录》，收集起来，进行研究等等。

参考文献

［1］冈千仞《观光纪游》，中华书局2009年版。
［2］王晓秋《中日文化交流史话》，商务印书馆1996年版。
［3］王宝平《晚清东游日记汇编·中日诗文交流集》，古籍出版社2004年版。
［4］吕顺长《慈溪王氏兄弟与日本文人》，《浙江方志》2002年第3期。
［5］王宝平《清季东渡文人王治本序跋辑存》，《文献》2009年第4期。
［6］王维《"笔谈遗稿"的发现与研究价值》，《寻根》2008年第4期。
［7］《慈城发现100多年前的日语"辞典"》，《宁波晚报》2010年7月1日版。

（本文登于《学理论》2010年第29期）

情系故园 名闻东瀛
——近代中日文化交流的江北王氏兄弟

王 静

近闻，日本史学家、汉学家冈千仞的后裔将寻访宁波江北慈城黄山村。冈千仞（1833-1914），字振衣，号鹿门，原仙台藩士。精通汉学与西学，明治维新后，曾任修史馆编修官，东京府书籍馆干事等职，后辞官办塾，前后有"弟子三千"。一位故去日本学者的后裔何缘要漂洋过海来寻访宁波的一小村，一位日本学者与黄山村人又有什么渊源呢？事情还得从150多年前黄山村的王氏家族和王氏兄弟说起。

一、凰来鹰去王家人

姚江北岸，慈城南面，河姆渡东向有个名叫黄山的小村。小村乔松苍翠，两峰对歧，形如覆盂。据说，小村原是应姓居多，明朝初年，因王氏迁居黄山村，应氏家族人口竟渐渐离散。由此黄山村有"凰来鹰去"之说。

宁波开埠后，停泊的是船，带来的是商品，变化的是观念。十多年后，王氏少峰公脉下的一子孙，从考场走向商场，他与同考的学友合股开创"寿全斋"药店。

"不为良相就成良医。"乃是古代读书人追求的人生价值之一。也许如此，宁波的读书人开办了"冯存仁"、"同仁堂"、"张同泰"，以悬壶济世，那么王氏家族的"寿全斋"能在众多中药店铺的竞争中得以生存呢？毕竟是读过书的商人，寿全斋除了供应常用药外，还自制有水眼药和鹅毛眼药两种眼药。怎么去推销那自制的新眼药呢？旧时的宁波，善男信女在每年的农历四月初八要去东乡育王灵峰进香求关牒。这一天，"寿全斋"就派伙计在育王灵峰附近免费施茶，同时搭买眼药水。一年又一年，"寿全斋"的茶水招来香客，眼药水也随之出名，以致甬上流传开"灵峰关牒，寿全眼药"之说。

不知是创办"寿全斋"成功经验的启示，还是浙江总督李卫奏言的启发，约莫一两年后的1870年，西堂少峰公的23世孙王仁乾凭借着"乍浦系东洋日本商贩往来要口"东渡日本。王仁乾，字健君，号惕斋，东渡谋生的那一年，他还不满三十岁。

二、东瀛谋生遭车祸

王仁乾刚到日本时，靠给人打工维持生计。渐渐地，这位在小山村大宅门成长的王氏族人敏锐地发现：相当多日本人情有独钟于中国的书法、中国的古籍……于是，王仁乾由族人创办"寿全斋"萌发了经商的念头，经历几年的筹备，终于在明治十年（1877），王仁乾创办的"凌云阁"在东京一个称作浅草黑船町的地方开张。凌云阁的柜台上陈列的有湖笔、徽墨、古砚之类的汉文具，有《水浒传》、《金瓶梅》和中国书画等文艺作品，有绢茧、吴绢等中国真丝，有东北人参、山西大枣和上等药材山珍，还有一些海南珊瑚之珍宝。

在凌云阁开张的同时，王仁乾的堂兄弟王治本、王藩清、王汝修也应邀结伴来到日本。

凌云阁的商品深受日本人的青睐，这使得王仁乾不停地奔波于日本与中国的海峡两岸。1892年的一天，年过半百的王仁乾乘坐的人力车被一华族的马车撞到，左臂被车轮压碾受重伤。因伤势较重又没有得到及时的医治，最后不得不截肢。可肇事者不愿承担事故责任，王仁乾只得与华族对簿公堂。不幸的是因医院只出具了撞车的证明，法院又根据此依据而轻判华族。这使得王仁乾失了手臂还失情理。王仁乾再次提出诉讼，在日本文友的帮助下，王氏兄弟终于找到一德国医生并出具"截臂缘于马车所碾"之证，再次诉讼后获胜。之后的王仁乾自诩"独臂翁"。

据记载，这是旅日华人打赢的第一例人身伤害赔偿案。以致清邮电大臣盛宣怀访日与独臂翁见面时，听说车祸诉讼一事，在他的东游日记写下："君老游踪观变政，天留右手写新书。"

三、崇拜先生笔谈忙

王仁乾的日本文友有个叫大河内辉声（1848-1882），此君为世袭高崎藩藩主，食禄八万二千石。明治维新后，改封华族；1871年，卸官归乡，以广交文士、吟诗作文自娱。一次，辉声君参与闻香诗社的活动，碰到诗社工作的王仁乾堂兄王治本。

王治本，字黍园，别号梦蝶道人。东渡前为宁波府学博士，又在杭州一书院教过书，东渡后被私塾日清社聘为汉语教授，并担任《日清新志》汉文杂志主笔，因杂志停刊转至闻香诗社。

辉声君一直因酷爱汉诗汉学而格外崇敬旅日中国文人，现碰到擅长诗文书画的王治本,说什么也要拜其为师。一天,辉声君新买了一把伞,作汉诗并书于伞面,然后找到王治本,说要笔谈交流,王治本提笔一挥亦在伞面写下:"形如皓月一轮圆,信手携来便快然。"此后,师生俩常常笔谈交流。

光绪三年(1877年)十年,清政府派公使团首驻日本。初来乍到的清政府官员因遇到"翻译通事,颇难其人"的困难,聘请王治本和王琴仙俩族兄弟当翻译生。受聘以后,李园自然把辉声君介绍给公使人员。

翌年春天,辉声君作为东道主邀请公使人员和日本汉诗人一起到东京观樱胜地赏花饮酒吟诗。抵达胜地,面对绯红万顷,溢彩流光的景色,何如璋公使率先吟出:"十里春风烂漫开,墨川东岸雪成堆。当筵莫惜讨兼酒,如此花时我正来。"紧接着,王治本依原韵和作了一首:"千红万紫一齐开,艳似云蒸又雪堆。墨水江边无限好,游人尽是看花来。"被中国文人的诗情感染,辉声君即兴吟诗……于是乎中日文化交流史上留下了一段中国使团"海外看花第一遭"的佳话。

一次,中日文人相聚,王治本顺便带了一本《三国志》,借给辉声君。于是他们笔谈的话题从《三国志》的作者与《三国演义》的作者谈起,谈到了《三国志》的版本;从《三国演义》的罗贯中又谈到《水浒传》《金瓶梅》《西游记》的作者;最后话题又是围绕《红楼梦》,当王治本评价《红楼梦》乃开天辟地从古到今第一部好小说之后,辉声君几次召集文人专谈《红楼梦》,据说,《红楼梦》在日本的广泛传播与王治本的竭力推介分是不开的。

四、琴诗书画传佳话

1882年初夏,王治本从东京出发漫游本州岛中部。他每到一处就受到日本文人的欢迎。也许因文人的才气,也许因才子的洒脱,王治本行踪差不多总有女子追随,其中有位叫玉纤的女画家,因仰慕一路跟随而至,还吟涌"今日相如倦游久,怜才谁最卓文君"的诗句示心情。

之后的二十三年间,王治本先后三次周游了日本的本州西部、四国、九州、北海道四大岛,其足迹、墨迹几乎遍及日本全国。其中他的北海道之行,是与族弟王琴仙、王汝修同行。那是明治十六(1883年),王氏三兄弟乘汽船"社寮丸"起程,当时的《函馆新闻》以一篇《清客漫游》为题,对他们的到来报道说:"在东京以诗文书画闻名的清客王治本、王琴仙、王汝修三氏昨日从新泻地方乘船来函。"一次,王氏三兄弟在寺田松轩,当王治本看到清代旅日画家江稼圃的花鸟图上,即刻挥毫写下了题跋:稼圃乃以一介书生,郁郁不得志,远游海外。故其落笔,凡一山一水,一花一鸟,即绝不经意,中自饶神韵,无半些渣绕其笔端……

对于秀才出身的王琴仙而言，游历日本，让他结交日本汉学家，除了表演艺术舞台外，还有了更多展示古典文学的平台。有一回，关义臣编辑长达15卷的《日本名家经史论存》一书，这一套几乎汇集了所有日本汉学名家的代表性经史文章，此间，王琴仙被邀为该书题写书名和跋文，同时，他一一评点，批注其中的8卷著作。

日本长崎可能是王治本的周游东瀛最后一站。这使当代中日史学界都认定他在日本去世，但据其曾孙王勉善根据家谱、墓冢、祭祀牌确定曾祖是魂归故土的。《黄山王氏宗谱》记：王治本于光绪三十四年戊申五月十八日申时卒，寿七十四。更令人惊奇的王治本还以晚号黍园老人自撰墓志铭。

游历山水，广交文友，推介中华文化，这几乎是在日本的王氏兄弟的使命。晚清政府第一任驻日公使中副使是张斯桂。张是宁波庄桥人，当时同属于慈溪县，异国遇同乡，两眼泪汪汪。一次书画笔会，张斯桂展开梅调鼎的作品。而这之前，文化商人出售了不少梅的作品，以致日本书坛在流传梅的作品……而这一切已被当时著名书法家、历史地理学家、目录版本学家杨守敬看到。作为共同的爱好，杨守敬早闻梅调鼎的轶事，也十分崇尚梅调鼎那高洁幽峭的品性、书风，现在异国他乡有的人收藏梅调鼎的作品，有的在点评梅调鼎的作品，于是乎，梅调鼎其人其书经他们共同的推介，震动日本书坛，被日本书坛誉为"清代王羲之"。

五、"日东文豪"访宁波

光绪十年（1884）6月，上海的《申报》刊登了这样一条新闻："日东文豪某，携着书千卷，为中土山水之游。"这位"日东文豪"即为日本史学家、汉学家冈千仞，他来中国游历的时间正好是王氏三兄弟游历日本的时间，而冈千仞的中国之游则由王仁乾全程陪同，行抵杭州时，王仁乾虽感冒发高热，回甬时还没痊愈，但仍尽心安排浙江之行。

这年的5月29日，冈千仞从横滨起航，次月6日抵沪。到上海后，冈千仞做的第一件事是拜访了王韬、姚文相等上海名流。

在游历苏州和杭州之后，冈千仞一行抵达宁波。也许是东道主的盛情，也许是宁波文化的魅力，冈千仞在宁波逗留了半个月，是这次中土之旅逗留时间最长的一地。

严格地说，冈千仞周游宁波的第一站是余姚。"村丁驱水牛十馀头挽舟。岸水车。驱牛运转。稻花盛开，间见垂穗者。一市曰：'马家堰'。右望城堞。此为余姚。余姚有新古二城。此为古城。"这是冈千仞笔下的余姚，一百多年前的余姚。在余姚，他专程谒拜了龙泉山上的朱舜水先生故里碑亭。朱舜水于1665年流亡日本。他的学识、美德深得日本各界尊重,后被藩主德川光国聘为宾师,1682年卒于日本。冈千仞乃为日本访朱舜水先生故里第一人。

之后,冈千仞就到了慈城黄山村的王仁乾家。

"王氏,慈溪大族,分宗以来,族人同居三世,广厦连宇,画为十数区,分灶同产,男女婢仆六七十名。"

"此间士大夫屋宅,四周垣壁,高二三丈,重门严锁。填石若砖为中溜,设大瓮四五,以贮雨水,曰煎茶非雨水,不发香味。堂设炕床、案桌、椅子,揭名人书画,文房器具,烂然照座。屋内分六七区,族人各占一区,耕耘作业,皆任隶氓。富贵者多就都会,开商店,遣族人及若隶属监督,不躬亲。子弟至八九岁,必延师学举业。闺阁尤极美丽。"

"观王氏家庙。壁书先中书君家训十二条。族人登科第者,皆书联额揭壁。族约尤严,曰降入非流者,不得与祭。非流谓窃盗犯刑,操俳优、仆役、剃刀、舁丁诸贱业类。庭设舞台,每春秋奠祭,演杂剧,会族人观之。"

上述全是冈千仞对王氏家族的印象。由于此段《观光纪游》反映了清晚期江南望族的生存状态,因而被研究中国清朝历史的中外学者反复引用。

据考证,冈千仞是千年古县城慈城的第一位海外访问学者,自然是王氏家族的贵客,"有朋自远方来,不亦乐乎"。由于受到盛情的款待,冈千仞的游记如下:

"中土飨客,八人一案,陈果实肉脯,或六种或八种,终饮不撤,人具一盏,无献酬之烦。肴馔多皆膏炒,吃了更进,至十数种若二十种。最后进杏仁羹、八宝饭。饭毕,温巾热汤,拭面擦手,踞床吃茶。更设烟具别室,二人对卧。且吃且话,此为常法。"

访甬期间,冈千仞还两次游览宁波府的名胜,一次从小白河去天童寺,一次由甬江进城,游城隍庙,观宁波街市,见桥上车马旁午,人行如织,赞称宁波犹上海。

为使日本客人更好地了解宁波的风土人情,王仁乾陪同游览慈城的景色,还拜访当地的文人雅士,而冈千仞边吟诗赞美自然,边提出独到的见解,提得最多的是"惟中人拘泥末义,墨守陈言,不复知西人研究实学发明实理"。离开宁波后,冈千仞先北上后南下,历时三百二十日,历程近万里,会见中国官员、文人近二百人,其中有李鸿章、盛宣怀等清朝要员,俞樾、杨泰亨、冯梦香、冯可镛等地方名士,并留下六万余字的《观光纪游》。

可能是受冈千仞的影响,在陪同冈千仞中土游历之后,王仁乾做了两件事,一是资助宁波人张伯岸与他人在上海创办实学通艺馆,这是我国最早的科学仪器供应商店;同时,帮助家乡的崇本学校购置了一套简易化学实验仪器。

六、中日交流结硕果

由于王氏兄弟赴日较早，寓日时间较长，其中王治本客居东瀛30年；由于王氏兄弟的文艺才能，好友性情，他们留下遗墨之丰，在近代中日文化交流史上是比较突出的，据史料不完全统计：王氏兄弟至少为《鸿斋文钞》、《和汉合璧文章规程》、《敬宇文集》、《省轩文稿》、《省轩诗稿》、《明治诗文》、《近世伟人传》、《藏名山杂著》等日本诗文评点；为《众教论略》、《唐话为文签》、《近世偶论》等著作撰写序跋，为《微山摘葩》、《皇汉金石文字墨帖》等专著题词，深受日本明治文坛的信赖。此外，他们的专著有《王治本在金泽笔谈记录》11册，《清客笔谈》2册和《舟江杂诗》、《独臂翁见闻录》、《三崎新道碑》、《翰墨遗馀香》、《清国王琴仙书画状》、《桃园结义三杰帖》，这些作品集至今仍被日本文士收藏，抑或收藏于大学、研究所图书馆。

值得一说的是，他们虽一直客居异国，甲午一战后，他们校订出版《战法学》、《日本警察法》、《大日本维新史》、《国家学》等书籍，并传到中国销售，以谋求祖国的自强自立。后来，他们结识了创办《时务报》（主编梁启超）的汪康年，通过他的介绍，王氏兄弟还协助他人编译《农学丛书》等科技作品。因此，史学界盛赞王氏兄弟在中日民间文化交流史上所立下了"筚路蓝褛之功"。有关清史研究学者还将他们的名字与清朝派日外交官员并列入中日文化交流的史册，认定"光绪初年，民智未开，赴日清人尚不多，可以认为他们是明治维新后，最早一批东渡的文人"，"他们开创了与近代日本文人进行诗文交流的先河，为清代外交官的到来奠定了基础"。

（本文作者供职于江北区文联。中国作家协会会员、中国民间文艺家协会会员，宁波市民间文艺家协会副主席兼秘书长。原文登于2009年5月3日《宁波晚报》。谨谢王勤谟、王浩平、卢杰提供有关资料，文中资料引用自《近代中日文化交流史》、《浙东文史论丛》、《中日诗文交流集》、《晚清东游日记汇编》、《黄遵宪与日本友人笔谈遗稿》〈早稻田大学东洋文学研究会出版〉等）

清客中一屈指可数者——王藩清

王浩平

一

浙江省是文化发达、思想活跃的地区。"四明学派"由余姚王阳明创立,主张"工商皆本"、"经世致用"、倡导"知行合一",也称"心学",对当地士人影响颇大。王阳明及其学说在国外影响最大的国家,首推日本。他虽然没有去过日本,但其思想东渡,从理论到实践都对日本产生了重大影响。在日本,阳明学一度被奉为"显学",对日本的革新运动起过重大的推动作用,以至成为明治维新的最重要精神武器。日本学者针对当时幕末情势和时弊,利用"知行合一"这一力行、实用哲学,起到了很好的作用。当时日本人开港倒幕,废藩置县,改革教育,富国强兵,促进明治维新。中国对此评述,代表者有章太炎:"日本维新,亦由王学为其先导。"梁启超:"日本维新之治,心学之为用也。"

浙江省还产生朱舜水、陈元赟两位名士,被日本尊为先哲。朱舜水是思想家、教育家,他的时学思想及其到日本后传授中国传统文化,对日本产生深远影响。现在日本东京第一高等学校校内,"朱舜水先生终焉之地"碑仍在,日本谥为"文恭先生"。陈元赟是杰出的学者、诗人和方技家,他早期浪迹天涯,学会多种技能,带往日本传授:柔道拳术、中国医学、中药、针灸、食疗、气功、书法、画艺、陶艺、建筑、茶道、花道、金石。至今日本称为"元赟烧"、"陈氏茶"、"板元赟"都是纪念陈元赟而命名的。他们渡海赴日,传播文化,都将自己的一生留在了日本。

二

在1870年至1910年期间,浙江省宁波府慈溪县黄山村有四个王姓的族兄弟,在前辈的影响下,先后去日本进行文化交流活动。他们幼时均受过良好的中国传统文化教育,于诗文书画具有一定的素养。

按年龄大小排序,他们是:王治本(1835-1908)、王惕斋(1839-1911)、王汝修(1843-1895)、王藩清(1847-1898)。如家谱记录:王治本的父亲是温州平阳县学教谕,对引导当地民众学风有贡献,因目疾还乡,为后辈解释经义,与人共同开办慈溪县有名的慈善机构"华云堂"。王惕斋的父亲是"廪贡生即用儒学训导。被赭寇之难,奉旨入省中忠义祠,并得赐云骑尉恩骑尉,世袭罔替"。王汝修的父亲军功议叙八品衔,封奉直大夫。王藩清的父亲,国学生议叙布政使理问衔。

王惕斋,名仁乾,晚年号独臂翁,是四兄弟中来日本最早(1870),总共在日四十年。最迟1877年,王惕斋在东京开了自己的书店,以经营汉文书籍、汉文具为主。成为喜欢汉文、汉学的日本朋友们方便获得中国书籍的供给点。日本学者实藤惠秀在《明治时代中日文化的联系》(陈国亭译)一书中,评论王惕斋:"因此,日本的文人墨客和惕斋先生也很接近"。

其他三人都以文士身份在日本进行文化交流活动。如1883年,王治本与旅居日本的族兄弟王汝修、王琴仙一起漫游北海道函馆,停留半月。据当时的《函馆新闻》报道:"在东京以诗文书画著名的清客王桼园、王骜侯(汝修)、王琴仙三氏昨乘'丰嶋丸'来函。三氏子东京常与文墨诸大家共游,诗文书画均称绝妙,为清客之中屈指可数者。本港文雅之士亦多乞请挥豪。"

在国家清史编纂委员会编撰的《晚清东游日记汇编·中日诗文交流集》前言中,将参与诗文交流的中方人员分为文人和外交官。王治本、王琴仙列入文人。"光绪初年,民智未开,赴日清人尚不多,可以认为他们是明治维新后,最早一批东渡的文人"。"对他们筚路蓝褛之功,以及为中日民间文化交流所做出的历史贡献,应予客观、公正的评价"。"他们开创了与近代日本文人进行诗文交流的先河,为清代外交官的到来奠定了基础。"

三

四兄弟中以王藩清的书画最为突出。王藩清字体芳,号琴仙。光绪三年(1877)已赴日。据浙江省博物馆魏丽莎《晚清赴日书画家初探》一文所述,他在日期间有下列作品集问世:《三崎新道碑》、《翰墨遗馀香》、《清国王琴仙书画状》、《桃园结义三杰帖》等。

《三崎新道碑》立于日本山形县的三崎岭关,该处为交通要道,但山势险峻,以至于"马行踯躅不敢前"。1876年,新县令上任后,用工上万人,耗金七千圆,削山拓路,使天堑变为通途。《三崎新道碑》记载了这段历史,碑文由肝付兼武撰,王藩清书,除了勒碑于路旁以志纪念外,还整理出版《三崎新道碑》一卷(1879年山形县松井秀房出版)。

《翰墨遗馀香》一卷,明治十三年(1880)伊藤兼道编辑出版。收有王藩清"孤芳自赏"、"王者之香"、"鹤梦初醒"、"拂窗寒影"和"彭泽家风"

等兰、梅、菊画作 5 幅。本书内题由王藩清书写，落款为光绪六年（明治十三年，1880），疑为在日时所绘。

《清国王琴仙书画状》一卷，明治十五年（1882）山内六助编辑出版。收有王藩清光绪六年（明治十三年，1880）创作的以兰、梅、菊、竹为主题的墨色花卉画 6 幅，每幅画配有自题诗一首。融诗书画为一体，颇具有欣赏性。本书与《翰墨遗馀香》一样，似在日时的作品。

《桃园结义三杰帖》一卷，明治十九年（1886）山形县小侣太郎编辑出版。首有王藩清的《海棠图》和栗山仙史绘的《桃园三结义图》，彩色印刷。正文载蒲汀《咏刘先主》、王藩清《咏关圣帝君》、凤蝶（关本寅）《咏张桓侯》，吟咏刘邦、关羽、张飞的七绝诗各一首。王藩清在光绪十年（1884）书于"霞城客次"的《咏关圣帝君》诗云：

> 读书大义在春秋，忠勇堂堂万世留。
> 伐魏拒吴扶汉室，名垂青史寿亭侯。

该书附录还收有沟口恒、加藤宽、牧赖元、日向良俊、和田彻、佐佐木纲领、武田玄玄、武田健雄、狩野德藏、关本寅、小侣太郎等日人吟咏刘备、张飞、诸葛亮的律诗 15 首。卷末刻有 3 行介绍："本帖笔者清国王藩清，先生字体芳，号琴仙，浙江省宁波府慈溪县人。丁丑以来游于日本者既再矣。"丁丑，光绪三年（明治十年，1877），说明王藩清是年赴日后，频繁来往于中日之间。

王藩清，除了书画外，还擅长篆刻和乐器，为日本友人用尺八表演了"倚栏杆"、"九连环"等曲目，并对中国古代的乐器发表了自己的意见。此外，秀才出身的他还经常与日本汉学家开展诗文交流活动。如关义臣编辑的《日本名家经史论存》一书，长达 15 卷之多，几乎汇集了所有日本汉学名家的代表性经史文章。中国驻日使团对此书非常重视，公使何如璋、副使张斯桂、参赞黄遵宪、随员沈文荧、王韬等人或作序题词，或圈点品评，出版后影响广泛。在该书中，王藩清除了发挥他的书法才能——题写书名和跋文外，还对其中的 8 卷作了评点，这说明他的文学水平也得到了大家的公认。

江幡武与王勤谟的书信来往

注：江幡武，理学博士，宫城县日中友好协会会长，东北大学名誉教授。

一

王勤谟先生：您好！

在宁波见到您我觉得非常高兴。

通过金世龙先生我得到了您的《百年往事随记》，读后觉得很有意思。通过你们一家的历史，我们可以了解这一百多年的日中交流和中国人民生活的变迁。

金世龙先生非常热情地研究仙台出身的冈千仞先生的事迹。他常常来到我们日中友好协会，给我们解释他访华的日记。

虽然冈千仞是名人，现在知道他名字的人已经不多。所以我总告诉他没有具体材料很难重新唤起大家对这个人的兴趣。结果他找到了报道冈千仞当时访问中国的《申报》，又找出了王勉善先生。金先生还告诉我最近中华书局出版了冈的日记，冈先生还没有完全被遗忘。

这样经过他的推动，我们去年访问了慈溪。今年金先生又说王勉善先生已经有安排，您也要回家。我本来有计划访问别的地方。他的热情使我们变更计划，这样这次能和您见面。这次访问的印象很好。保国寺的建筑和展品也不愧被称为"海上丝绸之路"遗产。通过县衙门遗迹、旁边的餐厅我们能看出来这一带长久拉得多拉得多的繁荣。我们实在感谢当地有关人员热情招待。

我们希望您和王勉善先生有机会来访问仙台。你们的访问能重新引起日本人对王惕斋、王治本以及清末时期日中友好交流情况的关心。

祝您和夫人潘淑英身体健康，万事如意！

江幡武 11.15

二

江幡武先生：您好！

收到您的来信和照片很高兴。100多年前由我的祖父辈开创的中日友谊，由于您两次率领友好访华团的来访，得以继续。从我个人的家庭来说，我的父辈5个兄弟姐妹都在晚清时期出生在日本，因此对日本人民也有一种自然的友好感。遗憾的是冈千仞住过的、也是我出生的老家，那个名叫"白屋"的大宅院，在1950年代被拆，改为如您在这次看到的粮库。这是黄山村里最好的宅院。所幸的是冈千仞的《观光游纪》中保留了对"白屋"的描绘，使后人得以了解一些真实的历史情况。当然冈氏《观光游纪》中最珍贵的部分是对当时以我的先辈们为代表的很大一部分士大夫的思想情况的记录。我在宁波会见你们后回到北京，听说已正式出版了冈氏《观光游纪》，买了几本。您也提到了这一点，因此，寄上一本。我想您看了也会注意到，在出版者所写的《冈千仞游华及其所作游记》一文中提到的冈千仞"这些批评或主张在当时是很对症的，也很有积极意义"（第10—11页）。说的就是冈氏在和我的祖辈们思想交流后所提出的看法。

随着我国对传统文化研究的逐渐展开，研究中日文化交流史的中国学者一般都知道冈千仞。介绍他的书和和文章也陆续有所发表。我在这里附上几篇，供您了解之用。王晓秋是北京大学历史系教授，也是中日关系史学会原会长。他还有一本在2000年8月由中华书局出版的《近代中日文化交流史》，也有专节写了冈千仞和王治本。我那篇文章也是由王义道先生交给王晓秋教授在这个学会的刊物上刊登的。需要说明的是，浙江大学吕顺长的文章，在宁波还有一些刊物转载。我寄给您的复印件上，有一些技术性的错误，

◇日本宫城县日中友好协会一行13人，2008年10月9日寻访慈城黄山王治本故居后，在清道观摄影留念。右三为宫城县日中友好协会会长江幡武先生；右五为协会秘书长苏武多四郎先生；左一为旅日学者金世龙先生；右四为王治本曾孙王勉善先生；左七（中间）为王勉善夫人；左三为王氏族人王多盖先生（原载《古镇慈城》2009年3月总第三十七期）

如把"王仁乾"写成"王仁干"等。

　　谢谢您邀请我访问仙台。我由于在1992年做了右髋关节的人工置换手术，至今已17年，上下两个金属物之间的垫圈已磨损很多。由于美国已不生产这种人工关节，包括它的配件，现在医院正和美国公司联系有没有库存（亚洲地区公司已经没有了）。在找到之前，医生要我"节约使用"，也就是少走动。因此我最近也就遵医生之命，蛰伏家中了。

　　最后我和我老伴潘淑英祝您身体健康，诸事遂心！

王勤谟　2009年11月29日

　　◇2009年9月19日，宫城县日中友好协会第二次访问王治本故居时在黄山村崇本学校拍照留念。前排：右一金世龙先生，右四王义遒先生（原北京大学常务副校长），右五江幡武先生，右六为本书作者王勤谟；右七为王勤谟夫人潘淑英女士，右八王勉善先生，右九岛森哲南（宫城教育大学校长助理），十石国君（黄山村委书记），十一公坚军（慈城宣传委员）。

　　后排：右二张桂萍（崇本学校校长），右九张如安（宁波大学教授），右十一陈伟权（宁波茶文化促进会副秘书长），右十二王玉祥，右十三季学源教授。

二、生平探索

慈城日语"词典"

梅子满

本报讯：母亲是"哈云"、弟弟是"倭多多"、医生叫"衣削"……近日，慈城地方文化研究专家钱文华在慈城发现了一本100多年前出版的《无师自通东语录》。这本薄薄的小册子用普通话和宁波话对常用的日语词汇和句子一一进行注音，读来令人忍俊不禁。

作者大名鼎鼎

这本泛黄的《无师自通东语录》只有80页左右，序言署名为"慈溪惕斋王仁乾"。"这个人在中日民间文化交流史上可是大名鼎鼎，是慈城王氏兄弟之一。"钱文华告诉记者，王仁乾是慈城黄山村人，其祖曾创办中华老字号"寿全斋"，他本人于1870年赴日本经商，主要经营书店，专售汉籍和文具，是当时仅有的被日本政府允许住在外国人居住地的13个中国人之一。1884年，日本史学家、汉学家冈千仞在访问朱舜水先生故里余姚之后，曾到慈城黄山村的王仁乾家。"王仁乾和他的弟弟王治本在日本期间，开创了与近代日本文人进行诗文交流的先河。"据钱文华介绍，很多清史研究学者将王仁乾兄弟与清朝派日外交官员列入中日文化交流的史册，认定"光绪初年，民智未开，赴日清人尚不多，可以认为他们是明治维新后，最早一批东渡的文人"。

最早日语工具书

钱文华通过与王仁乾后代交流，得知《无师自通东语录》为王仁乾自己创作的学日语工具书，"大概创作于1884年之前"。

记者看到，这本小册子分门别类，总共介绍了天文、地理、时令、工匠、器皿、身体、禽兽等类的常用词汇和语句，总计有日常用语781个、日常字句479句，在文后还附有日常送收单据4份。

"这是我国目前发现的最早的日语学习工具书,而且这种类型也是我见过的惟一一本。"浙江工商大学日本语言文化学院院长、博导王宝平教授在接受记者电话采访时如是评价该书的价值。

中文标注妙趣横生

"里面的标注,我是越看越有趣。"钱文华笑着告诉记者。记者看了一下,也颇有同感。比如:日语里一月到十二月的称谓,王仁乾的标注分别是孝额子、泥额子、三额子、希额子、搵额子、鹿个额子、希之额子、哈之额子、库额子、求额子、求之一额子、求泥额子,让人忍俊不禁。"我找了好多日语专家,他们都说,这本书上的标注和日语里的真正发音很对得上号。"钱文华笑着说。

(本文原载《宁波晚报》2010年7月1日)

最早的日语学习工具书《无师自通东语录》

谢振声

近承唐弢学校谢永刚老师相助,得以见到最早的日语学习工具书——《无师自通东语录》。浙江工商大学日本语言文化学院院长王宝平教授评价此书:"这是我国目前发现的最早的日语学习工具书,而且这种类型也是我见过的惟一一本。"

《无师自通东语录》是王仁乾先生自己创作的学日语工具书。作者王仁乾(1839—1911)是慈城镇黄山村人,字健君,号惕斋,出身书香门第。1870年,王仁乾赴日本经商,是当时仅有的被日本政府允许住在外国人居住地的13个中国人之一。后在日本创办"凌云阁",主要经营汉文书籍、文房四宝、古玩、字画、丝绸等中国产品。王仁乾先生虽说是一个旧学知识分子,据家谱记载:他是国学生,布政使司经历(注:正六品)。但他在日本时能及时接受新思想,认真学习劳动技能。如对印刷机械的操作,从石印机到铜板印刷逐步更新,他都能操作。从写书、编书、排字、印书、校书、发行等,他都能独力担当。王仁乾先生在日本拥有经营汉籍的商店"凌云阁",出版发行的书籍目前已发现的共有四本。一是王鸿年所著《日本陆军军制提要》,介绍日本新政,现收藏在国家图书馆。二是王鸿年所著《日本语言文字指南》,现收藏在天津图书馆。三是日本著名汉医、德川将军侍医丹波茝庭所著《诊病奇侅》,由其再传弟子松井操用了10年时间(1878-1888)译成汉文,主要是讲由中国传到日本,但在中国已经失传的"诊腹之法",浙江图书馆有藏。四是本文介绍的王仁乾自编自印的《无师自通东语录》。另据《诊病奇侅》一书中孙点君序提及,"凌云阁"还出版发行过明朝旅居日本的张燧的史学著作《千百年眼》。

王仁乾和他的族兄王治本(1836-1908)在日本期间,开创了与近代日本文人进行诗文交流的先河,慈城王氏兄弟在中日民间文化交流史上曾有过重要贡献。1877年至1881年间,王仁乾与原高崎藩藩主、酷爱诗文者大河内辉声交往甚密,曾作书赠与大河内悬于其书斋。还与宫岛诚一郎、植村慎斋、曾根俊虎、石川鸿斋等有所接触。1884 年 5 月 29 日，他与日本史学家、汉学家冈千仞（1833—1914）等从横滨出发，于 6 月 6 日抵达上海。王仁乾陪同冈千仞游览江浙两地，参观了苏州、杭州的名胜古迹，曾去绍兴兰亭和大禹陵游览，还访问了朱舜水先生故里余姚。应王惕斋的邀请，冈千仞在其慈城黄山的老家居住近半月，受到盛情款待。这位日本著名学者、维新人士在游记《观光纪游》中曾概述缘由："吾与惕斋同发横滨，瀛海湾例，食息寝处，无日不相与,遂访其家,举族欢迎如亲兄弟。此亦文字因缘，非偶然者。"

1892 年，王仁乾先生在日本不幸被马车撞倒，碾伤左臂。因延治不愈，遂失去一臂而成为重残者。故晚号独臂翁，著有《独臂翁见闻录》等。近代中国民族工业和洋务运动的开拓者与奠基人盛宣怀曾为王仁乾写过一副对联："君老游踪观变政，天留右手写新书。"联中"变政"是指 19 世纪末日本的明治维新。"新书"则指日语学习小册子和《独臂翁见闻录》等。在中日甲午战争后，王仁乾热心向国人介绍日本维新情况，向有关方面提出革新意见，并陪同访日人士参观日本现代工业生产。如近代实业家、教育家张謇（1853-1926）于 1903 年到日本观博览会，当时年长张謇 14 岁的独臂重残人王仁乾先生就给予热心照料陪同。尔后王仁乾先生还几次前往江苏南通参访张謇办的围垦企业和师范学校，帮助聘请日本教师，还带来日本专长于种植林木的技术员，解决南通垦区植树死亡问题。他还向属下（"凌云阁"店员）张伯岸提供 5000 银元的资金，协助张伯岸于 1909 年在上海创立实学通艺馆，该馆经销和部分自制现代科学仪器，对我国近代科技事业发展有过重要的推动作用。王仁乾先生一生慷慨，交友广泛，是一位爱国、爱乡，有维新思想，受人尊敬的旅日老华侨。1910 年，王仁乾先生回国定居。1911 年 3 月 24 日，这位积极推进中日友好活动的民间外交家卒于上海客次，享年 73 岁。

《无师自通东语录》共 78 页，未标明出版年份。从译收单存单文所载的一份日常送收单据："今送上□物□件到，祈检查收。此致送横滨□番□□先生照。丙戌月日□□字。"内中提到的丙戌年为清光绪十二年（1886），可知此书编写年份应在 1886 年左右。王仁乾撰写的自序全文为："余于庚午（清同治九年，1870 年）初客扶桑，旅居横滨。凡我乡人，屡谈日语，意殊简略。询之，学习甚易。后旅寓东京，与宝森罗君（注：公使馆译官）、砚池杨君同居，昕夕盘桓，始知横埠之语伪杂卑陋，不足与仕宦巨商细谈衷曲，如上海洋泾浜英语一般杜撰相半，始有望洋之叹。余久居东都，与仕宦巨贾往来，又承旧诸侯下交，执经问难，不得不重加温习文雅日语，随时将在横所学之言改之，一不谨慎，尚有撩入失礼。故辨博底细，及声音最为要着。余今将雅俗通用之语，分门别类，撰成一书，名中东通语捷径。日人亦能学我国之言。常见两国交谈,一不详细,则情多扞格,自不知觉。听者反疑有意侮弄,易成嫌隙。今余将返国,匆匆付于手民(注:指雕版排字工人),倘有舛错之处,还望世之博雅诸君指南为幸。慈溪惕斋王仁乾识。"据王勤谟先生介绍,其祖父王仁乾先生经常回国。如1884年陪同冈千仞游览江浙,再如1899年回上海时,将朝日新闻社某记者为《农学丛书》提供的译稿带给罗振玉。编印《无师自通东语录》主要是供与日本文雅人士交谈所用,出版时间是在甲午战争之前。

《无师自通东语录》凡例为:"一、下注小字译语系中州韵为准,旁注官音宜照正音而读之,有旁注土音即吾乡慈溪音也。二、首页有日本字母四十八字,亦旁注中州韵,使学者便于醒目。三、日本譬如一桥字,译音"哈希"。上有桥名,如日本桥,译读"尼夯牌希"。如一原字,有数种读法不同,观此字用在何文上。如松原,译语"埋之秩辣";吉原,"尤希划辣";安原,"也司额辣"。四、凡学语,宜随时细心听文雅人聚谈。日语最多助字之言,如作文用之乎者也等字。用之不当,则听者不解,反而生厌。五、此书虽有译语,下注颇详,不过略作规范;兼之,各方语音大同小异,尚需如学昆曲,非口传不可。有了此书,执之,可问日人,易得口授。日国语亦各不同。以东都之语音,其全国士大夫文人皆知可达耳。惕斋又志。"书中收录有和字音译:"衣路哈泥虾海拖气利奴鲁倭怀卡摇太立速子南那癞魔乌伊诺哑库夜(土音)埋开府哭爱台矮晒煞气油煤迷戏爱希木息(土音)治爱(吴鼻音)。"另收有五十音(五字一句,供练学倭音用):"矮衣乌爱哑,卡气库开哭,煞戏司息速,太既子铁托,那泥奴南诺,哈希府海虾,埋泥魔美木,夜(土音)衣油爱摇,癞利鲁立罗,怀衣乌爱哑爱(吴鼻音)。"这本薄薄的小册子分门别类,总共介绍了各国镇头门(国名和城市名)、天文门、地理门、时令门、君臣门、人伦门、师友门、工匠门、官署门、星宇门、账房门、船车门、军器门、器皿门、厨房门、衣服门、五谷门、食用门、医道门、身体门、禽兽门、秤尺什件门、进口门、出口货门、一字门、二字门、三字门、四字门、长句门(包括初会应对)、雅号门、译收单存单文、字门、等类的常用词汇和语句,总共有日常用语781个、日常字句479句,在文后还附有日常送收单据4份。《无师自通东语录》一书用普通话和宁波话对常用的日语词汇和句子一一进行注音,其标注相当有趣且能与日语里的发音对上号。如对美国、英国、法国、俄国、德国和缅甸6个国家,王仁乾先生的标注分别为矮美立革、英国库、夫懒司、而罗削、段亦之和八路美路。东京、横滨、神户、长崎、上海和宁波6个城市的标注则为拖交、摇架亨麦、可倍、乃额山既、局开和南哈。日语中1月到12月的称谓是孝额子、泥额子、三额子、希额子、揾额子、鹿个额子、希之额子、哈之额子、库额子、求额子、求之一额子、求泥额子。母亲、弟弟、妹妹、儿子、商人和医生分别称呼为哈云（卡山）、倭多多、衣木笃、魔司俗、矮金堂和衣削。

要实现现代化就必须和世界建立广泛的联系。语言是人类进行信息沟通和进步的工具，当人类的交往越来越频繁时，不同民族之间丰富多彩的语言一定程度上变成了信息沟通的瓶颈，使语言的交流一直成为世界性的问题。王仁乾先生创作的学日语工具书——《无师自通东语录》，简明扼要，实用性强，诚如书名所云，仔细阅读该书并反复练习，确能无师自通。1902年10月5日，"凌云阁"又出版发行了王鸿年所著的《日本语言文字指南》。这两本书给国人自学日语带来不少便利，为中国去日本人士更好地趋新学发挥了有益的作用。诚如王鸿年在《日本语言文字指南》自序中所说："日本三十年来锐意图治，国民之精神争相磨激。凡世界上各种学问，无不发于著述，列之教科，进步之速，灼可衡鉴。甲午以后，吾国人士争慕东学，孜孜讲求，乃读其书。则字体错杂，文辞颠倒，学者苦之，于是又有望洋而叹之。感此，无他，不知其文法，故不解其趣旨……余于暇时，译录其文法要义数十百则，更附以东语，积而成帙，名曰《日本语言文字指南》。"王仁乾在《日本语言文字指南》序中亦谈及："近来中东文士，日趋新学，译书纷出，洵足为启发文明之助。其中能审音酌义，不失本旨者，固属译家高手。然亦有一知半解，或言之而未达，或释之而转讹，其贻患后学，害亦非浅。余深忧之。因与王茂才伟瑶博搜东书，揽各原委，究古今，辨雅俗，正讹匡谬，为《日本言语文字指南》一书。书成，复就东邦文士较正得失。则佥曰，字适义当，译学之善本也。"

1894年夏，中日甲午战争的惨败，次年丧权辱国的《马关条约》的签订，使中国朝野无不为之震撼。"同文同种"的昔日学生，何以变得如此强大？成为当时中国知识界、工商界和官僚层都急于探究的问题。而理智的觉醒和反应就是应向日本学习，发愤图强，振兴中华。基于日文中大量使用汉字，不少人认为日语相对较易学，且中日一衣带水，留学费用少。故在当年人们把留学日本看做是一种爱祖国、求新知的新时尚。《清代留学运动史》一书曾提及：中国留日学生1901年共有280名，1902年9月为614名，1903年11月是1242名，到1904年11月统计，共有2557名。据《清国留学生会馆第三次报告》等浙江留日学生调查录记载，自癸卯（1903）三月至甲辰（1904）十月，现宁波大市范围内的留日学生就有50人。留日潮的兴起，源于国人对祖国危亡的深刻认识和拯救中华民族的强烈责任感；留日潮的兴起，沟通了中外文化，介绍了欧美、日本的许多新思想、新文化，特别对辛亥革命贡献颇多。王仁乾自编自印的《无师自通东语录》和出版发行的《日本语言文字指南》，有助于国人自学日语，极大地方便了初到日本的留学生和商人等，对促进中日民间的文化交流和经贸活动有过重要贡献。

  1860年，为了帮助宁波人学习英语，以便更好地开展对外贸易，慈城的冯泽夫先生联络几位粗通英语会话的宁波商人合作编写了《英话注解》，预告了著名的洋泾浜英语的诞生。1886年左右，慈城的王仁乾先生独立创作了《无师自通东语录》。用中国话注英语和注日语，反映了中国人早期学外语的情况，是中国人学外语的一个历史阶段。在这个历史过程中，冯泽夫、王仁乾等慈城籍人士勇于创新，敢为人先，作出了创造性的贡献，这是令人称道的。

参考文献

[1] 吕顺长《慈城王氏兄弟与日本文人》，《古镇慈城》第11期，47-53页，2004年1月。

[2] 王勤谟《慈城黄山村王氏兄弟在1870年后进行的中日民间交流》，《古镇慈城》第37期，9-28页，2009年3月。

[3] 王勤谟《关于〈嘲王惕斋〉》，《鲁迅研究月刊》2010年第02期。

[4] 董守义《清代留学运动史》，第87-225页，辽宁人民出版社1985年版。

[5] 沈殿成主编《中国人留学日本百年史》（上册），第185-212页，辽宁教育出版社1997年版。

[6] 浙江省辛亥革命史研究会、省图书馆编《辛亥革命浙江史料选辑》，40-94页，浙江人民出版社，1981年版。

（作者工作单位为宁波市江北区政协。原文登于《江北史志》2001年第1期）

《诊病奇侅》的发现

王勤谟

最近，家乡（宁波市江北区慈城镇）地方文史专家钱文华告诉我，他在浙江图书馆发现有我祖父王仁乾（惕斋）1888年在日本出版发行的一本中医书——《诊病奇侅》（"奇侅，非常也"，侅音该）。我不是学医的，更不懂中医，但看了该书的4篇叙（序）和王仁乾的跋后感到这本书介绍的诊病方法——诊腹，是否可以研究一下，作为挖掘中医传统的一个内容。因此写了此文作一介绍。

这些序和跋介绍的主要内容是："今中土诊病之法，唯于两手项寸关尺，求之舍此，则望闻问切其近者也，余尝致力于医，因亦斤斤于寸关尺，参其消息，然不敢谓诊病之法，遂尽于此也，去年冬随轺东渡，见日医诊病人之腹……"（廖宗诚叙）

"顷随槎东渡，时与浅田栖园、远田澄庵、永阪石埭诸君子觞咏往还。三君医学或汉或西，然皆绝有体会。佥言日东诊腹之法为最有把握。"（孙点叙）

"外感诊脉，内伤则诊腹。其法：诊时仰卧；不得，则左卧；又不得，则右卧。先胸，次胃经，次任脉，次脾经天枢，次脐下，次诸空所则腹四隅骨际，此其定位也。"（傅云龙叙）

"诊腹之法，传系内经刺禁论及难经中所载，中土早已失传。日本医学向习仲景遗法，故称汉医。各有师传，恪守秘本，然不轻示人，虑夺其利也。"（王仁乾跋）

这本《诊病奇侅》是日本著名汉医、德川将军侍医丹波茝庭（1755-1810）所著，由其再传弟子松井操用了10年时间（1878-1888）译成汉文，由王惕斋出版发行。王惕斋当时在日本东京开了一家经营汉文书籍、文具、中药材等的商店——凌云阁。

下面，我再介绍当时中日文人间有关中医问题的一段争论。

1884年，日本精通汉学和西学的著名学者，著名维新人士冈千仞到中国游历，历时320天，历程近万里。会见中国官员、文人近200名。见过李鸿章、盛宣怀等达官贵人，俞樾、李慈铭、汪士铎、王韬等名流学者。期间，受同船回国的王惕斋的邀请，在王家住了半个月（7月18日至8月1日）。其用汉文写的《观光纪游》已于2009年由中华书局出版。

他在7月18日日记中记："吾与惕斋同发横滨，瀛海万里。食息寝处，无日不相与，遂访其家。举族欢迎，如亲兄弟。此亦文字因缘，非偶然者。砚云，举人，有才学，笔谈致晡。"

7月23日日记："梦香、竹孙来访，砚云、致和设飨。梦香盛称多纪氏医书。余曰：'敝邦西洋医学盛开，无复手多纪氏书者。故贩原版上海书肆，无用陈余之刍狗也。'曰：'多纪氏书，发仲景氏微旨，他年日人必悔此事。'曰：'敝邦医术大开，译书续出，十年之后，中人争购敝邦译书，亦不可知。'梦香默然。余因以为合信氏医书，刻于宁波，宁波距此咫尺，而梦香满口称多纪氏，无一语及合信氏者，何故也？"

多纪氏即上面提到的丹波氏，"著有《医賸》三卷、《伤寒论辑义》七卷、《类聚方要补》十卷、《素问识医方挈领》诸书，而是书未见刊本"（傅云龙序）。也就是梦香所称"多纪氏医书"，尚未包括1888年出版的《诊病奇侅》。"合信氏医书"指的是一个英国人所著的西医书。1884年日本维新人士冈千仞与当时以梦香为代表的中国传统士大夫之争，标志着当时学习西学者以西医为先进，以固守中医为落后。从我亲身经历来看，中国也是如此。

我1929年出生在黄山村，有病看的是中医。这位中医大夫是我族人。他在宁波著名的、由王氏族人在1760年创办的中药店——寿全斋工作中自学成医，年老后回到家乡，义务为族人看病。

在这里，附带说一下，黄山村离慈城镇约5公里。慈城镇是原慈溪县县治所在地。老慈溪县是一个小县，但产生两种人：文人和商人。文人方面出过5名状元，519名进士。商业方面之一就是从事中药业，北京同仁堂、天津达仁堂、上海童涵春堂、上海与宁波冯存仁堂、杭州叶种德堂、广州与香港敬修堂等著名的中药店都是慈溪人创办的。

再回到中医问题。1941年，我去上海念中学，和我的义祖父（我祖父在日本经商时的属下）住在一起。由一个同是宁波人、从日本学医回来的私人医生为我们看病。这个医生就是在1928年带头向民国政府提出"废止中医案"的鼎鼎大名的余云岫（1879-1954）。他不但精于西医，而且对中医药也有很深的造诣。他研制的很多新药中就含有中药成分，疗效很高。当时，我就看了他写的反对中医的书。新中国成立后，他参加了第一次全国科学大会。由于这次大会是在清华大学大礼堂召开的，当时我在清华大学上学，最后见了他一次。这是中国第一代学习西学的知识分子对中医的态度，又比

1884年冈千仞更加偏激了，不是进步与落后的问题，而是要消灭了。

我认为中医的命运是和国家的命运联系在一起的。正如晚清状元、中国近代实业家、教育家、孙中山任总统时的实业总长张謇，他在1903年去日本考察时（闰五月二十二日）日记中所说："闻惕斋言，方其农学初兴，购用《农政全书》甚多。特今日言农学者喜张欧美耳。国势弱则前古人与后来人并受其累，亦至言也。"这句话反过来说，也就是，国势强，则古人（包括中医）与后来人并受其惠。因此，我们有理由期待中医必然会随着中国的复兴而复兴。

关于《嘲王惕斋》

王勤谟

一、引　言

　　1884 年，日本著名学者、维新人士宫城县冈千仞在访华期间，应王惕斋的邀请，在其家住了半个月。当时，王惕斋还有 3 个族兄弟旅居日本，日本一家报纸刊文称："三氏于东京常与文墨诸大家共游，诗文书画均称绝妙，为清客之中屈指可数者。"其中在《仙台人名辞书》"王治本"的条目中的介绍是："王治本，清国儒者，号黍园与梦蝶道人，清国浙东学士，以博学能文闻名国中。明治十年顷东游，遂住东京，当时的文人儒士，仰之如泰斗。"他们也与冈千仞相熟。冈千仞在王惕斋家居住时也访问了王治本的家。

　　宫城县日中友好协会打听王惕斋的家在中国何地，用了 4 年时间，才于 2008 年打听到在宁波市慈城镇黄山村。于是以该会会长、东北大学名誉教授、理学博士江幡武为首组成友好访华团在该年 10 月 9 日访问黄山村王惕斋、王治本等人的故居和后人。2009 年 9 月 19 日，江幡武再次率团访问黄山村。由于这是第二次访问，江幡武是物理学教授，成员中又有宫城教育大学校长助理、教授岛森哲男等人，因此在北京的王氏族人，王惕斋的孙子王勤谟、原北京大学常务副校长、物理学教授王义道去宁波接待日本友人。由于仙台在宫城县，也是鲁迅在日本就读的仙台医学专门学校所在地，日本友人送给王勤谟等人的礼物中就有鲁迅先生在仙台的 8 张照片。

　　11 月 15 日，江幡武先生自日本写信给我，提到"最近中华书局出版了他的日记，冈先生不是完全被遗忘的人"。我立即将 2009 年 5 月中华书局出版的冈千仞用汉文在访华期间写的《观光纪游》寄给他一本。同时，有人告诉我还有一本提到王惕斋的书，这就是上海科学技术文献出版社 2008 年 1 月出版的《鲁迅诗歌散文杂文鉴赏》。在这一本书的《诗歌》部分有一篇《嘲王惕斋》，正文内容只有两句："钦差唤过王爷叫，忙煞新桥独臂翁。"

　　《嘲王惕斋》，如该书所言，摘自沈飏民《回忆鲁迅早年在宏文学院的片断》一文。该文发表在 1961 年 9 月 23 日《文汇报》上，我当时就看到了这篇文章。后来该文收录在上海文艺出版社 1978 年 1 月出版的，有宋庆龄、周建人、茅盾等人撰写文章的《鲁迅回忆录》（一集）中，我也看到了。现在又在《鲁迅诗歌散文杂文鉴赏》刊登出来，可见有关人士对虽然只有两句的鲁迅诗文，还是很重视的，并在鉴赏部分作了评析。

鉴赏部分的评析是：王惕斋"人极顽固，竭力反对革命"；"喜交结官场，凡清朝官吏到日本时，他必欢迎欢送。钦差指那桐，王爷指载振"。那桐和载振"于1903年3—5月去日本大阪参观博览会"。"'唤'、'叫'两字将主子的威风状，'忙煞'一词将奴仆的献媚状描绘出来，从而达到嘲讽的目的"。我作为王惕斋的孙子，看了后，认为《嘲王惕斋》，特别是后面的鉴赏部分都存在片面性。《嘲王惕斋》的片面性，表现为对王惕斋在日本，作为一个在1870年左右去的旅日老华侨，在1900年前后欢迎欢送清朝去日本访问人士的接待"面"上；而鉴赏部分的片面性，则表现在对清末时期的国人用"顽固"和"革命"这样两分法的划分问题上。

二、王惕斋简介

王惕斋，原宁波府慈溪县黄山村人。家谱记载："讳仁乾，字健君，号惕斋，晚号独臂翁。国学生，布政使司经历（注：正六品）。清道光十九年己亥九月初七日丑时生，宣统三年辛亥三月二十四日亥时卒于上海客次，寿七十三。"1992年，我父亲去世后留给我仅有的一张王惕斋的照片中，在其背面写了以下几个字："1870—1871年东渡，1910年回国，旅日华侨的老前辈。"

王惕斋为何晚号独臂翁？是由于1892年时遭日本华族马车撞倒，碾伤左臂，延治不愈，失一臂成为重残者。王惕斋在失去一臂的同时还失去家庭，日籍夫人携一子一女离去。截臂浸药水中，归国时携回，1911年过世时随葬。因伤臂两次与日华族诉讼。此事在盛宣怀（1902年任清朝工部左侍郎、会办商约大臣，1910年任邮传部尚书）的《东游日记》中曾有记载。录于下：

"华商王惕斋过访。……见其短一左臂。询其故。云：前十六年，乘人力车，为贵族马车撞倒碾伤。延辩护士讼诉。庭判，谓：咎不在马车。遍访外科，均不肯言。旋访一新到德国医生，求其指教。曰：若非马车数百斤压力，何能使伤骨粉碎。现惟有将臂截去。乃熟记此言。复讼。被告谓：已领伤费，情同讹诈。余讼曰：从前只望医愈，现截臂成废，须偿我一生养费。被告词屈。遂判定：右手无恙，但做事须请一帮手。议贴每年薪费洋六百圆。以十二年为度，共得七千二百圆。区区钱财不足言，惟讼胜贵族，差可自豪。"

王惕斋在日本进行的中日交流活动大致可以分为甲午战争前后两个阶段。

三、甲午战争前

《浙江方志》2002年第3期登了一篇由浙江大学日本文化研究所副教授吕顺长写的《慈溪王氏兄弟与日本文人》文章中（以下简称吕文）说，王惕斋"明治10年末，已在浅草黑船町拥有自己经营的商店'凌云阁'，翌年初商店迁往筑地人船町。主要经营书店，专售汉籍和文具。""王仁乾虽以商人的身份旅居日本，但他出身于富户，自幼受到良好的教育。于诗文书画具有一定的素养，加之他在日本的商业内容是经营汉籍，从而决定了他势必与日本的文人学者尤其是汉学家产生种种交往。……1877年到1881年，与原高崎藩藩主、酷爱诗文者大河内辉声交往甚密，曾作书赠与大河内悬于其书斋。此间，与宫岛诚一郎、植村慎斋、曾根俊虎、石川鸿斋等人均有所接触。"他依日本社会需要出售中文书籍，从中了解到日本社会的变化。张謇1903年日记中说，"闻惕斋言，方其农学初兴，购用《农政全书》甚多。特今日言农学者喜张欧美耳。国势弱则前古人与后来人并受其累。亦至言也。"

甲午战争前王惕斋在中日文化交流中另一项重要活动是，在1884年邀请日本著名学者冈千仞访问他的家乡——宁波府慈溪县黄山村。

冈千仞（1833-1914），号鹿门，仙台藩士、汉学家、诗人、作家、旅行家，是日本维新人士。历任文部省出仕、教职及修史馆员、图书馆馆长等职。48岁辞官后，专心从事教育、游历、撰写著作。前后有弟子3000人，著述达300余卷。为褒奖他在维新时期的胆识和功绩，时为皇太子的大正天皇召见过他。临终前被授予从五位的叙位。冈千仞于1884年5月29日从横滨乘船出发来中国。6月15日上海《申报》以《文士来游》为题报道冈千仞"前日至沪，行箧中有书数百卷，诸友荐引笔札数十函，此固日本名流中之侨侨者也"。冈千仞在中国访问行程近万里，历时320日，会见中国官员、文人近200名。见过李鸿章、盛宣怀等达官贵人，俞樾、李慈铭、汪士铎、王韬等名流学者。交往时大多用笔谈，有时亦由陪同的王惕斋口译。交流内容涉及政治、经济、文化、学术等各个方面。冈千仞为人豪爽，往往直言不讳，畅抒其见，甚至有时与对方展开激烈辩论。冈千仞在访问期间，"有所闻见，必手记"。这些日记总题名为《观光纪游》。由于在慈溪还受到同船回国的旅日华侨王惕斋邀请及其家族的盛情款待，住了半个月，"此亦文字因缘，非偶然者"。从而在日记中记录了当时在黄山村中日民间文人交流的情况。

《观光纪游》出版的整理者张明杰在正文前的《冈千仞游华及其所作游记》文中说："冈千仞始终以严厉的目光来审视当时的中国，对晚清社会的种种弊端痛加抨击。他把中国社会与经济落后的原因归结为'烟毒'和'经毒'，认为'目前中土非一扫烟毒与六经毒则不可为也'。同时批判官绅及知识阶层守旧自封，不达外情，敦促士人讲格致实学，用心外事，变法自强。平心而论，他的这些批评或主张在当时是很对症的，也很有积极意义。"冈千仞的这些看法主要就来自和王氏族人中的官绅人士的接触和思想交流中。

四、甲午战争后

明治维新后，汉学在日本开始衰微。日本倚靠学习西学，在甲午战争中战胜了当时不学西学的清朝，从而给清朝有识之士以很大的震动，并纷纷东渡日本，寻求维新之道，或通过日本学习西学。鲁迅也是在这样一个背景下去日本留学的。在这一历史潮流下，王惕斋还是以积极的姿态，以一个老华侨的身份，成为清朝在日本的"民间外交活动家"。具体表现在以下5个方面：

介绍日本明治维新，提出改良时政建议。

盛宣怀在《东游日记》中写道："渠言，到日本时，尚在明治初年。已阅四十载。维新一切情形均其目赌。……惕斋虽久居海外，不忘祖国，曾有条陈当道改良时政书及时弊琐言。余赠以联句云：君老游踪观变政；天留右手写新书。颇觉切合。"我的父亲也在1989年2月20日写信告我："你祖父死于1911年。家里原有《独臂翁见闻录》许多本，以及他撰写的日语学习小册子和改良时政书等。现在一本也不剩了。……黄山家中原有盛宣怀写对联'君老游踪观变政；天留右手写新书'。盛做邮电大臣时，你祖父一再上条陈，怎样办邮局。"吕文中也记有："在汪康年归国后，王惕斋屡次致信将自己在日本所了解到的情况告诉给他，并表示自己本为'海外一残废商人，本不要预闻国事'，只因汪康年所办之报力倡时务，才'将素所闷郁所见闻之实事详告，以备贵报择登之。'吴荫培（注：1890年探花及第，授职翰林院编修。历任京兆试、礼部试、福建乡试考官。自费考察，回国后，创办女子师范幼稚园、水产农林讲习所等）在他的游记中，也有'惕斋遨游东国已数十年，熟悉商情，洞察时务，人都会有建白，为当轴者所知，其言可采用也'的记载。这些都说明王惕斋虽仅为一旅日商人，但在为商和与日人广为接触的同时，始终关心国内时务。"

重视研究日文，发行介绍日本新政书籍。

王惕斋在日本拥有经营汉籍等的商店"凌云阁"，也发行书籍。已发现的有两本，都为王鸿年所著。一是收藏在国家图书馆的《日本陆军军制提要》，这是一本介绍日本新政的书。另一本是收藏在天津图书馆的《日本语言文字指南》。在这本书中有王惕斋的序和王鸿年的自序。这两篇序言都提及出版该书的目的是促进正确翻译日本的书，并通过翻译日本的书，学习西学。如王鸿年自序中所说："日本三十年来锐意图治，国民之精神争相磨激。凡世界上各种学问,无不发于著述,列之教科,进步之速,灼可衡鉴。甲午以后,吾国人士争慕东学,孜孜讲求,乃读其书。则字体错杂,文辞颠倒,学者苦之,于是又有望洋而叹之。感此,无他,不知其文法,故不解其趣旨……余于暇时,译录其文法要义数十百则,更附以东语,积而成帙,名曰《日本语言文字指南》。"王惕斋在序中表示了同样的意思,而且强调:"近来中东文士,日趋新学,译书纷出,洵足为启发文明之助。其中能审音酌义,不失本旨者,固属译家高手。然亦有一知半解,或言之而未达,或释之而转讹,其贻患后学,害亦非浅。余深忧之。因与王茂才伟璠博搜东书,揽各原委,究古今,辨雅俗,正讹匡谬,为《日本言语文字指南》一书。书成,复就东邦文士较正得失。则佥曰,字适义当,译学之善本也。乃付手民,排印成册。"此外,如我父亲信中所说,王惕斋本人也撰写过日语学习小册子。

接待清朝政府来日考察官员。

吕文中记载:"他频频出入中国驻日使馆,与何如璋等驻日公使和公使馆员都有较深的接触。"王惕斋接待清政府官员的工作,有时是这些官员主动约请的,有时则由日本政府委托办理。前者如缪荃孙在《日本考察学务游记》中记载:"光绪癸卯正月江南高等学堂总教习江阴缪小珊(荃孙)提调南陵徐积馀(乃昌)奉署两江总督张公咨赴日本考察学校。……发东京王惕斋(仁乾)信。访去岁延聘东文教习白河次郎寓所约同赴东京。……抵东京新桥车栈。王君惕斋来迎偕赴京桥区木挽町厚生馆。"后者如吕文记载:"1898年,湖北留学生监督张听帆等赴日,贵族院议长近卫公爵等设宴欢迎,请王代为邀请。除考察团主要成员外,驻日公使李盛铎、日本外务省和陆海军两省官员等数十人出席。王仁乾也列其中。"

接待和帮助中国民间赴日考察人士。

吕文中记载:"当时中国赴日考察者中,如汪康年(1898)、罗振玉(1901)、缪荃孙(1903)、张謇(1903)、胡景桂(1903)、吴荫培(1906)等,在日期间均与王惕斋有过接触,并得到他的照顾。"此外,那时在上海的实业家,去过日本的也都和他有来往,像创办大丰公司的林涤庵,大中华火柴厂的刘鸿生,天原、天厨、天利的吴蕴初等。

《嘲王惕斋》中嘲弄的是王惕斋欢迎欢送钦差和王爷的情况,因此,了解一下王惕斋接待和照料清朝民间赴日考察人士的情况,可以使我们更为全面地认知王惕斋。现按时间顺序举4例于下:

一是1880年接待李筱圃。李曾任江西吉安府同知,自费去日本观光。下面是李的《日本纪游》中所记:"十六日,王惕斋、冯蓉塘来,皆浙宁人,在此贸易者。""十七日,王惕斋来。言:伊有族兄王黎园,现馆废藩源辉声(注:

即上面提到的大河内辉声)家,专论诗文,闲暇无事,可以伴游,已与言过,嘱渠今日来拜也。余……先往拜之,故侯源辉声亦出见。""十九日,午后,与王惕斋、冯蓉塘同至王子山,看机器纺纱。""二十日,王惕斋、冯蓉塘来,约至西洋酒楼午餐后,同至三田林姓家看机器造纸,并观其家藏字画、金石之类。""三十日,叶玉奎回横滨去,以王惕斋侄王履安来供应一切。""五月初二日。……(由横滨)启程回华。申刻王惕斋自东京来,与袁镜南同送登舟。"

二是1898年接待汪康年。吕文记载:"1898年1月,汪康年赴日考察报务。王得知后,通过蒋黼建议汪康年'岸田吟香,前在沪开药善堂者,居东京银座二丁目,如暇,可访之,文雅之士;文人龟谷省轩、岛田重礼、重野安绎皆有名人,亦可访之,其所居可询之岸田氏。'同时推荐'公使馆译官罗宝森、卢子铭二人甚正派,可托为舌人(注:翻译)'。"

三是1903年接待张謇。《张謇日记》中记载与王惕斋接触频繁,摘其要如下:"(1903年5月)24日 甬人张伯岩(注:应为岸)、黄桂芬以王惕斋所属来为照料""(闰5月)20日 惕斋同往访长冈子爵、岸田吟香、永阪周二,三君皆喜接待华人。""24日 诣惕斋考制盐事。"7月11日返沪后,"13日复惕斋,归其垫款。"

四是1906年接待吴荫圃。吴的《岳云庵扶桑游记》记:"七月初九日。晨,徐子山、慈溪王惕斋仁乾、同县潘子欣,志禧来。""二十七日。……至京桥区西绀屋町王惕斋家清谈。""(八月)十六日。……晚往王惕斋处夜,高进斋、蓝公武、张芝生、袁俶畲诸人至。""(九月)十五日。晨起赴新桥停车场。匆匆即发,送行者多不及晤。王惕斋候于车站,潘子欣来送余,同上汽车,握别殷勤意尤可感。……入夜抵名古屋。"

推动中日文化交流。

吕文中介绍了两个例子:"1899年,友人松本正纯、吾妻兵治二人译成中文书籍《大日本维新史》、《日本警察新法》、《战法学》、《国家学》诸书,王介绍他们携带前往上海销售,并请汪康年协助。""1899年,介绍朝日新闻社某记者为罗振玉所编的《农学丛书》提供译稿,并在回上海时将译稿带给罗振玉。"罗振玉《辞海》介绍:"曾收集和整理甲骨、铜器、简牍、明器佚书等考古资料,均有专集刊行,流传较广者有《殷墟书契》和《三代吉金文存》等。"

五、评《嘲王惕斋》

作了上面的介绍后,下面就阐述一下我对《嘲王惕斋》有两个片面性的具体看法。

《嘲王惕斋》的片面性在于,他只看到王惕斋忙于接待钦差和王爷,忙于接待清朝官员,没有看到王惕斋还忙于接待日本友人,忙于接待清朝访日的民间人士。而这些民间人士,有来自国内不同地区的不同类型的人物:学者、企业家、媒体人士等等。接待的内容是介绍情况、陪同参观、谈论时政、交流文化、增进中日政府之间和民间人士之间的友谊等等,不是奴仆式的献媚,而是使人感到的是一种"厚谊"和"意尤可感"。在接待上,在欢迎欢送上,使人感到的是一种"照料",不但自己在东京照料来自祖国的访日者,而当这些访日者去日本其他地方时,还让在这些地方的侄子、友人照料;不但照料,而且在他们资金周转不开的时候,还垫钱给他们,使他们完成访日任务。而且,当时我国不同地区的访日人士到日本拜会王惕斋并请他做不同程度的帮助,也说明王惕斋在当时中日两国的社会上有一定的名望和周转能力。而王惕斋这样做,显然,既不是为了赚钱,也不是为了做官,而是表现了一个在1870年左右旅日老华侨的竭尽乡谊之情、增进中日友好之情、开展中日文化交流之情。应该说这是一种古道热肠,难能可贵,是不应该受到谴责的。我想我国现在朝野人士去国外访问,在受到当地华侨热烈欢迎欢送时,也是决不能说这些华侨是在献媚,并加以嘲讽的。

  鉴赏部分的片面性,则表现在对清朝晚年对国人的"顽固"和"革命"的两分法的划分问题上。《嘲王惕斋》这两句佚诗,写于1903年,如果确为鲁迅所写,当时鲁迅是22岁,王惕斋是65岁,又适逢中国时局大变动时期,两人之间存在代沟自不待言。但是,我们需要看到的是,孙中山在1894年还亲自到天津向李鸿章上书,追求的还是在体制内革新,只是在被拒后才走上排满革命的道路。而引发当时在日本留学生中排满革命激情的邹容所写的《革命军》一书是在1903年出版的,而作为革命司令部的中国同盟会还是在这以后两年,即1905年8月在日本东京成立的。鲁迅抛弃医学,转向提倡文艺运动的想法,也是在1905年下半年看到日本人杀中国人的场景之后。而鲁迅真正在文学上走上革命之路也是在1918年在《新青年》上发表《狂人日记》之后。因此,在1903年就要求王惕斋走排满革命的道路,是不切实际的。从上面所说中可以看到,甲午战争后,王惕斋从事的活动是:向国人介绍日本维新情况,向有关方面提出革新意见,陪同访日人士参观日本现代工业生产等。还可以举一个例子,就是王惕斋还向属下张伯岸提供5000银元的资金,协助他于1909年在上海创立并直到新中国成立前都是有名的、经销和部分自制现代科学仪器的"实学通艺馆"。无疑,在当时是一个接受和倡导新事物的体制内的革新派。这对一个年过60岁而又是一个残疾的商人来说,也是不容易了。同时,我们还需看到,每一个人在社会中的活动是多种多样的,对大多数人来说,只要爱国,只要做有益于社会的事就好,不能用"顽固"和"革命"这样一个两分法的政治标准来划分人。也就是说，在1903年，维新是新事物，革命尚未露出水面。既然维新是新事物，支持维新，何来"人极顽固"？既然革命尚未开始，又何来"竭力反对革命"？用这样一个标准来划分当时的中国人，打击面就太大了，可以说"洪洞县内没有好人了"。沈飞民是在1961年用这个标准对王惕斋下断语的，有当时的时代烙印，估计他也不了解王惕斋更多的情况。但现在应该改过来了。

总之，我们认为，王惕斋一生慷慨，交友广泛，在当时是一个爱国、爱乡、有维新思想因而受人尊敬的旅日老华侨，是一个名副其实的在当时推进中日友好活动的民间外交家。正因为如此，才有日本宫城县日中友好协会在2008年和2009年两次组团访问王惕斋等人的故居，赓续130多年前它们开始的中日友好活动。"人极顽固，竭力反对革命"，"对清朝官员是一种奴仆式的献媚"等评语是不合适的。

还需要指出的一点是，根据王惕斋曾外孙女王浩平的多方面的查证，沈飞民《回忆鲁迅早年在宏文学院的片断》一文所说的鲁迅嘲王惕斋的两句诗，并没有一手资料证明，也没有任何旁证，因此没有被录入《鲁迅全集》中。此外，那桐和载振是在1903年3月至5月去日本大阪参观博览会、造币局水源局等。张謇日记中也有记载。张謇访日的行程是4月26日离沪，6月6日返回，中有闰五月，一共70天。分为两段，前一段由其他人陪同，后一段，也就是5月24日后由王惕斋陪同，一共70天。他也参观了大阪博览会、造币局、水源局。时间是在前一段，并在那、载两人参观后两天。张在日记中还记下了那、载参观后题字中出现的误字、漏字。这可以说明王惕斋当时不在这些地方，没有接待过此两官员。当然更重要的是《那桐日记》中也没有提到王惕斋去迎送的事。这样，就涉及《嘲王惕斋》诗的内容，甚至鲁迅是否做过这首诗的真实性的问题，也就是并不可靠。而鉴赏中的评析更是从想当然出发的捕风捉影了。

（编者注：文中括号内的注，均为本文笔者所注。原文登于《鲁迅研究月刊》2010年2月号）

一则不实的回忆——评《嘲王惕斋》

王浩平

1961年9月23日《文汇报》刊载了沈飚民《回忆鲁迅早年在宏文学院的片断》一文,其中说鲁迅1903年写下《宝塔诗》、《嘲王惕斋》。但1961年后历次出版的《鲁迅全集》都没有收入。

沈文中说:"还有一首讽刺王惕斋的打油诗,可惜我只记得两句:'钦差唤过王爷叫,忙煞新桥独臂翁。'惕斋,是浙江慈溪人,人极顽固,竭力反对革命,住东京新桥,一臂为马车碾断,自称独臂翁。喜交接官场,凡清朝官吏到日本时,他必欢迎欢送。钦差指那桐,王爷指戴振。对这些反动人物,加以口诛笔伐,给敌人以沉重的打击。"

近几年,不少地方出版的鲁迅诗文选集中刊登了沈飚民回忆的《嘲王惕斋》两句诗。

但这是一则不实的回忆。

一、王惕斋是一个有维新思想的爱国华侨

王惕斋生于1839年,宁波府慈溪县黄山村人。幼年时受过中国传统文化教育,青年时遇国家战乱,他弃科举之路,在31岁时(1870),东渡日本。1877年前已在东京拥有经营汉籍为主的商店"凌云阁"。71岁(1910)返国,住在福州路客栈,于1911年3月去世,当时民国尚没成立。

王惕斋在日本"交接官场"是在1877年12月清朝首任驻日公使到日本后开始的,为公使馆及其家属找官邸和住宅。日本学者实藤惠秀所辑《大河内文书》一书记载了此事:

辉声(即大河内,原高崎藩藩主):官邸设在哪儿,确定了吗?

琴仙(公使馆随员):今天去看看,还没定下来。

辉声:他们去哪里看?

琴仙:去哪儿我也不知道,昨天是惕斋带着去的。

如此看来,公使馆的寻址,真是非常地花时间和精力。

从现在看到的清朝人去日本的日记中的记载来看,王惕斋接待过的清朝

去日本的官吏有：

1898年，考察学务的张听帆等；

1901年，考察学务的罗振玉；

1903年，考察学务的缪荃孙等；

1903年，考察学务的胡景桂。

接待考察日本维新情况的官员为何成为反动人物？

此外，还接待自费去日本考察的民间人士，如：1880年李筱圃，1898年汪康年，1903年张謇，1906年吴荫培等人。此外还有创办大丰公司的林涤庵，大中华火柴厂的刘鸿生，天原、天厨、天利的吴蕴初等上海实业家。王惕斋不仅接待而且还给予必要的照顾和帮助。如张謇在7月回到上海后，在其日记中所记："十三日，复惕斋，归其垫款。"接待祖国朝野人士访日，本是华侨应尽之义，而王惕斋又是一个难得的热心人士，这本是到现在也应该要发扬的华侨文化，绝没有道理进行任何的非议。

王惕斋不仅接待清朝去日本考察维新情况的朝野人士，还向国内介绍日本维新情况，提出自己的建议。上海图书馆编《汪康年师友书札》第一卷收有王惕斋九封信。王惕斋表示自己本为"海外一残废商人，本不要预闻国事，因见贵报馆力倡拒俄之约，为国有大益，不胜佩服，故将素所闷郁所见闻之实事详告，以备贵报择登之"。王惕斋对祖国革新强盛之心情跃跃在信中。而汪康年所办的正是鲁迅传和年谱所记的鲁迅早年阅读的新书报《时务报》。

王惕斋在日本经营的是汉文书籍的销售和出版事业，不但不是唯清朝禁令是从，而是打破清朝禁令，利用在日本的有利条件，销售、出版清朝禁锢的书籍。下面举两个和鲁迅有关的例子：

"鲁迅1905年，从仙台至东京度假，在水户下车，专程往谒明末反清爱国志士朱舜水流寓的遗迹。"许寿裳回忆，"鲁迅一向崇拜他的人格，所以亟亟乎去凭吊。"王惕斋则早在1884年就带日本文学家冈千仞到朱舜水家乡致敬，与舜水后人交流。王惕斋还将国内尚见不到的《朱舜水全集》借给办《时务报》的汪康年阅读。

1903年鲁迅留学日本时，"由于揭露清朝暴政，一度被禁毁的图书《扬州十日记》、《嘉定屠城记略》等，以及《朱舜水集》、《张苍水集》也都翻印出版了，有人还到图书馆里去抄录明末清初抗清斗争的文献，集印成册出版，输入中国，希望使忘却的旧恨复活，助革命以成功。"（鲁迅《杂忆·坟》）而王惕斋也曾在日本印行过此类书籍。如光绪十四年（1898年）出版（明）张燧撰《千百年眼》十二卷。《千百年眼》是清乾嘉时的禁书。张燧，明末人氏，前期在国内，后期到日本，这是一本考证中国历史的书，更由于撰者与清朝的不合作，被禁多年。

此外，就以沈瓞民回忆所说的，当时国人剪辫子，是一种对清的反抗来论，王惕斋也早已没有保留辫子了。王惕斋总是一袭长衫，从头发到衣服的外形来看，也说明王惕斋离清朝已很远。

综上所述，可以看到，王惕斋在1903年时，不但不是沈所说的"人极顽固，竭力反对革命"的"反动人物"，而是一个有维新思想的爱国华侨。

二、王惕斋没有欢迎欢送沈瓞民所说的钦差、王爷

1903年日本举办大阪博览会，清政府派出钦差那桐、载振贝子一同观会并觐见日皇，出使共30天。在《那桐日记》中，此段记载一日不缺。他与华侨有两次接触：初到神户时，四月初三日"乘马车至中华会馆华商公请大会，同席约四五十人，广东饮馔绝精美。饭后闲话，酉初二刻开火车，酉正抵大阪"。离开日本时，五月初一日"巳正三刻乘火车越大阪，未正抵神户，申刻赴袁子壮、麦少彭、吴锦堂之约，席设麦之花园，风景甚佳，中国饮馔亦精美。畅饮，子初散"。王惕斋是居东京的华侨，距神户有650公里，不在迎送现场。沈的言论不确。1903年还有一批中国人观会，张謇（国内兴办实业、教育等事业）是其中之一。大阪世博会邀请张观会，后期考察访问是自费。王惕斋在东京接待了张謇。《张謇日记》有八处记载同王惕斋一起访问日本学者、考察制盐设备、了解教科书、谈论"国势弱则前古人与后来人并受其累"等。王惕斋还送张謇至返国港口长崎。《张謇日记》记载了王惕斋当时所在地，也是王惕斋没有迎送那桐一事的旁证。

三、鲁迅与王惕斋的关系

鲁迅可能知道王惕斋吗？1903年鲁迅22岁，王惕斋65岁，生活在东京不同的生活圈子里，要相识，可能性不大。

但鲁迅可能间接知道王惕斋。鲁迅在王惕斋去世18年后的1929年写的《皇汉医学》一文中，所议论的是冈千仞访问中国，住王惕斋家时发生的事。鲁迅对《观光纪游》作者冈千仞的评述是："冈氏距明治维新后不久，还有改革的英气，所以他的日记里常有好意的苦言。革命的批评家或云与其看世纪末的烦琐隐晦没奈何之言，不如上观任何民族开国时文字，证以此事，是颇有一理的。"冈千仞在《观光纪游》中提到王惕斋，说："吾与惕斋同发横滨，瀛海万里，食息寝处，无日不相与，遂访其家。举族欢迎。如亲兄弟。此亦文字因缘，非偶然者。"鲁迅知道王惕斋的文字线索可能仅此而已。所了解的情况是，鲁迅所肯定的维新人士，和王惕斋是"如亲兄弟"。

综上所述，沈瓞民对王惕斋的一段回忆，是一个不实的回忆。

王惕斋交往的部分中日友人简介

王浩平

王惕斋,1839年出生,1870年东渡日本,1877年在东京开办汉籍书店"凌云阁",1910归国。在日本长达四十年的生活中,交往了很多中日友人,现在根据我所看到的资料,对以下三十三人简介如下。

一、宫岛诚一郎（1838-1911）

宫岛诚一郎,字栗香,日本米泽藩士,十三岁能作汉诗。他参与倒幕维新,曾任修史馆书记官、贵族院议员等职,对君主立宪运动问题特别关心。他参与创立兴亚会,与中国驻日外交官黎庶昌等人私交甚厚。他也是黄遵宪使日期间,最亲密的日本友人。两人有多首唱和诗作,黄遵宪还为其详细批注了《养浩堂文集》。宫岛父亲寿辰时,黄还赠七言古诗一首《寿诗赠宫岛栗香执事父母（代拟题）》。1998年社会科学文献出版社出版的《黄遵宪与宫岛诚一郎》一书,对他们的关系作了专门的介绍。其子宫岛大八,常到公使馆学习汉语,1887年到保定莲池书院及武昌两湖书院留学,1894年回日本,任教东京大学和东京外语学校。其子后创办善邻书院,教授汉语。

二、石川鸿斋（1833-1918）

石川鸿斋,又名石川英,字君华,号鸿斋、芝山外史,日本三河丰桥人。明治时期诗文家,他又攻山水画、篆刻。石川鸿斋曾设崇文馆教授汉诗汉文。他曾协助黄遵宪翻译日文书籍文献;曾作诗赞颂余姚上林湖（今慈溪）的越窑瓷器:"上林之窑盛天下,宋社已屋陶亦罢。遗珍谁得雉鸡山,久埋土中犹未化。余姚沈君藏一瓶,釉色莹澈凝貌青。相携万里来扶桑,割爱贻我何厚情。"沈君即公使馆随员沈文荧,字梅史,浙江姚江人。

石川鸿斋编写的《日本文章规范》里,有何如璋阅、沈文荧、黄锡铨、王治本合评。他被初到日本的中国公使何如璋误认为僧人,来往解嘲诗,集为《芝山一笑》出版,何如璋题书名,潘任邦插图,王治本、沈文荧、黄遵宪、廖锡恩加评语。

三、长冈护美（细川护美）（1842-1906）

长冈护美（细川护美），熊本藩主，号云海。30 岁时到美国、英国留学，历任日本驻荷兰、丹麦、比利时等国公使，日本贵族院议员、封男爵、子爵。1898 年，与近卫笃麿等人一同组织东亚同文会，任副会长。1901 年 5 月，参加南京同文书院开院式，顺道游历清国南方等地，对清国学生的教育启蒙付出许多心力。生平著作有《英文大陆纪行》《云海歌集》《云海诗抄》《南清游历随笔》等书。

四、重野安绎（1827-1910）

重野安绎，字子德，号成斋，通称厚之丞，萨摩藩士。日本近代重要文学家、史学家。初修程朱学，后攻读医学，又研究考证学。废藩后曾设私塾，历任天皇府宫内侍读、元老院议官、贵族院议员、修史馆一等编修，主编《大日本编年史》。治学严谨，对日本历史上许多事实表示怀疑，获得"抹杀博士"之绰号。还著有《支那疆域沿革图》及略说。

五、龟谷省轩（龟谷行）（1833-1913）

龟谷省轩（龟谷行），字子藏，号省轩。日本对马人。诗人，汉学家，通古注之学。倡王政复古，曾从岩仓具视治事，参与机密。又曾任大学教官。他是日本的史官，曾尝试修撰日本史志。他非常关切黄遵宪《日本国志》的撰写，在笔谈中询问"所引用之书已具否"，并主动提出若"有所知，亦应言之"。1880 年龟谷省轩与王治本等笔谈，见日本早稻田大学图书馆藏《园笔话》。

六、松元正纯

1900 年，松元正纯等在东京神田锦辉馆成立"青年同盟会"。同年 12 月，"国民同盟会"又在东京新富座举行中央大会（相对于地方大会而言），到会者有 5000 人之多，颇有一点声势。1902 年俄国从满洲撤兵，该会解散。有《国民同盟会始末》一书，上海通志社 1903 年出版了袁毓麟译本，在国内当时知识界亦有一定影响，该会不少人与孙中山关系非常密切。以后以同盟会命名的团体在国内日多，"中国学生同盟会"（邹容）、"中国教育同盟会"等各地的分会不断建立。1899 年王惕斋将他介绍给《时务报》，至沪售书。

七、吾妻兵治

"梁启超撰写《新民说》所依据的伯伦知理的国家有机体学说，其实来自吾妻兵治翻译的《国家学》、《自由书》、《国民十大元气论》。考虑到梁启超等人，当时对伯伦知理国家论的了解，不大可能是通过德文原著或英法译本，而是经阅读平田或吾妻兵治等的译本。"这是国外研究梁启超的学者提出的一种观点。说明当年吾妻兵治在日本是对德文的翻译很有影响的作者。

吾妻兵治曾表达日清提携，共振商业的必要性，与郑观应的"商战"说，两者思想相对应。

1899年王惕斋介绍他到《时务报》，至沪售书。

八、曽根俊虎（1846-1910）

曽根俊虎，号啸云。日本米泽人。曾习汉文。1871年任海军少尉。1873年随外务卿副岛种臣访问中国。《清国漫游志》、《北中国纪行》是他1874年至1876年游历上海、江苏、浙江以及中国北方沿海各省市的记录。晚年任职台湾总督府，1886年因"笔祸事件"被免职。

曽根俊虎主张泛亚主义，1880年发起创设兴亚会，任会长。得宫岛诚一郎等人之助，开办一所隶属兴亚会的学校，训练汉语人才。1886年返回到日本，于参谋本部海军部编辑课工作，后曾任职台湾总督府。曾根俊虎在《清国漫游志》、《法越交兵记》等书中，老是批评日本政府。他的"兴亚"思想总与政府气味不投，结果非但没有当上外交官，还被罢官。他在1891年退出军队，晚年从事商业，但一无所获，1910年去世。他著有《中国近世乱志》、《各炮台图》、《法越交兵记》、《俄清之将来》、《俄国暴状记》等，与黄遵宪理想颇相同。黄遵宪和他有咏和"独有兴亚一腔血，为君户户染红轮"，寄托共同振兴亚洲美好理想。

孙中山著作《建国方略·行易知难（心理建设）》第八章：有志竟成，记有"败后三日，予尚在广州城内。十余日后，乃得由间道脱险出至香港。随与郑士良、陈少白同渡日本，略住横滨。时予以返国无期，乃断发改装，重游檀岛。而士良则归国收拾余众，布置一切，以谋卷土重来。少白则独留日本，以考察东邦国情。予乃介绍之于日友菅原传，此友为往日在檀所识者。后少白由彼介绍于曾根俊虎，由俊虎而识宫崎弥藏，即宫崎寅藏之兄也。此为革命党与日本人士相交之始也。"

广州起义失败，孙中山先到日本，后赴檀香山，陈少白则留日本，在此期间，陈少白广交朋友，结识了日本志士曾根俊虎及日本友人宫崎寅藏等，并取得他们的同情和支持，后来这些日本友人还到过中国，为中国的民主革命做了不少工作。

九、岸田吟香（1833-1905）

岸田吟香，名国华，号吟香，日本冈山县津山人，明治时著名社会活动家、实业家。曾在上海经营乐善堂，销售药材，出版图书。自幼学习汉学，长于书法，工于诗画，能吟和歌又能作汉诗。思想讲究实用，性格豁达。请俞樾编日本诗文选集。他学过中医。撰写《痧症要论》、《花柳辩症要论》等小册子，通过《申报》免费向读者发放，《申报》主笔何桂笙为此作序；春节用铜版纸印月份牌通过《申报》发放，持续十几年。50岁生子，请俞樾起名，俞以"艾生"命之，并有诗"半百才闻雏凤鸣，此儿合以艾为名。请看二十余年后，争向东瀛访艾生"。他在上海生活时间长，以"玉兰吟社"，月活动一两次，读书赏画、作诗唱和、游山玩水，成为海上文人圈的核心人物；见陈祖恩著《寻访东洋人——近代上海的日本居留民》。另有王宝平写的书可以参考——《一百多年前一个日本人的手记——岸田吟香的〈吴淞日记〉》。

岸田吟香死在杭州，墓碑为杨守敬所题。日本冈山县1997年建岸田吟香纪念馆，有铜像和纪念碑。

十、冈千仞（1833-1914）

冈千仞，字振衣，号鹿门，原仙台藩士。精通汉学与西学，明治维新后，曾任修史馆编修官，东京府书籍馆干事等职。后因对藩阀专制不满而辞官办塾，名绥猷堂，前后有"弟子三千"。对当时世界局势深有认识，作有《尊攘纪事》、《米利坚志》、《法兰西志》等书，著述达三百余卷。当时驻日公使如何如璋、黎庶昌以及其他使馆成员、曾游历日本的文人王韬等均与其有密切交往。

为黄遵宪《日本杂事诗》校评诗稿，拾遗补阙。

1884年来华游历一年，行程万里，会见官员文士二百人，包括李鸿章、盛宣怀、李慈铭、俞樾、袁昶、沈曾植、龚易图等，极力主张中国变法图强。来时带有自己著作，《申报》"日东文豪某，携著书千卷，为中土山水之游"，冈千仞也说"故此游捆载各种诸书，将就正大方君子也。"遇在汉口开日文书店的三河静修，劝他游长江一线，冈千仞有意访游，立刻"因付著书数部，令为名士先容"。一路上获赠书143种，自购128种，共达1829卷。他以日记体把在华旅程写成《观光纪游》，长达六万字。

蔡元培1899年记述："阅日本国鹿门《观光纪游》，言中国当变科举，激西学，又持中国唇齿之义甚坚，皆不可易。时以烟毒、六经毒并言，其实谓八股毒耳。八股之毒，殆逾鸦片；若考据词章诸障，拔之较易，不在此例也。十年前见此书，曾痛诋之，其时正入考据障中所忌耳。"鲁迅1929年写

《皇汉医学》就是看了《观光纪游》发出的议论,"冈氏距明治维新后不久,还有改革的英气,所以他的日记里常有好意的苦言。革命底批评家或云与其看世纪末的烦琐隐晦没奈何之言,不如上观任何民族开国时文字,证以此事,是颇有一理的。"

王惕斋与他的关系,从冈千仞一则日记可看出:"四日,为先妣忌辰,请僧无适诵经,设净馔,招惕斋及二宫、平野二姓。是日扶桑舰飨在沪邦人,余以忌日不会。"他个人的极其私人性质的小型活动,只请惕斋先生一个中国人参加。

十一、大河内辉声（1848-1882）

源辉声,初名辉照,号桂阁,祖居大河内,故又称大河内辉声或源桂阁。世袭高崎藩藩主,食禄八万二千石。明治维新后的1869年,政府下令各藩奉还版籍,辉声被任命为知事,改封华族；1871年,废藩置县,高崎被并入群马县,辉声卸官归乡,以广交文士、吟诗作文自娱。喜欢与中国文人笔谈,并保存了大量笔谈记录,有73卷71本。许多中日人士间来往,初缘皆因他而相识,后成为朋友。他书斋内悬有王惕斋写的书作。王惕斋的堂兄王治本曾被请入住他家,专教他作汉诗文。

过了100多年,这批"笔谈遗稿的发现"引出一连串的中日友好故事,保存在早稻田大学的复印件,已全部引回国内,存放在中国社会科学院哲学研究所。笔谈遗稿是难得的第一手研究材料,说明了一百年之前,中日知识界的交流状态。

十二、近卫笃麿（1863-1904）

近卫笃麿,出生于京都。其家是"五摄政"家中的第一家。他是长子,父亲是近卫忠房。1885年到1890年在德国波恩大学和莱比锡大学留学。回国后任贵族院公爵议员。对藩阀政治持批判的态度。此后,致力于东亚的振兴。

十三、张斯桂（1816-1888）

张斯桂,字鲁生,宁波庄桥马径村人。出身富裕士绅家庭,从商,经营轮船业。1863捐纳为候选知府,入曾国藩幕。1874年日军侵台,他参与对日交涉。曾经是驻日本公使的副使,在近代洋务运动中,还是水雷、电信的国产制造推进者,是美国传教士丁韪良的汉文教师。丁韪良为清朝翻译的《万国公法》,由张斯桂作序,为日人所广知。丁认为张是"通儒型的人物,有经世之才，也颇知西学"。是"中国文人阶层中最优秀的一类典型，他们是那种古典知识不会导致对现代科学产生偏见的人"，"在那个时代非常少见的对国际关系的理解能力"。丁韪良在与张斯桂的交往中，得知张的朋友徐继畲不仅了解华盛顿，而且发表过相关评论，他们购得上等石料，张斯桂找到《瀛环志略》中关于评价华盛顿原文，将徐继畲推崇华盛顿之语刻成碑文，漂洋过海送到美国，赠给华盛顿碑塔作纪念，称为"宁波碑"。碑高1.61米，宽1.2米，写于1853年7月12日。那时徐继畲受朝中言官弹劾被罢官，张斯桂就是以此表示了自己的愤慨。

1998年6月，美国前总统克林顿在北大演讲时，曾提到过这块石碑，说它是"150年前美中两国关系"沟通交往的见证。

十四、张听帆（张斯构1842-1898）

张听帆，张斯桂的弟弟，曾随其兄到过日本。之后20年间，他随郭嵩焘、曾纪泽、薛福成在英、德、美、西班牙、秘鲁等国任翻译，受到驻外大臣的"争夺"，许多重要文稿均出自他手。为国内驻外时间最长、到达国家最多的外交人员。回国后，任张之洞办的"自强学堂"总办。1898年任驻日湖北留学生监督。首次30名入成城学校实施陆军教育的学生，由他护送到日。张听帆等赴日，贵族院议长近卫公爵等设宴欢迎，请王惕斋代为邀请，原因就是张听帆是惕斋先生看着成长起来的，其兄张斯桂是惕斋先生的老朋友了。在20多年前（1877），兄弟两人就是王惕斋的老熟人。

十五、黎庶昌（1837—1896）和黎汝谦（1852-1909）

黎庶昌，字莼斋，贵州遵义人，是我国晚清时著名的外交家和散文家。

黎庶昌六岁丧父，家贫多疾，但却刻苦攻读，寒暑不懈。十四五岁时赋诗作文，在府、县考试屡获第一。21岁即成为府学廪贡生。1862年，因应诏上万言书论说时事，受到朝廷重视，赏为知县，派往安庆听候曾国藩调遣。与张裕钊、吴汝纶、薛福成同为"曾门四弟子"。曾署理江苏吴江、青浦知县。1876至1880年，黎庶昌以参赞身份先后随郭嵩焘、陈兰彬出使英、法、西班牙等国，开始其一生的外交活动。1881至1884年和1887至1889年，黎庶昌两次以道员身份出任中国驻日本国大臣，又与日本友人以诗文唱和，刻诗集多集，对保存典籍和中日文化交流做出了卓越贡献。离任时，日本送行的人塞巷盈途，饯行至数百里外。西方各国使臣啧啧称赞，说这是使臣返国从来没有过的现象。

黎庶昌在文化方面的贡献，主要是编印了《古逸丛书》。这部书共二十六种计二百卷，系黎庶昌在日本利用外交事务之余，将我国早已散佚而流存日本的唐、宋、元、明珍贵古籍，以高级纸张影印编辑而成。其中包含了唐本《玉篇》零本三卷半、《文馆词林》十三卷半、宋本《史略》六卷、《太平寰宇记补阙》五卷半等。这对我国古汉语、历史地理等方面的研究，都是极为有用的。他向上陈明："其中颇有十余种，可补四库著录之遗，本年秋间，一律完竣，除将板片运交苏州书局，作为官物，听人刊印外，理合附片具陈。再此次刻资，系由经费存息及臣薪俸所馀项下取给，亦有长崎广商钟仕良、何献墀捐助之款，概未动支公项，合并陈明。"

黎庶昌的著作还有《拙尊园丛稿》六卷、《续古文辞类纂》二十八卷、《入都纪程》二卷、《西洋杂志》八卷、《曾文正公年谱》十二卷、《曾太傅毅勇侯传略》一卷以及《黎氏家谱》、《全黔国故考》、《牂牁故事》、《使东文牍》、《拙尊园画存录》、《孔诗》、《莼斋笔记》等。

黎汝谦，黎庶昌之侄，字受生，贵州遵义人。中国变法维新运动鼓吹者和参加者。出身世代书香之家，幼时酷爱读书，受到姑父"西南巨儒"郑珍器重。1875年中举人。1882年随黎庶昌出使日本，官日本横滨领事，广东候补知府，有《夷牢溪庐诗钞》。

王惕斋与黎庶昌、黎汝谦有较多的来往。

十六、姚文栋（1852-1929）

字子梁，早年就读于龙门书院、求是书院、诂经精舍，15岁中秀才，后五次应乡试未中,捐纳通判官至二品衔直隶候补道。他自幼怀有经天纬地、忧国忧民的大志，曾赋诗寄志曰："书生心事不如此，愿为苍生作牛马。"姚文栋与近代外交、边疆地理及公益事业很有关联。

1882年，姚文栋随清使黎庶昌出使日本。在日本期间，他致力研究日本的历史和现状，计划著书22种，实为30种，称之为《东槎三十种》。为了帮助留日的学生能够较快地掌握日文，他曾在使馆内主掌东文学堂，是我国近代留学活动的最早组织者。光绪八年，当他获悉日本谋袭朝鲜的情报以后，当即电告朝廷，使我朝抢占先机，屯兵要津，致使日本未敢蠢动。姚文栋久居日本，深知日本的野心，于是多方收集情报资料，著有《日本地理兵要》、《日本国地志》，呈报朝廷以供参考决策。有专家指出，中日甲午战争爆发前，他是最早的报警人。学者誉他为"黄遵宪第二"。

1888年，姚随同洪钧出使俄、德、奥等国，对俄国虎视眈眈地想吞并我国北方领土，深怀忧虑。他是我国近代外交的拓荒者之一，作为著名的地理学家，他有一套完整的御侮固边的理论，概括起来有五个方面：一、唤起国人对边疆危机的警惕；二、重视来自沙俄的威胁和危机；三、海防、陆防不可偏废，海防尤以增加兵舰实力为要；四、重视西南边陲，防止英、法等国蚕食鲸吞；五、加强储备、培养边疆外交地理人才。他的《筹边九议》，立论精辟，远见卓识，给他带来了极大的声誉。后来姚又奉薛福成之命考察滇缅边界，著有《云南勘界筹边记》等书，当年的腾越边境曾竖立有铭刻纪念他的碑文："贤者姚君，虑我边陲：防山固圉，民实赖之。"

十七、杨守敬（1839-1915）

杨守敬，字惺吾，号邻苏，晚年自号邻苏老人，湖北宜都人。清末民初杰出的历史地理学家、金石文字家、目录版本学家、书法家和近代大藏书家。1880年何如璋任驻日公使时，在日公使馆任职，黎庶昌继任驻日公使后，杨守敬留任。协黎庶昌在日本编《古逸丛书》，抢救中国外流书籍。杨守敬去日本时，带有13000多件六朝碑帖拓本，以此换购流落在日本的善本书。"余官贵国四年，无涓滴补国，唯为黎公网罗古书，刻《古逸丛书》二十六种，购得《隋唐逸书》百馀筐。此外参考古书，撰《日本访书录》二十卷。此皆宋元诸儒所未梦见，故虽囊橐索然，不少悔。"杨守敬敬书、爱书真是楷模。1884年他回国主持两湖书院，又充任湖北通志局编纂。杨守敬逝世后，民国政府派专车护送其灵柩回宜都，归葬宜都龙窝老家。1990年，日本书道教育学会（民间组织）创立四十年纪念活动，向湖北省博物馆借用杨守敬有关书法作品到日本展出，虽经过100多年，他的书法在日本仍享有极高名气。

王惕斋与其在日本相识，1884年同船回国，一同陪冈千仞游沪、苏州。

十八、罗振玉（1866-1940）

罗振玉，字叔蕴，一字叔言，号雪堂，又号贞松老人。浙江省上虞人，语言文字学家。在甲骨文研究中，占有重要地位，为"甲骨四堂"之一，是中国甲骨学的奠基者。为保存和流传敦煌石室遗书做出过切实的努力。清末奉召入京，任学部二等咨议官，后补参事官，兼京师大学堂农科监督。在创设农学会之前，其主要精力大半耗于经史考据之中。1896年，汪康年、梁启超在上海创办《时务报》，罗振玉得知后"莫名钦佩"，认为中国"欲开锢闭，则兴学校为要图；而开学校之先声，则报馆为尤急"。进而与友蒋伯斧商议"中国事"，觉得惟振兴农学，最易试行，于1896年与蒋在上海发起农学会，刊行《农学报》。《农学报》除刊登有关农事的报道和消息外，主要还登载译自各国的农学著作和文章，其中尤以藤田丰八译自日本书报者为多。次年又创东文学社，培养了樊炳清、王国维等诸多人才。

罗振玉访日时购得《新修本草》残本十卷,本书为唐代高宗(公元659年)显庆四年朝廷敕修。共二十卷,至宋代失传。

王惕斋在他1901年去日本考察教育时接待过他。王惕斋还为其《农学报》中《植漆法》一文,找日本《朝日新闻》记者翻译为中文,并在归国时带回给他。

十九、缪荃孙（1844-1919）

缪荃孙,字炎之,又字筱珊,号艺风,江苏江阴人。中国近代藏书家、校勘家、教育家、目录学家、史学家、方志学家、金石家,中国近代图书馆事业的奠基人,中国近代教育事业的先驱者之一。清光绪进士。幼承家学,24岁应四川乡试中举。1876年进士,授翰林院编修。此后从事编撰校勘十余年。任职南菁书院、泺源书院、南京钟山书院、常州龙城书院。1901年任江楚编译局总纂。1902年,钟山书院改为江南高等学堂,任学堂监督。癸卯新学制实施后,两江总督府拟在江宁"先办一大师范学堂,以为学务全局之纲领"。1902年5月出任学堂总稽查,负责筹建江南最高学府三江师范学堂,并与徐乃昌、柳诒徵等七教席赴东洋考察学务,学堂遂仿日本东京大学,在南京国子监旧址筑校,以后更名两江师范及复建南京高师,是南京大学首创者。1907年受聘筹建江南图书馆（今南京图书馆）,出任总办。1909年受聘创办北京京师图书馆（今中国国家图书馆也称他为首创者）,任正监督。1914年任清史总纂。1919年12月22日在上海逝世。著有《艺风堂藏书记》、《艺风堂金石文字目》、《艺风堂文集》等。

根据缪荃孙游记中所写:光绪二十九年（1903）正月,江南高等学堂总教习（江苏江阴）缪荃孙、提调（安徽南陵）徐乃昌,奉两江总督张之洞的命令,到日本进行学校教育的考察。正月十日（1903年2月7日）,从江宁（今南京）到沪（上海）,与分教习（福建侯官）孙筠、王良英、（江苏江阴）张楠,翻译书局的分纂（江苏丹徒）柳诒徵、中学堂教习（江苏江阴）侯巽、小学堂教习（安徽怀宁）舒广元,同行还有一名仆人、一名理发师、一名厨师,总共十一人。

十九日（1903年2月16日）是个晴天,早晨抵达长崎,山水的雄伟杰傲有点类似香港,四周围都是青绿色,如同天然的一幅图画。

有医生在入境处替旅客检验疾病,很快速地检查一下,检查完后,准许旅客上岸。上岸之后见到中国驻长崎领事邹振清,相互嘘寒问暖一番,在领事馆一同吃早饭,此时邹筱村发个电报给神户领事蔡勋,又寄一封信给东京的王仁乾。

上面缪荃孙游记中所写的情况说明,由于语言不通,要想完成考察教育的任务,单单凭公使馆的人,难以相助。邹筱村领事了解王惕斋为人,因此写信给王惕斋,请王惕斋在东京担当接待的事。

缪荃孙曾登上宁波天一阁。1914年在上海书市上猛然发现天一阁收藏的珍贵古籍图书,随即写信通报宁波的范家。最终,窃贼被抓捕归案。

另注:此团中人才济济,如柳诒征,新中国成立后为复旦教授,所著《中国文化史》,被多家出版社出版,并选取作干部学习用书。

二十、吴荫培(1851-1931)

吴荫培,字树百,号颖芝、云庵、平江遗民,吴县人。天禀敏慧,读书过目成诵。18岁补博士弟子员,20岁举于乡,声名颇盛。与乡里名士砥砺学问,弟子受业者甚众。1890年,探花及第,授职翰林院编修。历任京兆试、礼部试、福建乡试考官。光绪廿九年,就沪宁铁路借款、建设国内大学堂、截留出洋初级学生等,上疏力陈其弊。光绪三十一年,自费到日本考察。回国后,以创办女子师范幼稚园、水产农林讲习所等五事上疏,由两江总督端方转奏清廷采纳,次第施行。后历廉州府、潮州府、贵州镇远府任。辛亥革命后,回归故里。见民多流亡,乃募集款项,设男女织布厂安置。曾任男普济堂董事10余年。民国初,吴地盗墓成风,乃捐资创立"吴中保墓会",众多名人古墓赖以保护。1916年设修志局于沧浪亭,与曹允源、蒋炳章等被推为《吴县志》总纂。其为人为事,深为邑人称道。著有《岳云庵诗文稿》等。

他的游记中有对王惕斋的评述:"惕斋遨游东国已数十年,熟悉商情,洞察时务,入都会有建白,为当轴者所知,其言可采用也。"

二十一、张謇(1853-1926)

张謇,字季直,号季子、啬庵。中国近代实业家、教育家、立宪派。江苏南通人,1894年中状元,授翰林院修撰。甲午中日战争,中国战败,他乃致力于实业和教育。1899年,建成大生纱厂,以及盐业、榨油、面粉、冶铁、轮船等企业,形成大生资本集团。同时,他把经营实业的盈利,投入文化教育事业。他先后在家乡南通创办了通州师范学校等十余所学校,其中纺织、农业、医学三校成绩最好。1920年三校并为南通大学。他还在南通以外的其他地方,倡议和资助建立了一些学校。民国初年,先任南京临时政府实业总长,后来先后任袁世凯政府农林、工商、农商部总长。1915年辞职回籍,但在封建主义、帝国主义压力下,他的实业陷于窘境。胡适评价张謇:"张季直先生在近代中国史上是一个很伟大的失败的英雄,这是谁都不能否认的。他独立开辟了无数新路,做了三十年的开路先锋,养活了几万人,造福于一方,而影响及于全国。"

张謇1903年到日本观博览会,事后考察多所学校,工厂,计七十日。

这里只略举张謇两件考察事(本文所引日记均有删节):

一、张謇为上北海道了解垦殖详情,"七日,早八时启行至上野,附二等汽车往青森。夜甚凉,车无食堂寝台,沿途买饼饵充腹,凡一小台之茶值三十五钱,一鸡卵值相等。过仙台,并鸡卵亦无购处。八日八时至青森,寓中岛旅馆,午饭后冒雨附'肥后丸',十一时开行,过津轻海峡,船颇颠簸。五时至函馆,地当朝鲜咸镜道北"。途中,车船劳顿,缺少食物,花一天一夜才到地方。返回也不轻松:"十八日……四时至青森,仍寓中岛旅馆。午后十一时登汽车行,日本汽车皆三等式,广处不足。断不能如其定额以容客。是日一车多至十六人,殊拥挤,遂坐而假寐以达旦。"

"北海道泰晤士新闻社记者过筹夫来谈。方在种畜场事务室时见此人,盖欲知余调查实业、教育之议论,帮尾随而至,及中途车坏,过君来下车同步行四五里许,亦有心人也。"

张謇真是踏踏实实做着开路先锋的事情。

二、张謇为看凿井机械,"余邀惕斋至铃川下车,复乘铁道马车至吉原,寓鲷屋旅馆。饭后同行十四里至大久保村看凿井,其机械购自美国,去时步行,山路被雨冲坏,崎岖特甚。回乃雇村马乘之。大久保村有诗。睡后为蚊虻所苦,中夜屡觉。"

那时张謇50岁,王惕斋已65岁,且是独臂重残人。两人本不认识,又不是同乡,只能说明王惕斋赞同张謇所走兴办实业和教育的路,对张謇办实事是佩服的。"步行十四里",就是搁在今天,也不是所有华侨老人能做到的。待张謇回国后,有多通信件来往,王惕斋还几次前往南通参访张謇办的围垦企业、师范学校,帮助请日本教师,带来日本专长于种植林木的技术员,解决南通垦区植树死亡问题。

"又闻惕斋言,方其农学初兴,购用《农政全书》甚多。特今日言农学者喜张欧美耳。国势弱则前古人与后来人并受其累,亦至言也。"张謇日记真实记录了王惕斋对中日关系演变中的体会。

"与世界争光明,不进则退,更无中立。""执笔论事而悔读书少,临事需人而悔储才之迟,举世所同,余尤引疚。""其所以能大著成效者,则明白此事之人,即举办此事之人也。""然则图存救亡,舍教育无由,而非广兴实业。"张謇由考察引发的许多感叹,也是王惕斋认为中国急需变革的。

二十二、王韬（1828-1897）

王韬，字紫诠，号弢园。1862年亡命香港后，易名韬，字仲弢，一字子潜，号天南遁叟。著名的洋务政论家、中国新闻业之父。

江苏吴县人，秀才出身。1849年，王韬在上海墨海书馆任编辑十三年。1862年，建议太平军力争长江上游，停攻或缓攻上海，后因事败遭清政府通缉，遂流亡香港20余年。在香港，王韬协助里雅各布翻译《尚书》《诗经》、《春秋》、《左传》等中国古代经籍。

1867年，随里雅各布至英国，继续译书。王韬居英两年多，游历欧洲，1867年返港。他目睹了欧洲资本主义的蓬勃发展，实地考察了欧洲各国的政治、经济、军事和文化发展状况。1873年他的《法国志略》在港出版，是近代中国研究法国历史的开创之作。以后王韬写出100多卷的有关世界史的著作。1874年初在香港与黄胜创办《循环日报》，是近代中国第一份完全由华人集资创办、主编和管理的中文日报。王韬在该报撰文数百篇，评论时政，鼓吹洋务，倡言变法自强，成为名噪一时的洋务政论家。随西学的广泛输入和洋务运动的深入开展，洋务事业中的种种弊端逐渐暴露。王韬又撰文指出，仅盘桓在练兵制器等低层次的经济（器物）现代化阶段的洋务事业是"尚袭皮毛"，随即打出"变法自强"的旗帜，较早地提出了将"恃商为国本"、"与民共利"、"与民共治"、改革科举、造就"有用人才"等为内容的"变法自强"论作为洋务运动的纲领。王韬遂成为洋务思潮左翼的重要代表。

他的《普法战记》1873年在港出版，当年传入日本，使他名扬东瀛。《法国志略》由日本陆军文库印为日本版，受到维新人士欢迎。1879年，王韬出游日本四个月，结识了一批日本友人和清政府驻日参赞黄遵宪。光绪十年，王韬返居上海继续从事新闻事业，成为《申报》的重要撰稿人。光绪十二年起任上海格致书院山长，推行西学教育。

王韬1879年访日，王惕斋在日本认识王韬。王韬就造币等事，多次向盛宣怀推荐王惕斋，同时也推荐许多人访日时找王惕斋帮助；王惕斋经常往来中日间，王韬也为他好友们向王惕斋提出与初次出国的子弟同行，去日本就学。

二十三、汪康年（1860-1911）、汪诒年

汪康年和汪诒年是两兄弟，《时务报》是他们所办，被当时的中国报界誉为"杭州二汪"，声名赫赫。《时务报》1896年8月9日在上海创办，是一份旬刊，共出69期。有"域外报译""论说""谕折"等栏目，后收为官办，1898年8月8日停刊。

汪康年，字穰卿，钱塘（今杭州）人，以进士补殿试，得内阁中书。是清末主张维新变法的重要人物之一。中日甲午战争后，愤励变法图强，欲化愚弱为明强。光绪二十一年（1895），参加上海"强学会"。次年，与黄遵宪办《时务报》，任经理。一生中的主要活动是办报、兴学、传播新思想。《汪康年师友书札》，收集了许多来往信件，是探求清末政治、经济及社会风貌不可多得的材料。该书也收集了王惕斋的信函九封。

王惕斋1898年在日本接待过汪康年，以后给他写过多封信（现存九封信），供他所办的《时务报》参考。王惕斋也接受汪康年介绍，帮助来日的留学生、访问者。

汪诒年（1866—？），字仲谷，号颂阁，一作颂谷，禀贡生。1901年举经济特科。汪康年弟。由其兄引领投身新闻事业。曾在《时务报》馆任职，专司校勘及收发事宜，并及庶务。其后与汪康年在上海办《中外时报》并任主笔，又任《时事新报》经理。入民国后任上海商务印书馆编辑。汪诒年辑有《汪穰卿先生传记》，汪穰卿（康年）先生遗文。

二十四、汪大燮（1860-1929）

汪大燮，原名尧俞，字伯唐，一字伯棠，浙江钱塘（今杭州）人。汪康年堂兄。1889年中举。1902年任留日学生监督，次年，任外务部左参议。1905年任驻英公使。1907年回国，不久与达寿、于式枚等人任考察宪政大臣，出访英、日、德等国。1910年六月，进书"汪大燮进考查英国宪政编辑各书"（《清史稿·宣统皇帝本纪》）。1910年出任驻日公使。1914年，任教育总长。1917年11月22日，汪大燮代理国务总理。同孙宝琦、钱能训合称"三老"。

1898年4月，康有为等维新派人士在京组织保国会，倡言维新变法。清廷驻日公使裕庚秘密致函总理衙门，密告流亡日本的革命党人孙中山。汪大燮获知消息，急忙求救于总理衙门大臣张荫桓，力言"狱不可兴"。经汪大燮劝告，张荫桓明晓利害，遂"密嘱康、梁诸人弗再张皇"。汪大燮还通过堂弟，《时务报》经理汪康年与维新派人士互通声气。

清政府签订《辛丑条约》后，俄国更利用侵占中国东三省之机，胁迫清政府另订专约，要求特殊权利。此时，汪大燮以总理衙门章京身份，拟具说帖，力言"万不能于和约外，别订条约，致启各国效尤之渐"。此说帖经驻俄公使桂春呈奏两宫，成功阻止了俄国的图谋。

汪大燮参与策划"五四"运动，1919年1月在法国巴黎召开和平会议，处理战败国和世界和平问题。作为战胜国，中国派出了以外交总长陆征祥为首的代表团参加会议。总统徐世昌于1918年12月中旬设立外交委员会，请汪大燮出山就任委员长，"凡关于和会的各专使来电都由外交部送委员会阅核"。实际上，它是当时中国外交决策的最高机构。汪大燮还积极倡议组织了民间机构——国民外交协会（即国际联盟同志会），以作为政府外交的后盾。汪大燮虽为总统府外交决策核心人物，却不能左右整个局面，被政府内的亲日派处处为难。4月30日，英、法、美将德国在山东攫取的权利交由日本继承，并写入和约，事实上巴黎和会成了分赃会议。中国代表团围绕山东问题的交涉失败，已被逼入签字与否的死胡同。汪大燮主张拒签和约，但总理钱能训密电陆征祥签字。汪大燮愤而辞职，并命令结束外交委员会活动。他深知以己之力，无法挽回颓局，只有晓之于众，才有出路。1919年5月3日夜，他将外交失败和政府密令签字的消息告诉挚友——北京大学校长蔡元培。蔡于当晚九时就在北大法科礼堂召开学生代表会议，消息当晚便迅速传遍北京各大专院校，激起了师生反帝爱国的巨大浪潮。1919年5月4日，北京大学等校学生上街游行，高呼"打倒帝国主义"、"还我山东"等口号，划时代的反帝反封建的"五四"运动爆发了。

他晚年热心教育，创办北京平民大学，任董事长兼校长，并致力于红十字会等慈善事业。编有《英国宪政丛书》、《分类编辑不平等条约》。

汪大燮（在其日记中）曾写道：早年赴日读书时，"到后，幸王惕斋来迓，一切代为备办，然已冗碌不堪矣。"王惕斋接站并安排一切需用物品。1910年汪大燮任驻日公使的这一年，王惕斋归国。

二十五、孙实甫（孙淦）

孙实甫，浙江人，一作上海人。长期在日本神户经商，店名"益源"。

上海地方志，1898年初，孙实甫通过驻日使臣裕庚向总理衙门呈请"仿行外国善举，创设红十字会，以赞军政"。1898年5月9日《申报》发表鲰生文章，介绍旅日侨胞孙实甫倡导成立红十字会的主张。孙氏是从日本请准回国创设红十字会的第一人。1898年11月16日，该报发表孙实甫《红十字会说》一文。孙实甫长期在日本经商，目睹了红十字会在日本的活动，于是和志同道合者翻译国外红十字组织的章程，广为传播西方"人道"理念。孙实甫被认为是"中国倡导红十字会第一人"，西方红十字的"人道"理念与中国博爱爱人、行善积德的传统道德思想异曲同工，一经传播，很快得到社会认同。

国际红十字运动于19世纪80年代传到中国台湾，1894年7月甲午海战后，开始在中国内地传播。清政府对于红十字会这个外来事物，采取了积极的态度。1899年5月，清政府派驻俄使臣杨儒赴荷兰海牙出席了由俄国发起的减兵保和会，当时杨儒还代表清政府画押了几个条约文本，其中就有红十字会的《推广日来弗原议行之于水战条约》。1900 年 1 月，杨儒上奏清政府，极力主张设立红十字会，并对创立之后如何开展工作提出了自己的意见和看法。

但此时恰逢义和团运动和八国联军侵华，清政府自顾不暇，创建红十字会的进程戛然而止。直到清末新政，一批有识之士上书言事，沉寂了四年的创办红十字会的呼声才再度沸腾。"清廷救援难民遭拒，'红十字'紧急诞生。"1904 年 2 月 6 日，日军向俄国驻扎在旅顺口的舰队发动突然袭击，日俄战争在东北地区爆发。旅居关外的各国侨民都在本国红十字会的资助下，乘坐印有红十字标记的船舶车辆逃离战区。清廷也派遣轮船到东北接运中国难民，但俄国政府却说所有港口都已封闭，他国船只不得驶入，通过官方出面拯救难民已行不通。

消息传到上海，知名人士沈敦和、任锡汾和施则敬等人联合中立的英、美、法、德等国代表，于同年 3 月 10 日成立了"美国红十字会上海分会"，又名"上海万国红十字会"，办公地点设在盆汤弄丝业会馆。这一举措得到清政府商约大臣吕海寰、工部左侍郎盛宣怀等人的大力支持。紧接着，清政府驻美使臣梁诚奏明了红十字会的宗旨和起源，并将日内瓦公会联约条款、各国及美国红十字会章程译成汉文，希望清廷能加入该会。

5 月 15 日，清政府命外务部照会瑞士，声明愿意加入红十字联约。24 日，清廷拨款白银 10 万两（各地绅商及衙门也劝募 20 万两白银），作为开办红十字会的经费。1904 年 5 月 29 日，红十字会订立了暂行章程。同年 7 月，红十字国际委员会正式承认中国红十字会。该会成立后，立即前往东北接运难民。上海经济发达，便于筹集救济款项，但距离东北路途遥远，因此红十字会便在东北的牛庄、辽阳、新民屯、开源、奉天（沈阳）、海城、铁岭等处设立分会，扩大救济灾民、资送回籍和战后放赈工作。战争结束后，红十字会除了继续进行救济贫民、掩埋尸体、遣送难民以及医疗卫生等工作之外，还训练救护人员达数千人。

孙实甫与汪康年、罗振玉等交往甚多。1897 年他不仅建议浙江省派人赴日习蚕，还从日本寄显微镜等急需器具给农学会，让其转赠给浙江蚕学馆。孙实甫作为一名商人，在国内留日风气尚未形成的时期，就建议浙江省向日派遣留学生，使浙江省成为全国最先派遣留学生省份，并兼浙江省留日学生总监。杭州府台林启曾有"孙实甫先生英英向义，于人情物理又甚有理会，我辈读书人愧之"之感慨。清国留学生会馆成立后，他又是该馆积极的"赞成员"。《清国留学生会馆招待规则》谓其于神户、上海、天津三处一律有本馆之赞成员，代为经理。即："神户，孙实甫君，神户海岸仲通清商盛源号"。

他是王惕斋在日本的好友。在张謇来大阪观博览会后，考察教育与相关工业，前后达70日。先期由孙实甫先生安排陪同，后一段由王惕斋安排陪同。张謇记下初到大阪："与实甫、伯斧诸人同附汽车至大阪，住高丽桥清宾馆。馆为华商集资所赁，以待中国官绅之来赴博览会者。实甫恶清韩协会之名，特赁是馆以别之。有房八十间，庖湢具备，窗户修饬。然则犹知爱国者，华商也。商真不负国。"后来到了孙实甫家，张謇记下："属金徐二生移寓大阪梅田驿下三番朝妻楼。实甫处地窄人稠，暑天尤不便也。"日侨就是这样拿出自己所有，热诚接待祖国来的人，不是现在有的人想象的，华侨都是有钱人，才做这些助人的事情。王惕斋给汪康年的九封信中有："孙实甫兄近亦在东京，时有会晤。""弟屡在实甫兄处询及阁下起居咸宜，诸务顺怀为慰。"可见他们都是热诚助人者。

二十六、华侨沈明九（久）

长崎经商，住新地二十番三余号，商号"三馀号"，是当时《华商联合报》的海外分发处。王惕斋也是该报分发者，因而熟悉，常带访日者访问沈明九，并在他家吃中国饮食。

二十七、华侨赵壬斋

神户经商，店号"慎泰号"。吴荫培自费访日时，王惕斋除在东京接待外，还将自己的朋友神户华侨赵壬斋介绍给吴荫培，使他的仆人可安置在栈内。

二十八、王鸿年（1870-1946）

王鸿年，字鲁璠，浙江永嘉人。1897年考入湖北武备学堂。次年因喜议论时政，得罪湖广总督张之洞，畏祸避往日本。1899年九月，以使馆官费考入东京帝国大学法科。1906年回国，考取法政举人，以内阁中书录用，兼京师大学堂译馆教席。历任外务学部丞参部佥事，任留学生考试襄校官、外交部佥事。办理汉口、福州、铁岭与日交涉。1916年，驻日公使馆一等秘书。1920年8月，发生"庙街交涉"一案。庙街位于前苏联境内，当地居民和日商冲突，日方称居民所用大炮来自中国松花江舰队，转而向我挑衅，王鸿年奉命前往，与苏、日交涉，平息事态。升任驻日公使馆参事官、代理驻日全权公使。1921年11月赴华盛顿参加太平洋会议，任专门委员，在收回胶州湾主权方面，着力颇多。1922年，任驻苏远东共和国外交代表兼驻赤塔总领事，获三等宝光嘉禾章。1926年，任外交部俄文法政专门学校校长。1933年，任驻日本横滨总领事。1936年，卸任回国，寓居北平。抗战中，日寇侵占华北，多方诱胁为敌伪工作，辞以腿疾，闭户八年。1945年，日本投降，王鸿年赋诗志捷，是年冬，病逝北平。他遗著宏富，有《国际中立法则提要》、《战时国际法规总纲》、《日本军制提要》、《日华会话》、《日本语言文字指南》、《中国政治沿革史》、《萝东诗文集》、《南华词存》和《南华诗存》等。

二十九、伍廷芳（1842-1922）

字文爵，号秩庸，广东新会人。1874年留学英国伦敦林肯学院，成为第一位取得英国法律学博士学位的中国人。1882年担任李鸿章幕僚，其后主持办理了因北洋水师军舰停泊日本发生的"崎案"。1896年被清政府命为出使美国、西班牙、秘鲁公使。1899年奉命同墨西哥签订《中墨通商条约》。1902年应召回国，与沈家本共同主持修订法律，拟订了民刑律草案，提出了包括删除酷刑、禁止刑讯、实行陪审和律师制度、改良狱政等等一系列先进的主张，产生了重要深远的影响。1907年再次出任驻美国、墨西哥、秘鲁、古巴公使，两年后回国。伍廷芳是早于孙中山向西方学习的人。

辛亥革命爆发后，伍廷芳在上海宣布赞成共和，致函清廷，劝告清帝退位。南京临时政府成立后，出任司法总长。临时政府北迁，退居上海。伍廷芳对袁世凯称帝和张勋复辟极力加以反对。1916年出任段祺瑞内阁外交总长，次年代总理，旋因拒绝副署解散国会令解职出京。1917年追随孙中山赴广州参加护法运动，任护法军政府外交总长。1921年任广州军政府外长兼财政总长。北伐战争时，曾代行总统职权。1922年4月孙中山撤陈炯明广东省长职，由伍廷芳兼任广东省长。陈炯明叛变时，6月23日伍廷芳因忧愤过度逝世。

王惕斋在给汪康年的信中："弟于十八日往访，……弟昨送伊《治旅述闻》（三册，明耻堂出版。陆军士官学校编，顾减译）、《宪法》等书，不知伊在船中翻阅否？"

三十、盛宣怀（1844-1916）

字杏荪，号次沂，又号补楼，别署愚斋，晚年自号止叟，江苏武进人。
中国近代化进程中早期的实业家、教育家、洋务活动家。盛宣怀在清末政治中的地位步步跃升，直至1911年进入内阁，担任邮传部尚书。1894年中日甲午海战失败后，盛宣怀首先觉悟到依靠洋务不能拯救中国，提出"自强必先储才，储才首在兴学"的划时代观点。1895年，盛宣怀通过直隶总督王文韶，禀奏光绪皇帝设立新式学堂。光绪帝钦准，成立天津北洋西学学堂。后更名为北洋大学，此为中国近代史上的第一所官办大学，也是天津大学的前身。1896年盛宣怀在上海创办南洋公学，是上海交通大学的前身。

1879年盛宣怀建议建立电报事业，1881年盛宣怀被任命为津沪电报陆线的总办。1882年为了阻止外国人在中国沿海建立电报网，李鸿章委任盛建立上海至广东、宁波、福州、厦门等地的电报线。1896年起盛宣怀开始督办铁路。1896年，他还在上海开办了中国通商银行。

王惕斋在盛宣怀自费来日本治病时，见过盛宣怀。盛宣怀日记详尽记下王惕斋晚号独臂翁的来历，也有"惕斋虽久居海外，不忘祖国，曾有《条陈当道改良时政书》及《时弊琐言》"的记载。

三十一、陆增炜

陆增炜，江苏太仓人，进士。苏州《平原陆氏宗谱》20卷，1906年刻本，为陆增炜等修。

现王惕斋后代存有一把折扇，为他所题赠。

◇陆增炜题赠折扇

王惕斋陪同冈千仞访问的江南贤达简介

王浩平

一、上海：张焕纶（1846-1905）

字经甫，号经堂，人称宏毅先生。出身于上海梅溪弄一书香门第。幼时随父亲识字读书，青年时入龙门书院。张不拘于迂腐空疏的义理考据，而是关心与国计民生有关的经世之学，对地理学、军事学都有深入研究。在龙门书院就读时就在新建的求志书院主讲舆地学，开始从教生涯。

张焕纶是近代小学教育的创始人。光绪四年（1878），邀集同窗好友沈成浩、徐葵德等人，筹资兴办书院。将自己住宅的部分厅堂、庭院，拨作校舍，招收学生40余人，分班组进行教授。因为就学的都是刚开蒙的儿童，学校定名为"正蒙学院"。光绪八年（1882），学校改名为"梅溪书院"。为适应社会环境，增设英文、法文课，还注重体育和军事训练，是上海最早实行军事训练的学校，同时是上海童子军的老祖师。光绪二十八年（1902）改为官立梅溪小学。黄炎培曾说："吾国教育，上海发达最早，而上海小学，梅溪实开其先……"。

光绪二十三年（1897），盛宣怀聘张焕纶为南洋公学首任总教习，主持学校教务。由于缺乏资金，张焕纶决定先办师范班，招生40人，培训后留校作为教师。这一举措，开了中国师范教育的先河。

光绪二十四年（1898），张焕纶因病辞去南洋公学总教习职务，仍主持梅溪书院事务。光绪二十八年担任敬业学校总教习。

二、上海：姚子让（1857-1934）

姚文楠，字子让。驻日使馆随员姚文栋（子梁）之弟，卒后邑人私谥恭靖，精于算学。1882年举优贡，朝考一等。后又在江南考试中试第六名举人。他曾经编纂过《上海县志》《上海县续志》，审订过《川沙县志》。姚文楠"历董上海城邑各项公事，阅二十年"。姚曾任江苏咨议局议员、财政审查长、国会总议员等职务，后因不满总统曹锟的贿选，请罢归里。

1905年，苏松太道袁树勋照会诸绅商，组成上海城厢内外总工程局，这是中国早期较具完备意义的地方自治团体。李平书为领袖总董，姚文楠等32人为议事经董。设有参事室和议事室，分别为市政的执行机关和议决机关，任期四年。姚文楠曾任议事会议长。1910年改名为上海自治公所，辛亥革命以后改为上海市政厅议事会，姚仍担任议长，直到1913年。1923年上海恢复自治选举，产生议事会再选举董事会，姚文楠被改选为总董。

姚文楠与张謇、沈恩孚一起组织过江苏学务总会，并任常务董事；1906年，任劝学所总董，主持创设东区学堂，还与人合办烟膏实业学校，后来因为反对袁世凯称帝，反对曹锟贿选，遭受迫害，逃到天津和北京隐居多年，他曾经以农庵的化名题诗，以明心迹，"五凤楼西，花圃盘桓。常抱乐观，独立不惧。"卒于抗战前的1934年。

姚文楠对上海教育事业的贡献是巨大的。姚文楠与张焕纶、李平书等人早年一起就读于龙门书院，龙门书院最早没有学舍，1905年，龙门书院改为龙门师范学堂，聘请李平书、姚文楠为校董，当年就在李、姚两位校董的监督下，增建楼房31栋，扩大和改善了龙门师范学生的就读条件，1927年改为上海中学。这其中均有姚文楠先生殚精竭虑的筹划和运作。1902年，上海县知县汪懋下令将坐落在文庙附近的敬业书院改为新式学堂，以姚文楠、叶醴文、刘汝曾等为董事，张焕纶为总教习，1927年该校改为市立敬业中学。1903年，姚文楠和李曾珂在南市半段泾捐资创办廿二铺小学，并出任校董，学校后改为龙门师范学校附小，再改为上海实验小学。该小学当年享誉江浙一带，百姓中流传："要进交大，先进上中，欲入上中，先入上小。"姚文楠还支持杨斯盛创办浦东中学，曾出任过浦东中学的校董。姚文楠曾将他在1881年花费1.2万两白银购置的横沙岛上的4万亩沙地，无偿捐献给了南菁书院。后来南菁书院从高等学堂嬗变为甲种农村学校、江苏省立南菁中学。姚文楠还与沈恩孚、袁观澜、黄炎培一起创办过中华职业教育社。见周允中发表于《纵横》杂志上相关文字。

黄炎培在《人民日报》（1949年10月15日）发表《中华职业教育社奋斗三十二年发现的新生命》一文中："一系列的人受了他们广泛的天真的人道主义和国家民族主义这些思想的驱使，前前后后奋斗了几十年，……这一系列的人，有已经离开世界的，值得报告一下：沈信卿先生恩孚，袁观澜先生希涛，姚子让先生文枏，杨月如先生保恒，贾季英先生丰臻，顾述之先生倬，黄伯樵先生昪，俞抗澜先生泰临，刘湛恩先生，邹韬奋先生，季寒筠先生，当然数是数不尽的。"

三、上海：范本礼（1854-1894）

范本礼，字荔泉，号涤新，上海县人。1878年任正蒙书院教授，后考入江南制造局翻译馆工作。

四、上海：葛士浚

葛士浚，字子源，贡生，上海县人。曾佐湖南学幕，辑有120卷《皇朝经世文继编》。

五、苏州：李梅生（鸿裔）（1830-1885）

李梅生，字眉生，号香岩，晚号苏邻。四川中江人。咸丰元年举人，官至江苏按察使。曾入胡林翼、曾国藩幕，因耳疾免官后，家居苏州网师园。精书法，临抚魏、晋碑铭，无不神形毕肖。工诗古文，晚年好佛，卒年五十五，著《苏邻诗集》及其续集。

六、苏州：俞樾（1821-1907）

俞樾，字荫甫，晚号曲园居士，道光元年生于德清县乌牛山麓南埭圩（今城关乡金星村）。道光三十年进士，授翰林院庶吉士，1852年授编修，举家迁北京南柳巷。后充国史馆协修，官河南学政。晚年主讲杭州诂经精舍达三十余年，为清代著名经学大师。著述宏富，培育了数以千计的经学人才，其门生有章太炎、黄以周、朱一新、崔适、戴望、缪荃孙等。其书法结体妥帖匀称，笔画温厚，格调高古典雅，有大家风范。他的弟子于1879年春建成俞楼，以此纪念。

《春在堂全书》为俞樾学术研究的总集，近500卷。这部书被梁启超视为"训诂学之模范的名著"，刘师培"叹为杰作"。日本学者则誉之为中国经学"殿后之巨镇"，新旧过渡之"大步头"。俞樾去世后，光绪帝特颁上谕褒奖，并诏入国史馆《儒林传》。

1998年，杭州俞楼楼屋重建后，为俞曲园纪念馆，藏有俞氏世传珍贵文物和资料。

七、苏州：沈廉（仲复）

沈廉，字补隅，浙江嘉兴人。咸丰六年进士，改庶吉士，授编修。妻严少蓝。伉俪均能诗，能书。沈仲复在京师得一异石，文理自然成鱼形，剖而琢之为二砚，砚各一鱼，夫妇分用之，名曰"鲽砚"。俞樾曾为其赋诗。补隅方壮入秦，有"去题百二关中壁，要看三千里外山"之句，闻者壮之，后足迹几遍天下。而《蜀游》一集，沉郁中复极纵横，颇得杜陵气骨，一时鲜摩其垒者。

沈廉（仲复）中丞赏识黄庆澄博洽的学识和通达的品性，举荐他去日本考察，驻日使臣汪芝房编修亦出金资助。黄庆澄于1893年5月初四出发，7月初四返回上海。整整两个月，黄庆澄在日本游历了东京、西京、奈良、长歧、神户、大阪、横滨等，写出了为国人注目的游记《东游日记》。

八、苏州：陆懋宗

陆懋宗，字德生，号云孙，常熟虞山人。1860年恩科二甲第十二名，散馆授编修，复赏检讨。写赵字，功力极深。1860年，因太平军与清兵在虞山激战，寺毁于战火。山门悬楹联"大观江海合，杰构宋梁馀"，原为曾怀撰书，清末由陆懋宗重书。

九、苏州：杨醒甫

杨醒甫，字引传，独悟堂居士。王韬好友、妻兄。《浮生六记》发现者，原稿于光绪三年（1877）为杨引传购自冷摊，初少单行本，收入《独悟庵丛钞》及《雁来红丛报》中。民国十三年（1924），俞平伯为之标点作序及年表，由北平朴社印行。嗣后翻印者日多。林语堂译其一部分为英文。民国三十三年（1944）改编为剧本，在上海公演。

十、苏州：潘麟生

潘麟生，字钟瑞，有《百不如人室词稿》。

《浮生六记》由杨引传在冷摊上购得，阅而心醉，始以活字排版，刊行于世，当时文化名流潘麟生、王韬分别为书作序、作跋，皆极倾倒此书的"凄艳秀灵"。

清人杜文澜词论著作《憩园词话》中，记述潘麟生提倡词坛，遇有同人佳词，皆手自抄录。

十一、苏州：郑小坡（1856-1918）

郑文焯，字叔问，又字小坡，别号大鹤山人，受号冷红词客，清代奉天（辽宁）铁岭人，隶属汉军正白旗。他自称高密卷氏，是诡托卷康成后代。

父郑瑛棨，字兰坡，同治初年（1862）任陕西巡抚，一门鼎盛，兄弟十八，裘马丽都，惟小坡被服儒雅。光绪乙亥（1875）他在乡试中举，任内阁中书，不乐仕进，为巡抚幕僚40余年。后来喜爱吴中湖山风月胜景，旅居苏州。善诙谐，工尺牍，兼长书画，又精于音律。到民国年间，居住上海，专精医学，行医于汉口路福利公栈，兼卖书画以自给。北京大学函聘他为文史教授，他却谢绝。他于62岁时死于苏州。1918年春下葬于光福邓尉。郑逝世后五个月，朱古微、梁启超、叶玉虎等八人上书内务总长钱能训，致函江苏省长转吴县知县，请他们保护郑墓，可见影响之大。

郑文焯的文学作品以词为特长。词集有《瘦碧》《冷红》《比竹余音》、《苕雅余集》等。其后删存诸词集为《樵风乐府》九卷。仁和（杭州）吴昌绶并收集其生平著述，如《说文引经考故书》、《扬雄说故》、《高丽好太王碑》、《释文纂考》、《医故》、《词源斠律》、《冷红词》、《樵风乐府》、《比竹馀音》、《苕雅馀集》、《绝妙好词校释》、《瘦碧词》，合刊为《大鹤山房全集》。中医书有《医故》一书。收入经方中精要近夏天者，辨其本末；又取经籍传注所记杂家言，疏通证明。然它持论怀疑《灵枢》、贬低张机之方，未为至当，但能追溯方术源流，辨别古籍真伪，还是医林仅见之作。

郑文焯为近代词学大家，医术只是他的余技。然而《医故》一书，虽然篇幅不大，但见地殊属不凡。他的考据功夫，可与黄元同、冯梦香相比。

十二、杭州：陈笠庵

陈笠庵，字光豫。书画家。是画家陈纫斋第三子。

十三、杭州：沈明斋

沈明斋出身杭州的名门望族，家道殷实，学识过人，却不愿为官，人称沈布衣。其子，字佛慧，号莲池。莲池从小好学，却不志仕途，一心向佛，三十二岁在无门洞（黄龙洞）出家。四海云游数年。

十四、绍兴：沈挚梅

沈挚梅，清绍兴人，医生。《云骨题记》曰："太初孕，赤乌辟，削峻铲阜盘不竭。"

十五、陶竹书（寿勋）

"侄杏南在东使馆，与惕斋相知"。杏南，即陶大均，会稽陶堰人，先后供职于驻日本横滨领事馆和东京使馆。陶竹书是其叔父。

十六 陶大均（1858-1910）

绍兴陶堰人，明清两代陶堰出举人111名，贡生82名，进士42名，有江南人才名镇之称。

陶大均，字杏南，年十四，以官费留学日本。1879年供职横滨领事馆及驻日使馆。1891年任北京同文馆教习，1895年为通译，随李鸿章与日议和，回国任职天津直隶总督署，1898年任北京总理各国事务衙门上行走。1904年由道员借补商部会计司郎中。1905年任奉天巡驿道，复任奉天交涉史。1910年任外务部左丞。著有《中日战纪》二卷、《戊戌政变纪要》、《庚子劫馀录》三卷、《平氛文存》四卷、《劫馀委游草》一卷、《平氛公牍》五卷、《平氛日记》十三卷。

清政府锢康梁党人，陶大均进言，康梁变法，实当民意，要求释赦党人。

陶大钧为蔡元培的日语启蒙之师。见《蔡元培日记》："移寓城中羊越胡同江宁试馆，同寓刘葆良前辈（树屏）及令子伯渊（仲）、许卿中书（文勋）、唐蔚之户部（文治）、王芍庄孝廉（绍堪）、（王）书衡比部（仪通）聘会稽陶杏南司马（大钧）教日本文字。"时1898年6月17日，蔡元培32岁。

《蔡元培日记》还记载陶父去世后，前去吊唁（光绪二十五年九月二十七日），祭神等内容。（同月二十八日）

王宝平主编《中日文化交流史研究》（上海辞书出版社2008年版）中，有王宝平《陶大钧：近代中国第一代日语翻译》一文。

王惕斋因与陶大均熟悉，带冈千仞访其陶堰家乡。

十七、余姚：朱朗然

朱朗然，朱舜水后人。两子：伯幡、树声。日本学者考证，冈千仞为第一位到朱舜水家乡的日本人。朱舜水（1600-1682）在日本，被尊为"国师"。朱舜水卒后至同治中叶近二百年间，与故乡断了联系。1872年朱氏族孙从日本带回《朱舜水文集》，族内补传乘。

十八、慈溪：王竹孙（锡璋）

王竹孙为冈千仞作山水、梅花、大字，写后序记。冈千仞《题竹孙画梅花》："平生无一首不是不爱梅。只恐着凡句，损它花格来。"王竹孙游幕为生，后上锦州工作。其二子王凤喈为出洋官费生（第一批留美学童之一），美国耶鲁学校毕业，后委任北洋水师学堂教习；其三子如璋，天津水师学堂优等生，北洋平远舰轮机副，参与过中日海战，后从事中国早期铁路建设管理。

十九、慈溪：冯梦香

冯梦香，慈溪人，求是书院总教习。求是书院创建于1897年，是中国近代史上效法西方学制最早创办的几所新式高等学校之一。我国近代著名教育家林启在杭州任知府时,创办了"求是书院"(浙江大学的前身)和西湖蚕桑馆,林启特地从慈溪、遂安等地聘请名儒冯梦香等人前来执教,因此,书院士风日振。《教育大辞典》中还介绍冯梦香也担任过绍兴中西学堂总教习。绍兴中西学堂也是浙江早期新式学堂。清光绪二十三年(1897)绍兴徐树兰(仲凡)捐资创办。校址假古贡院之山会豫仓,同年开学,学额40名。二十五年更名绍兴府学堂,改监董为总理,蔡元培继任。课程增设体操、测绘、物理、化学等。蔡氏手订绍兴府学堂学友约5条。1900年蔡元培辞职,学校因故停办1年。1901年复校,创办人徐树兰任总董,何寿章为总理,鲍敦甫为总校,冯梦香为总教习,徐锡麟曾在该校任经学和算学教习。

二十、慈溪:杨泰亨(1824-1894)

杨泰亨,字履安,理庵,同治四年(1865)进士,官检讨,同治十二年(1873)两次任湖南副考官。后讲学乡里,历主孝廉堂、月湖书院、龙山书院讲席。工诗文、善书法,正楷入阁体,行草宗晋唐,笔致隽秀,布白匀称,极有法度。藏书数千卷,曾不遗余力收集二老阁、醉经阁散失书籍,保护乡邦文献。杨泰亨著有《饮雪轩诗文集》、《佩玉斋随笔》等。

杨泰亨创办了以收养孤儿弃童、孤寡老人为对象的云华堂,得到众多乡贤赞同,同时兼可容二百名小学生的云华堂,连续五十年成为浙东著名慈善机构。

杨泰亨是翰林,主编《慈溪县志》。王惕斋陪冈千仞访问他,他赠一把竹椅子给冈千仞,供船上使用。

二十一、慈溪:冯云濠(1807-1855)

冯云濠,字文浚,号五桥,慈城五马桥前新屋人,以优贡中式道光十四年(1834)甲午科举人。出身于药商世家,四世祖即为创办宁波大药号"冯存仁堂"的冯映斋。

相传冯云濠在宁波药行街开设的"冯万丰"药号,是浙东最大的药材批发商号,当时宁波是全国药材营销中心。咸丰初,因资助清政府30万两白银(另说50万两白银)作军饷去镇压太平军"有功",受到清政府"嘉奖",并取得免税贩运的特权,业务大振,在全国各地开设许多商号,迅速致富。慈溪药材商人也有冒"冯万丰"牌号做运销商,好多人发了大财。

据其同时代人,当过慈溪、鄞县知县,宁波知府,后任浙江学政的段光清,在《镜湖自撰年谱》一书中写道:"慈溪冯氏巨富也,朝野闻名,有家财二千万","全国各地都有商铺","宁波东郊的几条街都是他的"。

好行善事,凡乡里开河济荒等事,不惜千金捐献。曾资助建造德润、慈湖两书院。官至观察使,足迹遍及川广云贵。同时博采群书,搜藏珍版孤本,于观察第内筑醉经阁(在今慈城玉马桥畔)入藏。所藏有鄞县全祖望《宋元儒学考》和后著《补遗》一百卷,尤多明版舆地图籍。其醉经阁四周砌有高耸之风火墙,与第宅相隔,后有月池。1946年国民党慈城军火库大爆炸时,波及第宅,焚为废墟,然醉经阁独无恙,至今尚存。醉经阁藏书沿至其孙冯可镛。

二十二、慈溪:冯可镛

冯可镛,原名可鈫,号舸月,1851年中举人。八次上春官应考落第。后由拣选知县加国子监正衔。晚年于德润书院讲学,编《句章征文》四卷,校刻《慈湖遗书》兼辑《补编》一卷、《慈湖先生年谱》二卷。著有《画匏斋诗稿》、《浮碧山房骈文》各若干卷。其笺注《国朝骈体正宗》十二卷尤为毕生心力所萃。为光绪《慈溪县志》总修。殁于1886年。尔后,冯氏后裔败落,藏书肆意出售,多落入秦润卿抹云楼(光绪《慈溪县志》、口碑访录)。

"醉经阁"省内闻名,藏书极丰,冯本怀为冯云濠堂甥;"寄月楼"为当代作家冯骥才曾祖的胞兄、举人冯可镛创办,藏书与"醉经阁"相仿。

二十三、僧人:北方心泉(1850-1905)

名蒙,字心泉,号月庄,别号云进、小雨上人,日本东本愿寺僧人,属真宗大谷派。1877年后多次来华传教,开设金陵东文学堂。与书画家胡铁梅、朴学大师俞樾等有深交。

二十四、天童寺主持寄禅法师(1851-1912)

清代爱国诗人,释敬安,字寄禅,俗名黄读山,湖南人,后担任中华佛教总会第一任会长。1881年,寄禅最初的诗集《嚼梅吟》,在宁波出版,使他在当时诗坛上获得了一席地位,以后又出版了《八指头陀诗集》以及《白梅集》。寄禅存诗达两千首,诗中真挚的爱国思想,深厚的忧民情怀,使他的诗具有独特艺术风格。他先后担任过湖南六个寺庙的住持。1902年,浙江宁波天童寺首座幻人率领两序首领代表前来长沙,请寄禅法师到天童寺任住持。寄禅法师与齐白石、杨度交友,问学于王闿运门下。

他圆寂后,杨度为其整理遗稿。他所著《八指头陀诗文集》,在2007年由《湖湘文库》编辑出版委员会重新交岳麓书社出版。

王惕斋陪同冈千仞访问天童山寄禅法师。冈千仞诗《天童山赋赠僧寄禅》:"天童名久藉东瀛登览聊摅羁客情。寺径境幽千竹矗,禅扉昼锁万蝉鸣。林峦浮出楼台影,朝暮打来鱼鼓声。深契偏因师捻起,玲珑岩上悟三生。"后在日记写下"翻阅《嚼梅集》。其诗自禅而进诗,真得妙解者,恨匆卒唱和,末及与之订文字缘。"

寄禅法师后来应见到冈先生《观光记游》,他在1901年作《怀日本冈千仞,即次甲申夏日游天童玲珑岩原韵》:"高人白首卧东瀛,应忆天童水石清。洞古苔深无客到,岩阴昼静有蝉鸣。松杉曾见当年植,钟梵同听下界声。云海茫茫万余里,因缘强自说来生。"1902年又作《日本冈千仞寄次甲申夏同游天童玲珑岩,韵见怀并所著〈观光纪游〉,感叠原韵二首》:"尺书报我自东瀛,展读如闻笑语清。春水绿波人万里,幽溪碧树鸟孤鸣。观空犹忆前尘影,问讯还劳远寄声。一别玲珑岩下路,沧桑百感竟丛生。""每闻海客话东瀛,风俗还如太古清。所学皆能为世用,其人不仅以诗鸣。闲云亦抱为霖意,野鸟都含赞佛声。中日本来唇齿国,掣鲸休使海波生。"体现了中日民间人士友好来往,因诗结缘。

二十五、蔡同德堂药号

由宁波籍商人创始于清光绪八年(1882),并由宁波布商蔡嵋青从汉口迁来上海,先在河南中路455号,后迁南京路320号,是一家规模较大的中华中药店,初创时属前店后场模式,以后在长三角地区开有许多分店。

王惕斋在杭州、苏州、上海时,均在蔡同德药铺开在当地的分店落脚。如冈千仞到沪时"惕斋导过叶氏药肆",冈千仞出发离沪"过蔡同德药铺,促惕斋同发"。冈千仞与王惕斋同游苏州"午后从惕斋,过蔡氏药铺。宏厦深沉,此间狷顿"。经过杭州、绍兴、慈溪,分手。冈千仞重回沪上,知王惕斋要先期返回日本,冈千仞"赴蔡氏药铺,饯惕斋东航"。

王惕斋致汪康年九封信中涉及人物的简介

王浩平

信1：刘伟庵、徐小农

刘伟庵、徐小农是罗振玉所办上海农学会的成员。他们访问日本时，王惕斋与他们同住东京山田屋旅馆，方便陪同导观。

信2：邹殿书

邹殿书，江西高安人，强学会会员。志愿与黄公度同，故首捐五百金开办《时务报》，开办一切事，无不共之。他为人正直，思想激进，敢说敢为，素有"邹疯子"之称，首先创办了《经济学堂》，配合谭嗣同等人宣传维新。邹殿书是江西民族工商业的先驱，办了很多实业。

信2：傅子濂

1898年傅子濂访日返沪时，王惕斋托带信函给友人。

1905年10月由叶九如、夏育芝、傅子濂等重新组织书业公所，租浙江路小花园街口12号为所址。推举席子佩为总董，张金城、俞仲还、傅子濂、夏颂来为副董，夏粹芳为会计董事。主要从事书刊的出版、销售、古书流通、西书影印等业务。1911年，书业公所会员达100余家。席豫福、傅子濂等开办的上海石印书局（亦称上海书局），清光绪年间，位于福州路山西路（今山西南路）。

信2：袁子壮

当时为日侨，常往来中日间。

1907年，上海袁子壮等人重新提出建立交易所的建议，并提出可以仿照日本"取引所"的办法进行组织。由于腐朽的清政府未能给予重视，结果这个建议也未能付诸实践。然而，这些倡议为后来创办证券市场提供了必要的舆论基础。将证券交易所提上议事日程，是在清政府垮台、民国政府成立之后。

其子袁牧之（1909-1978），电影表演艺术家、编剧、导演、电影事业家。

信2：裕公（裕庚）

字朗西，汉正白旗人，进士，1895年至1898年驻日公使，子女随任，后任驻法国使臣。女儿德龄曾为御前女官，许多传记类书即说其女故事。1898年4月，康有为等维新派人士在京组织保国会，倡言维新变法。清廷驻日公使裕庚秘密致函总理衙门，密告流亡日本的革命党人孙中山。

王惕斋在信中说："大众巴不得裕公早返，无益于众。" 1898年底李盛铎接任驻日公使。

信3：陶桼林

陶桼林考察日本学校教育时，王惕斋陪同访问过。陶桼林（森甲）著有《日本学校章程》，还译出《近世陆军》（政学丛书，出洋学生编辑所校订）。

陶桼林参与实施《东南保护约款》。刘坤一和张之洞二位封疆大吏完全接受了盛宣怀提出的"东南互保"救国方略，当即组成了以盛宣怀为核心和有上海道余联沅、道员陶森甲参加的三人谈判代表团，与各国驻上海领事团进行紧急磋商，商谈订约的具体事宜。张之洞代表陶森甲，刘坤一的代表沈瑜庆与各国驻沪领事在上海举行会议，议定了《东南保护约款》。这些规定后来双方都基本遵守了。"东南互保"有效地维护了长江流域局势的稳定，使得沿江城市免遭一次兵燹，是晚清长江流域具有划时代意义的事件。

陶森甲任南京将备学堂提调时，器重杨卓林（革命者）为人，遂将周馥的阴谋密告于他，还以"徒死无益"、"留此身以有待"之类的话相规劝，并资助他赴日本留学。1905年秋，杨卓林负笈东瀛，入日本神田区高等警监学校。

信3：罗振玉（1866-1940）

罗振玉，祖籍浙江省上虞县，客籍江苏省山阳县（今江苏省淮安市楚州区）。初字坚白，后改字叔蕴、式如、叔言，号雪堂、松翁、贞松老人，又称永丰乡人、仇亭老民。

罗振玉是农学家、教育家、考古学家、金石学家、敦煌学家、目录学家、校勘学家、古文字学家。他是中国现代农学的开拓者，中国近代考古学的奠基人。他在政治上始终"恪守旧制"，曾以满清遗老身份任伪"满洲国"监察院院长。在学术上却是革新派，以出土文献的发现及整理为志业，尤以甲骨学的开创惊世绝伦，世称"罗王之学"（"王"为王国维）。他对中国科学、文化、学术又颇有贡献，参与开拓中国的现代农学、保存内阁大库明清档案、从事甲骨文字的研究与传播、整理敦煌文卷、开展汉晋木简的考究、倡导古明器研究。他一生著作达189种，校刊书籍642种。陈寅恪亦尝荐举罗叔蕴为清华国学研究院导师。

信3：叶澄忠（1840-1899）

叶澄忠,字成忠,宁波庄市人,家贫,1854年到沪在杂货店学徒。17岁时，用舢板送货时，送一英国哈利洋行经理过江，捡到其忘在舢板上的皮包，内有几千美金，当时叶澄衷为了学习英文，积攒许久的学费也只有一元钱。叶澄忠等候他返回领走，且拒收赠谢金，经理感到叶澄忠的诚实，助其货源，开"老顺记商号"经销五金零件，后成为五金大王。叶澄忠产业有票号、钱庄，鼎盛时达108家；后开燮昌火柴厂、纶华缫丝厂。任中国通商银行总董，1901年办澄忠学堂，热心慈善事业、社会公益，多次出资救济浙、鲁、豫、直等省灾区。

《东方小故事》收入他早年的事迹，故事名"诚誉浦江"。他是著名的宁波商团的先驱和领袖。他做生意很有天赋，头脑清醒，乐观时变，为人处世既诚且信，宽厚待人，被称为"首善之人"。在叶澄衷传奇性的创业历程中，诚信宽厚的性格帮助他在穷途时得到难得的机缘，在萧条中仍旧昂首前行。在宁波商帮中，一直流传着这样一句话："做人当如叶澄衷"。

信3：何桂笙

何桂笙，浙江山阴人，秀才，1876-1894年间，任职《申报》，为主笔，是钱昕伯在1872年至1894年间的主要助手，钱昕伯后来接任总编纂。《申报》创刊以后，笔政长期由浙江文士主持。首任总主笔是浙人蒋芷湘，其人在1884年考中进士后离开报馆，余事不详。继任总主笔是钱昕伯，浙江吴兴人，号"雾里看花客"，是王韬的朋友和女婿。钱由于身体不好，时常不能到馆，故总主笔的事务经常由主笔何桂笙代理。号"高昌寒食生"，据《申报》的挽文所记，其著述有《劫火纪焚》、《红楼梦题名录》、《齿录》、《一二六文稿》等。见王敏著《上海报人社会生活(1872-1949)》。信中惕斋先生告诉汪康年，有一本日本人编写，讽刺潘道科不良行为的书，在何桂笙的公馆处，有空可取阅。

信3：李木斋（李盛铎）（1859-1937）

江西九江人，1889年榜眼，字义樵，号木斋。12岁就在家乡购书、抄书、校书。17岁在江西文坛小有名声。中进士后任国史馆协修，乡试副考官。他考察过日本学堂。甲午战败，他和康有为发起保国会，之后任日本大臣。1901年回国，任顺天府丞。李盛铎1905年派为考察政治大臣，对预备立宪法的决策起到推动作用。辛亥后被袁世凯政府聘为大总统顾问、参政院参政，后离开作寓公。李盛铎居天津专事收集古籍，不问政事。

李盛铎是近代最负盛名的收藏家，目录学家、版本家、校刊家。1940年其子将四代人收藏之图书，售予北大，成为北大古籍书目的基础。计有9087种，三分之一为名贵罕见本。

信5：钱恂（1853-1927）

钱恂，浙江吴兴人，字念劬，号积跬步主人。1884年为宁绍台道薛福成门人。长期担任清朝的外交官。早年随著名改良派人物薛福成等于1890年出使英、法、意、比等国。后又游历日本，1898年任湖北留日学生监督。1905年为赴东西洋考察宪政大臣。

清末他秘密加入光复会，并参加了辛亥革命，是个思想开通的进步人士。

他曾受薛福成之命，整理宁波天一阁尚存的书籍，编成《天一阁见存书目》。

钱恂是茅盾在湖州求学时的校长，钱恂先生亲自教授茅盾作文，在茅盾的作文后面写下"是将来能为文者"。

钱恂夫人单士厘（1856-1943年），字受兹，浙江萧山人。自1899年始，单士厘几度随其夫出使日、俄、荷、意等国，这又大大开阔了她的眼界，她写出我国第一部女子出国记《癸卯旅行记》。继《癸卯旅行记》之后，又编纂了《归潜记》、《清闺秀正始再续集初编》等。民国初年，单士厘和姚蕙等人发起成立上海女界协赞会，在上海并赴无锡、嘉兴、松江、嘉定、苏州、常州、常熟等地募捐，同时在报上刊登募捐启事，号召广大群众踊跃捐款。该会共捐得2万余元交给南京临时政府，受到孙中山赞扬。

钱恂是钱玄同的哥哥。

信5：陈三立（1853-1937）

陈宝箴之子陈三立，字伯严，号散原。1886年进士，散馆编修、吏部主事。曾与黄遵宪创办湖南时务学堂，深受张之洞器重。1902年任三江师范学堂（南京大学前身）总稽查，1904年底与缪荃孙、方履中一同奉端方之命整顿三江课程，并就任三江总稽查。与谭嗣同、丁惠康、吴保初合称维新四公子，但戊戌变法后，甚少插手政治，自谓"凭栏一片风云气，来作神州袖手人"。卢沟桥事变，绝食五日而死。清末同光体诗派代表人物，近代爱国诗人。

陈三立长子陈衡恪（1876-1923），近代著名画家，并擅长篆刻、书法、诗文。与鲁迅在日本宏文学院同学，归国后为鲁迅出的书，做过许多插图；陈三立三子陈寅恪（1890-1969），现代著名史学大师、教育家，他学识渊博，在国内学术界享有崇高声誉（四人事略均载入《辞海》）。

俞文葆在湖南为官时，与湖南巡抚陈宝箴结为亲家，其女明诗嫁给陈三立。陈三立的女儿陈新午又嫁给了俞文葆的嫡孙俞大维。

信6：姚文敷

姚文敷早年从事慈善活动，"在任心白居士商请下，上海冯梦华、王一亭、姚文敷、关絅之、黄涵之等诸大居士，开办佛教慈幼院于沪。对慈幼院之教养赤贫子弟，鼎力助成。经费为数颇巨。"（《印光法师文钞》）

余姚发现东汉时《三老碑》，后于1921年被上海古董商人陈渭亭以300块银元买去，准备用高价卖给日本商人。正在上海的浙江名流姚文敷、沈石得到了这消息，很是气愤，即撰文在报上披露。西泠印社社长吴昌硕和社友丁辅之等看了报道，即奔走呼号发起书画义卖和捐款活动，募得有识之士65人，集款8000余银元，买回了《三老碑》，避免了宝碑沦落他邦的悲剧。

1922年，《三老碑》由西泠印社建石室珍藏于杭州西子湖畔，现已成为西湖一景。至于石室上的那副"西泠印结千秋社，东汉石传三老碑"的对联，则是1933年西泠印社成立30周年时由著名金石家童大年所补题。

信9：刘岘帅（1830-1902）

刘岘帅，字岘庄，谥号忠诚。湖南新宁人。禀生出身，历任广东按察使、广西布政使、两广总督、两江总督。任两江总督兼通商大臣二十余年。曾捐资五千金赞助北京强学会。曾保荐黄遵宪，1895年刘全权授黄遵宪，使与日本领事谈判苏杭租界事宜。戊戌变法后，主张对黄遵宪从轻发落，遣回原籍。庚子事变时主张镇压，推动东南互保。王惕斋在1895年春季有给刘的上书，内容有关税收的建议，刘有批语。

信9：陈葆箴（1831-1900）

陈宝箴谱名陈观善，字相真，号右铭，晚年自号四觉老人，江西修水人。1852年乡试中举，文才、韬略和办事能力深为两湖总督曾国藩所赏识。先后任浙江、湖北按察使、直隶布政使、兵部侍郎，时与许仙屏号为"江西二雄"。1895年在湖南巡抚任内与按察使黄遵宪、学政江标等办新政，开办时务学堂，设矿务、轮船、电报及制造公司，刊《湘学报》。受到湖南守旧派王先谦、叶德辉的攻讦。清末著名维新派骨干，地方督抚中唯一倾向维新变法的实权派风云人物。戊戌政变后被革职，永不叙用。

信9：陆天池

清政府时任前门征税局局长。王惕斋在他来日本时，有关于税务的上书交给陆天池，并将此内容也给了汪康年，"内有谈及税务司事，势不能登。倘其中有可采纳，摘一二条斧政才酌之"。

信9：俞恪士（1860-1918）

俞明震，字恪士，号觚庵，绍兴人，1890年进士，授刑部主事。

信9：张赓三（1845-1918）

中日贸易的先驱者。1918年纪念北海道开道50周年，日本政府向张赓三颁蓝绶褒章、银杯。当年因通商成为受日政府最高奖励的中国人。张赓三在函馆经营海产品，将日本渔民丢弃的小鱼翅，加工销往中国。"文革"中张赓三后人将蓝绶褒章丢失，1986年经日本政府复制奖章，现存上海市侨办。见《创业上海滩·宁波人在上海》第一辑。

王惕斋属下张伯岸简介

王勤谟

王惕斋在明治十年（1877）末，在日本东京浅草黑船町拥有自己经营的商店"凌云阁"，翌年初商店迁往筑地人船町。主要经营书店，专售汉籍和文具。"凌云阁"有多少店员，已不可知。目前已知的有三个人：即《张謇日记》（1903年5月24日）中所记："甬人张伯岩、黄桂芬以王惕斋所属来为照料"；和日本学者实藤惠秀编辑的《大河内文书》中提到的"哲明：秦哲明，是王惕斋的店员"。秦哲明，除在《大河内文书》中提到的，别无资料。黄桂芬，在我保存的照片中，有一张有他，也别无资料。张伯岩，应为张伯岸，又名张之铭（两个名字中，我分不清何者为"名"，何者为"字"），鄞县姜山镇石路头人。年轻时去日本留学，和我祖父以师生名义相称。以后和我家的关系也很密切。我的大姑母嫁给他的儿子张绍铭，但在生下我表兄张孝秩后不久就去世了。我父亲拜他为义父，也成为我的义祖父。我在上海上中学时就住在他那里。

下面，我主要介绍他以下三方面情况：晚年生活、创办实学通艺馆和古骦室藏书。

一、晚年生活

我是在1941年（12岁）由慈溪县黄山村到上海上中学时，住在他那里。这时他已有70岁左右，早已不过问商店的事。商店的事完全交给其堂弟经管。这个商店共有四层。第一层主要是销售场所，第二层是众多人在一起的大办公室，第三层是仓库，第四层一分为二，一间让在上海没有家的店员住，我也住在这间屋里。另一部分有里外两间：外间，白天是他看书和会客的地方；里间是他的卧室，白天也是我的书房。

他除每年一次请一些知己的朋友在饭馆吃一餐外，很少出门，也不下楼。但经常有客人来访。来的客人多半是一些老古董式的人物，有时他把我写的"大字"让这些人评点一下，说的内容，我也听不懂，也不爱听，因为我的字写得不好也不爱写。来的人中也有较为年轻的，印象深的有章太炎的小儿子,说话慢条斯理。也有业余时间练写"桐城派"文章的,写好后请他评点。他有一把古琴,会弹的客人来时,要请他弹一弹,弹时还要点香等等。

他的日常生活由一个跟随他多年的老妈子照顾,包括做饭。我则和店员一起吃。

他对我的管教就是放学回来后在书房里学习,不许外出,也不许下楼。发现我下楼,就猛按电铃,要我回来。过去,他孙子住在他那里时也是这样。我在学校里学的课程,他都不管。他对我的额外要求是:写大字和小字,学《四书》、《古文观止》、《唐诗三百首》,看《曾国藩家书》等。不让看小说。虽然他也藏有很多旧小说。

高三时(1946-1947),我所在的中学(光华大学附属中学)搬往当时上海的郊区,我住校,而他也在这一年中去世了(大约是1947年)。

二、创办实学通艺馆

据我伯父说,1909年左右,我祖父给他一笔钱,约5000银元,回国开了一家卖科学仪器(包括一些化学品)的商店,叫实学通艺馆。

实学通艺馆是什么意思呢?我见过他找人画的一张实学通艺图。主要内容是显示他卖的仪器可用在什么地方,如可以用在科学实验、

◇左一为黄桂芳(芬)

学校教育、医药卫生、化验、测量、计算、工业、农业等方面。因此,所谓实学通艺也就是应用这些仪器的实在的学问,达到精通某项技艺的意思。取这样一个富有文化意味的店名,也反映开这个店的主人的特点。

实学通艺馆本部共有十多人(不到两桌人),外有三个人的附属工厂。在二楼办公的是高级职员,经理、副经理、两个账房先生等,他们在上海都有家。售货员都是宁波同乡,家都在老家,一年或两年回家一次。经理是张伯岸的堂弟,和售货员之间是师徒关系。因此,售货员管经理都叫先生。店员和店的关系也有一种家庭式的气氛。店员"来去自由",脱离一段时间,甚至跳槽到别处,混不下去了再回来,也不会被拒之门外。有一个蹬三轮车

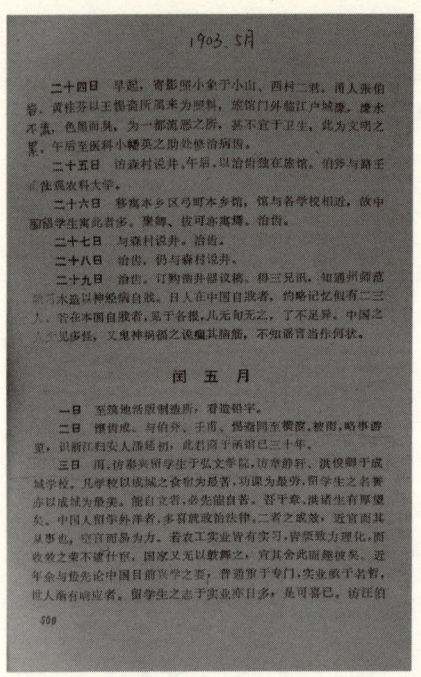

◇张謇1903年5月日记

送货的,一次丢了三轮车,也没有对他有什么责怪,就让他改做售货员。因此,职工队伍基本上是稳定的,有一定的凝聚力。由于买仪器的有很多洋人,店员都自学一些英语,因此都能用英语和洋人做买卖。晚上,有的店员自学,有的打麻将。打麻将时,打出一张牌还要唱一句,如:月上柳梢头,人约黄昏后等等,个个自得其乐的样子。

店里卖的仪器、化学品等,除少数品种自产、国产外,多数是进口的,用现在的话来说,也就是有外贸进口权。从国外进口,有的由本店自己向国外订货,有的是从国外到了一批货,由同业公会在各店之间分配。

由于他们父子关系不好,也由于这个商店一直由他的堂弟经管,或者说钱是由他堂弟帮他赚的,因此,商店有可能不能交给他儿子打理。这样,就在他去世前一年(1946年左右),商店实行了股份化。他儿子占大头,他堂弟次之,也给其孙子和我父亲分了股份。另外,还找了几个朋友入股。开第一次股东会时,由于我父亲在南京工作,就由我代表我父亲出席会议。在这次股东会上选举了董事长、经理等。我也就算是在新中国成立前搞股份公司上沾过一点边的人了。

这个商店还吸收私人存款。我家就有两笔数额不小的钱从民国初年就存在那里。抗战时期,我父亲在后方,寄不了钱来也没有用这笔存款。由我父亲给同在后方的他的孙子张孝秩付学费等,然后折成同等数额的钱给我家家用。一笔是我母亲在1930年变卖部分嫁来时的首饰后存在那里的钱,约3000多元。变卖首饰是因为黄山老家曾遭过北洋军阀孙传芳兵劫,祖母称之为"北兵"的抢劫,放在老家不安全,存通艺馆的利息又较存银行高。新中国成立后,我母亲根据当时的政策规定,折成3000多元人民币要了回来。另一笔是我祖父在1911年去世后,我祖母分别以三个儿子的名义存的款,其中给我父亲和二伯父的存款各为3000元,从账面上看,这笔钱主要通过付父亲和我的中学学费逐渐花光了。实际上,大部分是由于一连串折算(银元折纸币叫法币、沦陷后折伪币、抗战胜利后伪币折法币、新中国成立后法币折人民币以及通货膨胀等）化为乌有的。给大伯父的存款4000元，则早由大伯父取回，为此还引起义祖父的不快。这件事说明，我家的存款实际上已变成他的资本金，通过经营保值增值，而我家的账面存款则大部分化为乌有。这件事还成为审查我父亲历史中的一个问题。我父亲1971年10月24日写给我们兄妹的信中说："1968年7月对我进行审查，1969年6月底定案。定案书中剥削罪行，除执有公司股票拿取股息或定息（已详前函）外，还有我18岁时向实学通艺馆投资三千元作为股金这样一件事。在张之铭（即张伯岸）死亡之前，我们王家的人从来不是实学通艺馆的股东。所述三千

◇左起编者小姑父董道宁、义祖父张伯岸、父亲王祖训

元，实际上是你祖父死后存在实学通艺馆里的存款，1942年时你祖母手里用光（主要是通货膨胀中损失的）。这笔存款仅和我的家庭出身有关，挂不上我自身从事剥削的钩。这一点我在1969年7月初就书面和口头向组织提出。现在组织上已承认定案中之误。"

三、古骧室藏书

义祖父给自己的房间取了一个名字，叫古骧室。书房的两面墙和卧室的一面墙，自地面到房顶都垒着一个一个基本上是正方形的大书箱，书箱的样子如同现在见到的放二十四史的书箱，有锁被，正面写的则是"古骧室藏书"。藏的都是线装书，如二十四史就有两部（不同版本）。这些书，在他去世后，由他儿子卖掉了。白天他就坐在书房里看书，也研究一些历史。去世前两年，还自费印了一部他研究多年而写成的有关历史方面的书（线装形式），送给一些朋友。我记得还送给蒋介石一部。抬头称蒋为总裁。书都由店员寄出去的。店员看了很奇怪，既不是国民党员，又和蒋无来往，为何要给蒋寄书，又称他为总裁。但他自己说，有一次他见到蒋介石，蒋对他说："我在日本见过你。"

马叙伦在《石屋馀渖》一书中说："张之铭遂游历日本，在日本东京横滨侨居多年。"他看见日本的藏书情况后慨叹道："不及百年，中国图籍尽

而嗜藏书，初藏于日本，毁于大地震，今其上海所藏书，亦数万卷。伯岸年七十矣，藏书无目录而随手可以检得，老而忆力犹强，可羡也。伯岸示余所藏《民报》末期，止章太炎之应付《民报》被封时数牍耳。中有标语六，其三有中华帝国之名。盖太炎初旨止在覆灭满洲政权，君主民主非所顾也。"

宁波人张寿镛刊印了《四明丛书》，网上说此书是根据张伯岸藏本刊印的。张寿镛是著名的教育家，在一次爱国运动中，从当时圣约翰大学分离出来办了光华大学，他是光华大学兼附中校长。我就在这个附中上学。当时由他的儿子张芝联具体管理附中。张芝联和我一次个别谈话中，我说我在上海和义祖父张伯岸住在一起。他说，他认识"张老先生"。当初不知道他是如何认识的，看了这个资料后，才知道是因为他们父辈之间有文化上的来往。

从上面两个情况来看，张伯岸的藏书在当时的上海还有一定的名气。

从王惕斋属下的情况，特别是张伯岸的情况，也可以从一个侧面了解王惕斋的儒商风貌，这也是我写这篇文章的一个原因。

第二编

黄山王氏资料选

家　训

冈千仞《观光纪游》记：十九日（二十七日）观王氏家庙。壁书先中书君家训十二条（实为十四条）。

今将《慈溪王氏宗谱》中《家训》录于下。

一、祭以敬为实，以礼为虚，故必先斋戒清心沐浴洁体。由见闻而思到，不见不闻之地形声莫接自然冥通，合漠祖考来格。若徒丰其品物，洁其器皿，盛其礼乐，华其服饰，祖宗不享。

二、正名分，人有夫妇，后有父子，不可色升爱迭。有父子，后有兄弟，不可手足相残。推至九族，莫非一人之身，所分苟知同所自出，自无欺凌。而尊卑秩然，合族雍睦矣。

三、富贵贫贱是学问，大关头一差万错，富贵不必避，只要谦恭好礼。不可放肆骄侈，以势焰加于父兄、宗党；贫贱不足羞，只要立志清高，不可谄奉卑污，致嗟来受人啤蹴，子孙慎之！

四、合家大小都用尽礼，所以父慈则子孝，兄爱则弟敬，夫和则妻柔，福日至矣。万一责善乖张各争理，是反无道理祸自来矣。

五、各安职分士农为上，工商为下，苟失身奴隶、沉迷释道，原非人类自甘暴弃，不入宗谱。

六、妇勤纺织。酒食是议，苟盛妆出游，贤智先人，便无规矩，岂是闺风？

七、早教子弟。成童即入小学，十五则入大学，自然心地开朗，周旋中礼，苟禽犊之爱，宽之异日。异日不可教矣。

八、无听唆调。一家是非定有曲直，各执己见，未免各有是处、各有非处，若将自己非的藏过，偏将别人非的添增，未有不争。再兼外人传诵挑剔，未免幸灾乐祸，骤闻必然激怒。我或清夜思量，自知不是，在外恐人晓得，未免遮掩，亦是悔悟处。被人当面指破，无从躲闪，则径直为非，不复返顾矣，可不慎欤！

九、不可有私蓄，瞒隐父财便是不孝，欺骗兄弟即是不友。思夺继产而以命立为名，思济私橐而以假公为事，有名无理，难掩明人。

十、不可赌博，盗贼皆起于此，故予以恶名曰"赌贼"，究其末路而言也。俱游手放僻之人为之，若有四民之业，非但不为，而自无暇为矣。

十一、不可受口体之累，故衣食务在适中，取其足御寒疗饥而已。若必华躬适体，穷极轻暖，若必下筯千钱，罗列山海，势必乏绝而流为乞丐，慎之慎之！

十二、通那财物，人孰无之，务在信行。到人称贷者，不可负欠。踰期取息者，不可滚算叠盘。

十三、祖宗基业，分授自有厚薄，兼并不可恣意。苟乘急而取设计而谋，先丧心术，岂能长保。即婚丧患难不得已而归我，尚用辞让，假年远日长，备原价而取赎，不宜勒掯，至嘱至嘱！

十四、生而颖异，即用。延师友善，砺以攻苦，不可以难救目前而失彼远大，亦不可以轻废半途而误乃终身。务要才学识兼到而又能谦退雍容，又要时命数相安而绝无怨尤愤恨，止尽其在我，而或发之身，或发之后，任造化自为颠倒。

具遗训十四条，望贤子孙勉旃。

六世孙伯辉著

黄山小志

蒋 坦

注：本文由《黄山小志》《续黄山小志》组成，约作于咸丰庚申（1860），（清）蒋坦著，慈溪杨家驹署就检，光绪甲午（1894）活字板排印。1990年王琯珑点校。王仁元系《慈溪王氏宗谱》所载第二十三世：仁八十黄山庸敬三子，讳仁元，字千善，改字体君，号晓堤，晚号清溪居士。邑廪贡生，好学能文。兀坐一室，不出户庭。对书下酒，自得其乐。所著有《留集诗文稿》。清咸丰六年丙辰九月三十日子时生，民国九年旧历庚申十一月二十一日辰时卒。寿六十五。配童氏，子一义声。

序

黄山距慈溪县城八里，烟火数百家，风俗朴厚宛然一秦时桃源也。余于咸丰庚申四月，避乱此山。日与牧竖荛人闲话于禾畦麦陇之闲。凡自庵宇之废兴，人事之怪诞，墟墓园亭之始末，溪潭橘涧之源流，耳有所闻，归辄命中书记之。昔韩秋岩有《雁山杂记》，王阮亭作《广州小志》，皆于游屐中得之。今此山虽无奇胜，而考资掌故则同，故名曰《黄山小志》云。钱塘蒋坦平伯识。

跋

右《黄山小志》钱塘蒋茂才平伯先生避难黄山时所著，今年夏元谨校。先大夫王氏通谱毕，寓书胶州，就请于仲兄惠若，付诸削氏并校勘焉。而赓续数则以附之，存掌故也。元维黄山，凡吾族未聚以前，古迹多不可考。以元所闻，如前黄山西麓，有河曰吴家漕；后黄山西麓，有桥曰何家桥。元家万绿轩西南隅，曰居家衕。询诸父老，均未详其始末。由是而推，若此类者殆难屈指数焉。先生此书，虽但作雪泥鸿爪之志，而寥寥数条，其足以表彰吾黄山者亦不少矣。印竟为识数语。

光绪二十年甲午孟秋之月，慈溪王仁元跋于万绿轩之临池小室。

前后黄山

黄山距县城八里，以山中皆王氏所居，故一名王山。山多丛筱乔松，苍翠若滴。两峰相对，形似覆盂。相传明时应氏极盛，自王氏居此，应渐式微。故山人有"凰来鹰去"之谚。

东西田洋

自王氏宗祠之东，曰东田洋，至安仁桥止；祠西曰西田洋，至鸥渚桥止。相距数里，而万亩千畦，鳞次若野。春秧插齐，一碧如毯；鸥鹭飞来，如凝烟积雪。唐人所谓"漠漠水田飞白鹭"，此境仿佛似之。

乌石山

乌石山在前山（即前黄山）西南，以石色深黑，故曰乌也。或云昔人晒乌鲗鱼于此，故又名乌鲗山。山雨欲来，辄有云拥其上，故居民有"乌石戴帽天必雨"之谚。占之辄验。其下有龙王堂。

龙潭

龙潭在乌石山顶，宽仅亩余，而潭水沦漪，清澈无底。雷雨将作，辄有云气瀹然，出没其上。故邑人祈雨、请龙，必投简璧于此。

白芦岭

白芦岭为前后黄山来脉之地。峰不甚高，而平远松秀，宛如黄子久着色画本。山下有张氏，卖生产药极效。相传张氏先世好为善，乞儿登其门者，必饮食之。后有乞儿来宿三日，以怀中书授之曰："善藏之灶前，我去后三日始开视，当有益汝也。"张曰："诺！"会其子归，窃视之。其书忽被风刮去空中。亟夺之，仅得一纸，即所传生产药方也。

虎潭

虎潭在前山之半。清泉一泓，冷逼毫发。居民取以酿酒，不减吾乡梅花泉水。

龟坪（又称"乌龟山坪"）

龟坪为后山平衍之所。以地形如龟，故曰龟坪。坪无花树丛薄之碍。枥有骅骝可以骑射。

鸥渚桥 （又名"讴思桥"、"安子桥"）
鸥渚桥在西田洋之西，渚水自田间绕流回环若带，以时有鸥鸟往来，故名鸥渚。桥西茅店数家，可以行酤。亦有担果饴鰕菜来趁集者，黄山一小市镇也。

安仁桥
安仁桥在新渡，自后江入浦之第一桥也。浦中芦苇萧萧，境绝幽折；钓船往来，时晒鱼网于此。

井湾
井湾在龟坪之侧，仝十八公墓庐遗址，今为丛葬处矣。白杨萧萧，飒如风雨，天气晦阴时有磷火如萤，熠耀山际。

钩泾 （也称"狗头泾"，在树桥头东北面）
钩泾在樟树之西，今行人泊船地也。以水势至北一折，故以钩名。

长桥 （也称"长桥头"）
石桥二三尺，横跨池上（元案即志中所称荷池也）。江潮逶迤而南，至桥下始止。春水涨时，声如琴筑。坐桥上听之，令人忆艒光道中。

五树
五树者，樟树、杨树、松树、槐树、罗树也。樟树在浦西上船处，枝叶扶疏，行舟都系缆于树。今无有矣。而居民犹呼其地为樟树下。杨树在亦园之南。罗树近五雷坛。今王简侯万绿轩外。其二树，不知何所。今俱存其名而已（案此条间有误处，见族祖佐勋公，讳宇清，五树间人自记。元识）。

黄山庙
黄山庙在前山之麓，庙貌巍峨，村民祈报之社也。神姓阮，讳日益，号鹤岩，杭州于潜县人。元至元间，曾栖隐此山，后移居余杭洞霄宫，四十年仙去。著有《南华经注》、《道德经注》，皆不传于世（元谨案：神传见《于潜县志》，仙释以上，云云。大略相同）。庙中有楹联云："九锁旧栖真神之先，为南阮欤？北阮欤？惜无世牒征详，祗此间萼草烟荒，丹井泉流传至正；双峰长绕户山以下，有东王焉，西王焉，并受灵风胙蠁，凡每岁木樨花放，青词箫管赛中秋。"又云："六百年志乘销亡，此地犹传阮公井；五千言经文注满，故庐曾忆洞霄宫。"以神诞八月十五日，是日，士女喧阗，灯火如昼，故前联末语及之。

萃星阁　[又名"文武殿"，与"黄山庙"仅隔两堵风火墙（庙、殿各有风火墙，故曰两堵）]

萃星阁在黄山庙偏，旧有樟树一本，大可数抱，腹空如龛。居民供文武二帝像其中。后嘉庆十九年，里人建阁成，移供阁上；而其下祀华光，即俗称五路财神也。予尝拟阁联云："二曲位居中，星斗重光合珠璧；五云常在下，金银双阙拥楼台"。

谢墅庵

谢墅庵去黄山庙数百步，庵西（应为西北）即谢墅桥也。门外旧有茶亭，为行人止息之所。后建为庵。近又拓而广之，但名曰"谢墅"，不知何所取意。

普济庵

普济庵在安仁桥前，临大江。万山如画，门外有亭，俯倚澄碧。行人唤渡者，都憩息其下。庵无僧弥（后有尼姑），渡船中二三长年（即长工）居之。其船亦王氏所设，往来涉江正不费一文钱耳。

阮公井

井在前山之麓。相传阮公隐时，常以井水和丹药济人，屡着灵验。今水味甘洌，其色深黛。居民多取汲于此。

王氏宗祠

王氏祠在后山。自前明创始，迄今数百年矣。祠中屋宇无华侈之习。春秋祀享，子孙多至数百人。楚楚衣冠，其风古朴。时有村夫子课徒其中，读书之声，常出竹烟篱落间。

荷池　（王氏族人皆称"祠堂池"。今犹存）

荷池，在王氏祠南。宽竟数亩，昔栽菱藕。其中花叶繁盛，今零落无有矣。池鱼千百，如针大者，长亦数尺。予笼灯西田洋夜归，尝闻池中拨刺声。今王梅斋将植芙蓉池上，九十月间当成芙蓉城矣（元案芙蓉今未植）。

石城祠　（王氏族人称它为"小祠堂"，非也，"小祠堂"似指立本堂）

祠在龟坪之南麓，王氏石城令后裔所建，故呼石城祠。所以别仝十八公一派也。祠中，堂室三楹，门舍三楹。规制更朴素矣。此祠门虽设而常关，非祭日不得而入。祠之规制，予闻之村人云。

诜二公墓

诜二公者，讳元浩，王氏迁慈溪四世祖也。以富世其家，殁葬后山。松楸俱尽，惟墓门独存，俗所谓坍牌楼者是也（解放初犹见该牌楼倾斜地竖立于后黄山脚，王氏宗祠西，墓碑为横碑）。

明白先生墓

明白先生，讳桓，诜二公子也。明洪武四年，召对便殿称旨，帝呼老学士。初家居时。乡人有不平事，咸取决焉。世遂称明白先生。晚年以诗酒自娱，殁后卜葬后山。孙来，以尚书贵，复建墓门。今翁仲俱亡，惟华表一枚，尚竖荒苔丛草中，作黛绿之色。

石城公墓

石城公，讳伯爔。明白先生六子也。墓距坍牌楼数十步，有老柏如龙，横出墓石。公前明为石城令，有功德于民，故世称石城公云。

石人

石人者，明白先生墓前物也。相传为鬼物所凭，人静更深，常出游（于）风月之下。一日入人厨下，窃釜中馀饭，人为击碎右耳，遂倾仆草中，不复能起。

仝十八先生墓庐

仝十八先生，讳钰，王氏始迁黄山之祖也。先生初居唐堰，以先茔在黄山，始移家庐墓居焉。三百年来，子孙鼎盛。今东西前后数百家，皆先生之后。殆天之所以报孝子欤。

半角山房

半角山房，王亦坡先生别墅，即今所谓亦园也。园中倚山为屋，杂花如锦。轩廊小如蜂壶，而幽邃有致。先生好客，能诗，常与诗人韩二桥、王梨门觞咏于此。惜余来此山，先生已谢世数年。灌园无丁，花树都被攀折。惟涧水潺湲，为主人作呜咽声耳。

独乐园

独乐园与王氏祠相隔一水。从祠前望之，隐隐有薜荔青出墙者，即其处也。园地不满数弓，杂莳花草，豢一稚鹿，以红栏扃之。庭凿小池，圆可如磬，引苹藻其中，令人发江湖濠濮间想。庾子山云："一寸二寸之鱼，三竿两竿之竹"。此园殆兼有之。

万绿轩

万绿轩，王简侯书屋也。插架千卷，直省志乘为多。轩后凿小池，覆以双桐（其一今已枯，元识）。令池水作澄碧之色。轩之前隙地数弓，杂薙花木，其侧别筑小舍两楹，曰"止止室"。窗面荷池，夏夜纳凉，时有清气袭人衣襟。室后有修竹数十竿，摇曳于淡月清风之际，颇见韵致。室之南有桂树十馀本，故又名桂子厅（今此室，予尝拟制联语云："依宅修篁能免俗，隔墙丛桂好留人"。至轩内予曾嘱族兄砚云，孝廉迪中为撰一联，并有跋语。其联曰："藏府厅州县多书不让卷蒇千经插架开高阁；植兰桂芝荷数种景行谢墅万绿成图面小轩"。纪实迹也。而轩两旁舍近复别拓一窗，以其面池，颜之曰临池小室。予亦制一联云："孤桐百尺挺而秀，活水一渠清且涟"。元识）。

五雷坛

五雷坛，在万绿轩扶鸾之室也。坛供吕祖画像，室悬飞鸾，衔笔沙际。凡有所祈，辄运笔如飞，判示无失。"简侯好客乐善，常与邑人叶霁峰、族人梅斋等，建云华堂作掩骸、舍药、育婴、诸善事。有功枌榆、殆此乡"马少游云。

黄山小志终　慈溪王云藻校字

续黄山小志

立本堂（王氏族人称它为"小祠堂"）

立本堂在登科门头之西，为吾"贤"行（即贤字辈。行，即辈。）三大房祖堂，故亦曰老祖堂。堂后奉先世栗主，春秋设祭祀之。道光十三年，先王父穆斋公经理改建，较旧址扩而大焉。堂之南为郊场，去堂数十步，凿以荫池，盖谓足避火灾云。

树德堂

树德堂在立本堂后，廿二房祖堂也。中亦供列先世神位。于后，子孙式微，以堂与人，改建作室，其栗主不知迁于何所，或云埋诸山麓。若敖之鬼不其馁而。噫！

众香国

众香国在前山东南麓，即吾"贤六公"墓庄也。其室三楹，中堂颜以"众香国"三字。字出佛书，考所取义，殆以窀穸为成佛地欤？庄前修竹数丛，望之蔚然而深秀矣。每岁清明时节，济济衣冠，齐来拜扫，亦足验墓地钟毓之灵已。

登科门头

登科门头，在立本堂东门前之衕，曰"老墙衕"。门上有登科匾额，以侍卫拙斋公乡举时所立者，故名。此屋为"贤十一公"旧宅，堂后曾供栗主。自光绪丙子岁失慎，瓦场一片，今为沙砾地矣。（俗称大操场）

马房

马房在懋宗祠东，为贤行廷贵公旧宅。今后裔移居别处，他人入室矣。相传昔曾养马于此，故名。然吾族又有龙房焉，岂如左氏传所云有董父豢龙者乎？彼马房之名胡为乎来哉？（疑为兄弟两大房，一属龙，一属马）

中堂前（即"大地道"。今黄山村与联勤村交界处，属黄山村）

中堂前，在立本堂西，为吾"俊九公"旧宅。吾贤六房后裔多由此分居者也。宅本前后两所，自同治乙丑岁遭回禄后，衹建复其中堂而已。门前馀地，大可二三亩，农人秋获时恒借为纳稼登谷之场。俗所称大地道者即此。

侍卫房

侍卫公官山东副将。归田后，所筑之室。门牓署"御前侍卫"四字，俗遂以侍卫房呼之。道光间有术士王某者来相宅，谓此宅某年某月当遭火灾；若中堂按某方位掘数坎，覆以缸，可免。主人如其法以厌之，及期果无恙。人犹未之信也。厥后，室中人偶以他事问卜。卜人曰："此宅久当焚，如今尚存乎？"然则，王之术亦神矣哉！

上楼屋、下楼屋

上楼屋，在后山东北麓，为世行椅公后裔居焉。与半角山房邻近，故天日晴和，时闻鸟声。下楼屋即在其前，道光间已易主而改建他室矣。若咸同间人，询以下楼屋三字，犹之树德堂，茫然不知何地也。令人作沧海桑田之慨。

大井

大井，在中堂前西，俊六房屋外，近人呼其地之左右曰"大井跟"（"大井跟"族人叫别了，称"大井杆"）。水源自山穴中来，清冷甘洌，居人多取汲于此，深亦不知若干寻丈，无有以绳测之者。虽久旱，莫见其底焉。或曰旧有井栏，书法为六朝字。此说妄也。其一在朝西门头檐宇下，今此井已掩塞矣。相传为龟之双眼云（龟指龟坪言）。

圆田

圆田，约四亩有奇。地与大井相近，农人秋获，岁倍于常。其形似方而呼曰圆田者，以四周无棱角也。田为"明廿五公"祀产，俗遂称"明廿五公"为圆田太公。此谓之祖以产名。与东田洋之高田（太公），盖同而异。

山屋

山屋，在后山北麓。族祖松云公所筑也。其室三楹，极为朴素。屋外围以棘篱，大可数亩。杂树、松篁、花果，若幽栖得人。则料理园丁，补梅、招鹤，不减孤山篱落风景。今但为农民场圃，惜哉！

立修斋

立修斋，在孝友堂东偏。其室四楹，为十一房振芳公后裔读书处也。当乾嘉时，岁聘里大师以馆之。济济一堂，从游者称极盛焉。族祖五树公于吴郡得铜魁星像供诸斋中。自同治壬申岁，付之祝融氏，今祇存遗址矣。

半边楼

半边楼，在中堂前西，族祖启峰公家屋也。相传此楼失慎时，南面被焚，祇北面数椽犹存。当日因陋就简，高筑以墙，后人遂呼为半边楼。窃谓一经名士题咏，此楼当与陈青雷半圃相抗衡焉。

对紫轩

"紫薇花对紫薇郎"，唐白太傅句也。族祖五树公家以庭前紫薇一本，为先世衡中公手植者。因颜其轩曰"对紫"，属嘉兴张叔未先生书额，盖非取白傅诗意焉。相传衡中公所植花木数种，百余年来独存紫薇，且最盛，花又最久。此殆有灵爽之式凭欤。

文昌阁

文昌阁在安仁桥畔，亦松云公所建。中奉帝君像。每岁二月三日，同人会祭于阁。左则送子娘娘，右则河神水官，并祔祀焉。阁外有亭一椽，今所名为临江亭者是也。建阁时桥犹未架，地非通衢。相传松云公意江潮退缩，行舟不能入浦，藉此亭为登岸憩息之所。故"新渡"船政，初为守阁者主之。斜行数丈，始抵北岸。自有普济庵，而渡船归此庵掌司矣。

潭肚河

潭肚河，在鸥思桥之南，其河曲如弓形，故以潭肚（形似泥鳅称潭河肚里之鳅）称之。南与庐岭相对。西岸有蒋家山，山虽不甚高大，而松秀可爱。先大夫简侯公卜葬于河之东岸，梅友竹茂才调鼎（梅调鼎，字友竹，晚号赧翁，慈溪县城人，即今慈城人，生于1839年，卒于1906年，为清末书法名家，开创浙东书风，被誉为"清代的王羲之"）题墓联曰："志士一生心堂建云华谱通灵系；佳城三尺土西环鸥水南拥芦冈。"下联云云，盖纪地墓之景也。墓之东南相传有驸马坟，不知何代古迹。今已不可问矣。

异竹素兰

后山之麓道光壬午春尝产异竹一本，昔司马温公独乐园竹生两歧，洛中以为瑞。李文叔撰文祀之。山麓之竹，其枝节交文，与温公时相符合。好事者至欲绘图题咏，艳其事，以颂族祖五树公。公力止之，乃已。越二十年，而半角山房有素心兰之产，亦异种也。品兰者见所未见，特名之曰"黄山素"。今其品载吴门。袁忆江《兰言述略》。

山顶大松

后山最高处，旧有大松一树。厥阴偃盖数亩，行人远于十里外已望见之。自此树零落枯萎，而吾王氏衰矣。近十年来别有一本松秀于山之顶。树亦较诸木为大，殆吾族再兴之佳兆耶！

续黄山小志终　侄云藻校字

（《黄山小志》是世间孤本，为王瑄珑珍藏。括号内楷字小注，部分为王瑄珑生前手批。本文另参考《古镇慈城》所发表内容。）

对宁波慈城黄山古村特点的探析：一个士村

王勤谟

一、探析黄山古村特点的缘起

（一）日本友好访华团两次访问黄山村

2008年10月9日、2009年9月19日，日本宫城县日中友好协会会长江幡武（日本东北大学名誉教授，理学博士）连续两次率团访问宁波市慈城镇黄山村。访问的目的，一方面如《宁波日报》2008年10月14日题为《日本友人来我市寻访旅日诗人故居》的报道中所说的："据此次前来的日本友人介绍……他们在研究日本著名学者冈千仞时发现其在1884年曾来王氏故居游学，因此萌发了前来考察访问的念头，以续中日民间文化交流的百年佳话。"冈千仞是在他访华期间受我祖父王惕斋的邀请访问黄山村半个月，并住在我出生的祖居中。另一方面则是在19世纪70年代，黄山村有4个王氏族兄弟——王治本、王惕斋（王仁乾）、王藩清（王琴仙）和王汝修，去日本并在日本住了三四十年，和冈千仞等一些日本文人所结下的友谊。

（二）冈千仞笔下的王氏家族

冈千仞（1833-1914），号鹿门，仙台藩士、汉学家、诗人、作家、旅行家，是日本维新人士。历任文部省出仕、教职及修史馆员、图书馆长等职。48岁辞官后，专心从事教育、游历、著作。前后有弟子3000人，著述达300余卷。为褒奖他在维新时期的胆识和功绩，时为皇太子的大正天皇召见过他。临终前被授予从五位的叙位。冈千仞于1884年5月29日从横滨乘船出发来中国。6月15日上海《申报》以《文士来游》为题报道冈千仞"前日至沪，行箧中有书数百卷，诸友荐引笔札数十函，此固日本名流中之佼佼者也"。冈千仞在中国访问行程近万里，历时320日，会见中国官员、文人近200名。见过李鸿章、盛宣怀等达官贵人，俞樾、李慈铭、汪士铎、王韬等名流学者。交往时大多用笔谈，有时亦由陪同的王惕斋口译。交流内容涉及政治、经济、文化、学术等各个方面。冈千仞为人豪爽，往往直言不讳，畅抒其见，甚至有时与对方展开激烈辩论。冈千仞在访问期间，"有所闻见，必手记"。这些用汉文写的日记总题名为《观光纪游》,约六万字。《观光纪游》经张明杰的整理,已由中华书局于2009年5月出版。

　　黄山村地处宁(波)绍(兴)平原,是南方典型的水网地带,即一二公里就有一条河流的平原。位于慈城镇(原慈溪县县治)西南5公里。东西约1.5公里、南北约1公里。

　　黄山村居民主体是王姓家族。1884年,冈千仞访问黄山村时,王氏家族至少已在该村居住了三百多年。由于王氏家族"子孙鼎盛",因此又分为很多支派。王惕斋属"少峰公派"。这些"派"的下面,又分很多支脉。如"少峰公派"第8代王严理于嘉庆元年(1796)建成有5进的"大夫第",就成了"少峰公派"下的一个支脉。王严理有5个儿子,也就是有5房。后来第3房,在"大夫第"的东面50米左右处盖了一个大宅院——"白屋",这一房的子孙也就搬出"大夫第"。王惕斋属3房,冈千仞住王惕斋家中,也就是住在"白屋"了。不过,"白屋"的子孙虽然搬出"大夫第",但到我出生时(1929)仍认为是属于"大夫第"支脉的。

　　一个支脉,住在一个大宅院中。这些大宅院都盖在以后黄山脚下的祠堂为中心的东、西两侧。和清朝时北京的房子不能高过皇宫一样,黄山村的房子也不能高过祠堂。每一所住宅用围墙围起来,占地面积都很大。都有一个名称,如"大夫第"、"白屋"、"旗杆门头"、"树桥头"等。里面住着几家、十几家甚至几十家。但是在这一个大宅院中的每一户又自成一"区","区"间有走道(叫弄堂)或门相通,走道也有门,这些门想关就可以随时关上。至于划成多少区,视其中有多少户而定。"白屋"(新中国成立后全部拆掉,建粮仓)在黄山村来说,是一个比较小的宅院,但占地面积也有1万平方米左右。这种宅院的布局体现了民国以前"大家庭"的特点,非常典型。

　　下面就是冈千仞《观光纪游》中所记载的黄山村王氏家族的主要情况。

　　1."芦苇弥岸。时见村落。是为慈溪北郊(注:应为西南郊)。小沟左折。直致王君门前。珠垣(景星)、再培(迪中)、并卿(景威)、致和(仁中)、砚云(仁厚)出接。皆惕斋族兄弟。王氏,慈溪大族,分宗以来,族人同居三世,广厦连宇,画为十数区,分灶同产,男女婢仆六七十名。吾与惕斋同发横滨,瀛海万里。食息寝处,无日不相与。遂访其家。举族欢迎,如亲兄弟。此亦文字因缘。非偶然者。砚云,举人,有才学。笔谈致晡。""并卿尝为福建霞浦县令。有学问。"

　　此处,"皆惕斋族兄弟"指"大夫第"支脉,即王惕斋同一曾祖父的族兄弟等。

　　2."此间士大夫屋宅,四周垣壁,高二三丈,重门严锁。填石若砖为中溜,设大瓮四五，以贮雨水，曰煎茶非雨水，不发香味。堂设炕床、案桌、椅子，揭名人书画，文房器具，烂然照座。屋内分六七区，族人各占一区，耕耘作业，皆任隶氓。富贵者多就都会，开商店，遣族人及若隶属监督，不躬亲。子弟至八九岁，必延师学举业。闺阁尤极美丽，卧床丹艧，帷帐四垂，价自四五十元至百元。其所以自奉，极为矜贵。已无衣食之忧，偃然自足，渐流骄奢。"

3. "栗厣（义宽）设飨。中土飨客，八人一案，陈果实肉脯，或六种或八种，终饮不撤，人具一盏，无献酬之烦。肴馔多皆膏炒，吃了更进，至十数种若二十种。最后进杏仁羹、八宝饭。饭毕，温巾热汤，拭面擦手，踞床吃茶。"

4. "观王氏家庙。壁书先中书君家训十二条。族人登科第者，皆书联额揭壁。族约尤严，曰降入非流者，不得与祭。非流谓窃盗犯刑，操俳优、仆役、剃刀、异丁诸贱业类。""子弟知读书有才气者，专耗精神于八股之学。及其累试不第，漏不平于酒色，颓然自放，不役心于世事，猖狂为达，放诞为豪，妄庸为贤，迂疏为高。或至溺洋烟，荡资产，卖子女，缩性命，不自悔焉。余来此累月，略得中土之病源，附记于此。"

5. "赴王仁和之邀。仁和兄斝侯（仁爵）以善书，游我国，现同黎园客于新泻。族人会集，表卿曰：'曾制军（国荃）赴上海接法使，论安南之事，和战决此一举。今日之事，不战则无以树国威。唯我朝尚文不尚武，其主绥抚，固非畏彼，不忍残害无辜生灵。以伤天地之和气也。'余曰：'宋一代贿契丹以立其国，此事非无例，唯非盛德之事而已。'众论和战利害，满座嚣然。顾彼以大舰大炮劫中土，开埠口二十所，此不特中土古来所无，实为五州之变局。而士人瞢焉如无见，漠焉如无闻，犹以绥抚为辞柄，以姑息为得策，上下蒙蔽，偷安旦夕，余不知此事何所归着。"

6. "更设烟具别室，二人对卧。且吃且话，此为常法。余痛驳烟毒缩人命、耗国力，苟有人心者，所不忍为。砚云不悦，曰：'洋烟行于中土，一般为俗，虽圣人再生，不可复救。'此虽非由衷之言，亦可以知其成弊害，一至此极。魏源尝论烟害曰：'耗中土之精英，岁千万计。此漏不塞，虽万物为金，阴阳为炭，不能供尾闾之壑。'又曰：'日本水战火攻，不如中土，止以陆战之悍，守岸之严，刑罚之断，号令之专，能禁邪教，断烟害，使彼不得轻犯。谓我水战火攻，不如洋人，犹可；谓守岸禁邪。不如日本，可乎？不可乎？号令之不行海外，犹可；今并不行于海内贩烟、吸烟之莠民，可乎？不可乎？'此实沉痛之言。而中人不猛省于此，何也？"

7. "砚云见余数举洋事，痛论烟毒，遂曰：'李中堂开招商、机器二局，经费百万，蠹国财，耗国力，无一所成，大失民心。'余曰：'洋人制机器，驶舟车，资纺织，尽力农桑国本，凡百工业，其日致富饶，趋强盛，雄视宇内，实机器之由。而今中堂开二局，用力于此，将收彼长为我用，此真尽力国本者。'砚云愤然，曰：'机器岂圣人之所言乎？此徒率国人，去质实趋机巧尔。'余曰：'唐虞璇玑玉衡，周公指南车，孔明木牛流马，无一非机器。圣人制耒耜，垦田亩；制机杼，织布帛；制锯斧，营宫室。其开物成务，无一不由机器。今也，洋人讲工艺，开机器，殆集中土圣人所制作而大成者。尧舜与人为善，而子摈为去质实趋机巧，何也？'砚云变色，曰：'英法豺狼，岂可以人理论乎？'余曰：'中土以豺狼待彼，彼故以豺狼报中土。中土若以尧舜心事待彼，彼岂有不以诚接中土之理乎？林文忠不能谕愚民止吃烟。卒然以兵戈逼英人，略夺烟膏，逞一时之愤。尧舜内修文教，外奋武卫，岂为此粗暴无名之举乎？'论累数十纸，言颇切至，砚云竟不服。砚云有奇气，文笔纵横，实为难得之才，而言及外事，顽然执迷，一至此极，殆不可解者。是事不止砚云为独然。"

由中华书局2009年出版的冈千仞的《观光纪游》一书的前面，整理者张明杰写了一篇《冈千仞游华及其所作游记》。文中说："冈千仞始终以严厉的目光来审视当时的中国，对晚清社会的种种弊端痛加抨击。他把中国社会与经济落后的原因归结为'烟毒'和'经毒'，认为'目下中土非一扫烟毒与六经毒则不可为也'。同时批判官绅及知识阶层守旧自封，不达外情，敦促士人讲格致实学，用心外事，变法自强。平心而论，他的这些批评或主张在当时是很对症的，也很有积极意义。"从上述引文中可以看到，冈千仞的这些观点，主要产生于和王惕斋家族成员交谈之中。

（三）日本学者对当时在日本的王氏族人的介绍

19世纪70年代去日本的4个王氏族兄弟中，王惕斋"明治10年末，已在浅草黑船町拥有自己经营的商店'凌云阁'，翌年初商店迁往筑地人船町。主要经营书店，专售汉籍和文具。"王惕斋"虽以商人的身份旅居日本，但他出身于富户，自幼受到良好的教育。于诗文书画具有一定的素养，加之他在日本的商业内容是经营汉籍，从而决定了他势必与日本的文人学者尤其是汉学家产生种种交往。……1877—1881年，与原高崎藩藩主、酷爱诗文者大河内辉声（源辉声）交往甚密，曾作书赠与大河内悬于其书斋。"

其他三人，则完全是文人身份。"1883年，王治本与旅居日本的族兄弟王汝修、王琴仙一起漫游北海道函馆，停留半个月。当时的《函馆新闻》在一篇题为《清客漫游》的报道中对此有这样的记载：'在东京以诗文书画著名的清客王桼园。王骍侯（汝修）、王琴仙三氏昨乘"丰嶋丸"来函。三氏于东京常与文墨诸大家共游，诗文书画均称绝妙，为清客之中屈指可数者。

本港文雅之士亦多乞请挥豪。'在函馆期间,王治本等不仅充分展示了诗文书画的才能,还表演了篆刻,受到了当地文人的热情欢迎。"

其中王治本,"根据《仙台人名大辞典》的记载:"清国儒者,号桼园或梦蝶道人。清朝浙东的学士。以博学能文在国内闻名。明治十年东游,遂居住东京,是当时儒士文人仰慕的泰斗。"如日本"易圣"高岛吞象就请王治本为其所著的《易断》译成中文。2008年4月陕西师范大学出版社出版了日本高岛吞象著,王治本译的《高岛易断》一书(38万字),编者序中说:"本书是以我国清代浙东学者王治本先生所译的汉文版本为基础进行精心点校"。

上述日本文人对王氏族人的介绍、评价使我考虑黄山古村的特点。通过对民国十年修的《慈溪王氏宗谱》中一些材料的分析,结合我小时所知的一些情况等,我提出一个"大胆的假设":它是一个士村,而不是一个农村。并且,在当时的中国也有它一定的典型意义。这个看法,不一定正确,只是供学者参考之用。

二、根据

(一)黄山村的特点。

"士村"是我的杜撰。我认为,中国的传统乡村中有着从事各种各样工作的人,农耕、手工业、商业、运输、宗教、文艺、武人、士人等等。最后一项,新中国成立前清华大学社会学教授潘光旦和费孝通曾分析了915个清朝贡生、举人和进士的出身。其中,52.5%出自城市,41.16%出自乡村,6.34%出自介于城乡之间的市镇。一般在一个乡村中有各类人员。我把大多数人从事农业的乡村称之为农村,基本上是培养士人的乡村称之为"士村",按照这样分类,还可能有商村、手工业村、渔村等等。

基本上从事培养士人的乡村是很少的,而黄山古村却是这样一个村落。黄山村的特点,按我小时情况来说有以下几点:

(1)如前所述,黄山村居民主体是王姓家族。我1929年生于黄山村,在我小的时候,黄山村的居民,基本上仍是这样两部分:一部分是王姓家族的人,占绝大部分;另一小部分是非王姓而为王姓服务的人。在为王姓服务的人中,除小学老师外,一般都是体力劳动者。这些人中间,有的进入家庭服务,如长工、保姆等;有的是独立经营者,如木匠、泥瓦匠、裁缝、厨师、轿子店、杂货店等。

(2)王氏家族成员基本不从事体力劳动。家训要求:"早教子弟,成童即入小学，十五则入大学。"也就是《观光纪游》中所写的："耕耘作业。皆任隶氓。……不躬亲。子弟至八九岁，必延师学举业。"

王氏家族成员，在幼而学的基础上，前程有二：一是参加科举，博取功名，做官或做士绅，这是主导方面；二是经商，成为儒商，如王惕斋。

（二）王惕斋及旅日和接待冈千仞的族兄弟均有功名或官衔。

在上述两个前程中，主导方面是参加科举，博取功名，做官或做士绅。由于年代已远，难以作充分的定量分析，只能根据现有材料作一些定性分析。

以冈千仞《观光纪游》中提到的在日本和在黄山参与接待的王惕斋的7个族兄弟为例，根据中华民国十年重纂的《慈溪王氏家谱》（下同）全有功名或官衔。他们是：

王惕斋（王仁乾）：国学生，布政使司经历。

王治本（王仁成）：郡增贡生。

王藩清（王仁体）：邑庠生。

王汝修（王仁爵）：国学生，候选布政使司理问加二级。

王仁和：国学生。

王致和（王仁中）：国学生，四品衔。

王砚云（王仁厚）：邑庠生，同治癸酉举于乡考，取咸安宫教习，大挑教谕，后请拣选，以知县用，加五品衔。

（三）王惕斋、王治本上三代也都有功名或官衔。

作为一个"士村"，只有在王氏家族中存在大量有功名或有官衔的人才能成立。还以王惕斋（大夫第谱系）和王治本（新旗杆门头谱系）两个支脉为例，看看他们上三代的情况。家谱记载如下：

大夫第谱系

王严理——国学生，候选布政使司经历，覃恩加一级，选授河南汝宁府粮捕水利通判，诰封朝议大夫，累赠通奉大夫。清乾隆二十一年丙子十月二十九日申时生，道光四年甲申六月子时卒。子五。（以下不引生卒年份）

长子潮——即选县丞，赠奉直大夫，晋中议大夫。子四：

庸昭——国学生，军功议叙八品衔，布政使司理问，加二级，改用同知，加三级。

庸时——国学生，封奉直大夫。

庸春——从九品，议叙布政使司理问，五品衔。

庸昉——赠奉直大夫。

二子沆——国学生,候选按察使司照磨厅,赠宣德郎,晋奉直大夫。子三:
庸曜——国学生,布政使司理问。
庸暄——军功议叙八品衔,封奉直大夫。
庸曾——附贡生,即用儒学训导,赠奉直大夫。

三子瀛——布政使司理问加四级。子三:
庸晰——国学生,军功议叙八品衔,候补知府,加一级,纪录二次。性好吟咏,著有《晚晴楼诗稿》。
庸晧——附贡生,候选儒学训导。
庸晟——廪贡生,即用儒学训导。以被赭寇之难,奉旨入省中忠义祠,并得赐恤云骑尉恩骑尉,世袭罔替。

四子瀚 ——附贡生,光禄寺署正,以弟润衔貤赠奉直大夫,诰赠通奉大夫。所著有《亦园诗文稿》、《嘤鸣集》等书。子六:
庸升——军功议叙八品衔。
庸星——邑增贡生,布政使理问加二级。著有《东野吟馆诗稿》。(即接待冈千仞的珠垣)。
庸昂——从九品,军功议叙五品衔,赠朝议大夫。
庸昌——国学生,议叙福建候补布政使司经历,军功保升同知加五级,补用通判,摄理霞浦县知县。(即接待冈千仞的并卿)。
庸杲——从九品衔。
庸晏——邑庠生。

五子润——国学生,布政使司经历,军功议叙加二级,纪禄二次,赠中议大夫,晋通议大夫。著有《枕山吟馆诗稿》。子六:
庸香 ——以弟庸音衔貤赠奉直大夫。
庸晋 ——国学生,候选府知事,布政使理问加二级。
庸皆 ——国学生,布政使理问,加五品,改捐巡道衔,赏戴花翎。
庸智 ——国学生,五品衔。
庸鲁 ——国学生,中书科中书,加道衔。
庸音 ——国学生,布政使理问加二级。

新旗杆门头谱系
王朝栋——赠宣德郎,晋朝议大夫。清乾隆十六年辛未正月初四日寅时生，乾隆四十年乙未九月初七日丑时卒。子一肃雍。

王肃雍——国学生，候选州同，赠朝议大夫。子三：庸德、庸义、庸敬：

庸德——恩贡生，温州平阳县教谕。著有《然松阁文稿》。

庸义——国学生，充玉牒馆供事，分发山西，即补巡检，貤赠奉直大夫。

庸敬——附贡生，同知衔加一级。著有《王氏通谱》《王氏十一志》等书。

上述情况表明：王严理三代28人，王朝栋三代5人，共33人均有功名或官衔。

（四）至少历时400年的"士村"。

王严理、王朝栋的第三代和第四代已延续到清末。再往上推：清咸丰年间（1831—1861）钱塘蒋坦撰写的《黄山小志》中说："仝十八先生王氏始迁黄山之祖也。……三百年来，子孙鼎盛，今东西前后数百家，皆先生之后。"由此推断，王氏始迁黄山的时间是明朝嘉靖年间（1522—1566），距清朝建国前约100年左右。黄山王氏家族400年来一直是以士大夫为主家族处于鼎盛状态。

2009年5月4日《宁波晚报》刊登的叶龙虎《黄山古村》一文，也介绍了这个情况。该文说：

"说到黄山，先说王氏。王氏祠堂在明天启志上就有记载，'崇本堂，唐家堰桥王祠'。至于黄山脚下的崇本堂与唐家堰桥的崇本堂究竟哪个是祖堂，我未考证。我倾向唐家堰桥在先，或许王氏四世祖诜二公殁葬黄山之后才有了黄山分支，不过，王氏一脉在明代就是慈溪望族也是事实。我们在王氏族人王多益老人陪同下，去了离黄山不远古县城的唐家堰桥崇本堂，当地人称三凤堂。祠堂现在成了一家企业的厂房，原本前后三进也仅剩一进。据格局判断应是中进，因宗祠两旁的弄堂还在，弄堂墙壁上刻于乾隆年间的石碑也在。说起三凤堂的来历，王多益老人告诉我，在明宣德、正统年间，王氏一门出过王来、王复、王鼎三兄弟。我回家查了《慈溪县志》果然历志都有记载。说余姚张云航先生有女适慈溪王桓（明太祖呼为老学士，人称明白先生）之子王尹和（字伯燸、金溪县令），出嫁之日对女儿说，有外孙了马上报我。生第一个儿子去报，云航先生说好，来了就好。于是起名'来'。生第二个儿子去报，云鼎先生还说好，复来就好。于是起名'复'。等生第三个儿子去报，云航先生连声说好，说是兄弟鼎立。于是起名'鼎'。后王来官至工部尚书，王复进士及第任刑部主事，王鼎也授广东金事。王来之子王钥中浙江乡试官至监察御史，王鼎之子王锪为成化乙未科进士授大理寺丞。王氏四世为官，可见门第显赫。雍正时《慈溪县志》说'来、复、鼎世称三凤，庆泽深厚，世罕及焉'。"

岑大利在《中国历代乡绅史话》中说："在明清两代都能保持富贵尊荣或是一度衰落又复兴的不过占到全部世家的四分之一。"该书也指出，一个宗族要保持兴盛的一个内部因素是："宗族内乡绅的后代要获取功名或出仕为官，并代代相继，才能保证宗族的兴旺发展。尤其是名门望族，更是要由科甲起身的官僚缙绅、乡绅等封建士大夫来支撑。"

黄山王氏家族400年来久盛不衰，也和它是一个"士村"的特点有关，如同一副常用的门联所示——"诗书继世长"。

三、成因

如上所述，黄山古村是一个培养士人的乡村，其所以能在400年中久盛不衰，一定是多种因素作用的结果。我提出以下几个因素，不全面，供探讨。

1. 对教育的重视。如前所述："早教子弟，成童即入小学，十五则入大学"，"子弟至八九岁，必延师学举业"。这种对教育的重视也表现在清朝末年停止科举考试、兴办新式学堂上。清朝是在1906年停止科举考试的，黄山王氏在1904年就由受维新变法思想影响的邑庠生王义观在蒙养义塾的原址上[1]，按新学的要求创办了崇本小学。经费来源一是划归学校的部分祠管产业；二是由津沪两地族人捐输。族人子弟入学是不要学费的。崇本小学创办后一直以办学思想开明和要求严格、教学质量高而闻名远近。和我同去接待第二次访问黄山村日本友人的王氏族人，物理学家、原北京大学常务副校长王义遒在《古镇慈城》2009年3月号的《忆慈城黄山》一文中，对此作了具体而生动的描述[2]。

2. 保障家族成员有一定的经济收入。

自幼读书，以致终身读书，过的是一种不从事生产活动的生活方式，需要一定的经济支持。1884年冈千仞在黄山村看到的王惕斋家族是一个豪门富户，他们支持子弟读书自不成问题，所谓"已无衣食之忧，偃然自足"。但是，第一在黄山村还是有经济条件差的人家；第二富户也不一定能一直富下去，会由于种种原因，造成家道中落。为使家族子弟始终朝着"士"的方向发展，就有必要保证家族成员有一定的经济收入，用我们现在的话来说，也就是有最低生活保障费用。这就是族田制。

在旧中国的农村中，族田制是普遍存在的一种土地占有形式。费孝通抗战时期通过在云南的实地调查，认为在云南这种农田特别发达的地方就存在族田制。拿他们调查的绿村来说，全村所有田亩总数27%是属于地主的。

族田一般来自祖先的遗产或族人的捐献。

黄山村的族田一直保存到20世纪30年代抗日战争开始前，也就是我小的时候还存在，并有一些特殊的地方。但由于我当时只是一个小学生，知道的也不太多，大体有以下几点：

（1）黄山村里的田，一般由王氏族人雇长工耕种，每户数量不大。如我小时，我家屋前屋后共有十亩田。族田一般在远处并由当地农民耕种交租。

（2）王氏祠堂有族田，其下各支脉，甚至支脉下的支脉也有族田。

（3）王氏家族的族田是名副其实的族田，不像有些地方的族田，只是某个乡绅的私田，借口供众人使用，挂在祠堂名下，逃避纳税。但王氏族田在我小时还是由各房轮流收租。

（4）轮到的人，收一年租吃几年。有的在外就业的，轮到他收租时，因为并不在乎这些地租收入，就让给他在村里的收入低的兄弟房去收。

在王义道的文中也有一个较为详细的介绍，为了能对黄山王氏家族的族田制有一个比较具体的了解，录于下。

"宗法社会特别强调祖宗基业，好多田产是属于祖宗的。制度规定祖宗产业后代不得变卖、分家，只能按年轮流享用，轮值到那家有收取田产租子的权利，也有承担那年祖宗生忌日祭祀和清明扫墓等义务。我们家祖父名下，自己只有三亩半田。但是，每年可以轮到平均收入多于25亩的租子（来年起码有50亩）足够全家口粮。我想，这也许是维系子孙'叶落归根'的主要措施，保证他们退休、失业回家总有一口饭吃，不致无依无靠。"

这种族田制的彻底崩溃是在日本侵华战争后。由于日本人的入侵，族人，特别是在村里无正常收入的族人，生活越来越困难，就变卖祖宗田地等资产以度日。没有了公共资产，这种在宗法制社会遗留下来的族田制也就不复存在了。

3. 有一个宜于培养士人的村落环境。我认为有以下几点：

（1）传统上乡村由士绅管理，即使在民国时期设立了保甲制度，乡村的管理主要还在绅士手中，至少在黄山村是如此。士绅管理乡村，往往由于士绅对平民进行掠夺和控制，产生绅民矛盾。黄山村由于一村一族，族长和执事对族务也是村务的管理，就不同于一般绅士对乡村的管理。因为他们管的对象是同一族人，经济上主要又是族田制，因此管理的内容也就是谨守族人公认的祖上立下来的规矩，如祭拜祖先、维护长幼之序等。还有就是对族人的服务，如办教育、协助族人管理婚、丧、祝寿等事务等。因此，黄山村有一个比较稳定、和谐的村落环境，宜于读书、做学问。

（2）有浓厚的学习、做学问的氛围。一是基本上都是"书香门第"，有学问，如前文所述。二是做学问。王氏家族中很多文士都有著作。如，王治本在家谱上记载著有：《栖栖行馆诗稿》、《食研斋文稿》、《梦园随笔》、《春萍秋蒂轩随笔》等书，在日本期间著有《舟江杂诗》，译有《高岛易断》等；其父著有《然松阁文稿》；王砚云著有《二琴居诗钞》。有些著作，现在在宁波著名的"天一阁"中还能找到。又，从王治本为其族祖王慈诗集《流霞集》作序来看，这些文士之间还存在相互的交流、切磋。

4. 族规的约束。族训规定："苟失身奴隶、沉迷释道，原非人类自甘暴弃，不入宗谱。"在冈千仞的《观光纪游》中也记有："族约尤严。曰降入非流者。不得与祭。非流谓窃盗犯刑。操俳优仆役剃刀舁丁诸贱业类。"

四、衰败

正如文物出版社 2001 年 11 月出版的《宁波历史文物名城丛书·保国寺砖雕与石刻》一书中所说的："两百年风云变幻，荣光显赫的大夫第已破败荒芜。"这也是黄山村的写照。原因何在？我认为既有历史潮流的因素，也有王氏族人本身的原因。

受传统文化的影响，不学习、研究科学技术，甚至鄙薄科学技术及其带来的物质文明。这一点充分体现在王砚云与冈千仞关于"李中堂开招商、机器二局"的争论上。

守旧、维护传统。他们学习、信奉的是以"六经"（借用冈千仞的话）为主的传统文化，以在科举中胜出为目标，维护的是清朝统治和自身的利益。鸦片战争后，用李鸿章在一本奏折中的话来说，中国面临的是"三千余年之一大变局"与"数千年来所未有之强敌"。他们不是不知道这个形势，但是不能用一种批判的精神，探求受列强欺凌的原因、维新图强，而是继续用老眼光看问题，继续沉湎于过去。前者的典型例子是王氏和冈千仞争论中法战争的看法中。后者的典型例子是为吸鸦片辩护。

冈千仞通过对黄山王氏族人的观察，"略得中土之病源"。指出"非一洗烟毒和六经毒，中土之事，不可下手"。去上海和王韬交流后，王韬不仅深表赞成而且补充说还应加上一个贪毒，即贪污受贿，"并贪毒为三毒"。

这就是我在本文一开始所说的，黄山这个士村在当时中国来说，也有一定的典型意义所在。

三、现代化的冲击。李鸿章所谓中国面临"三千年之一大变局"，其实质内容就是中国由农业经济社会走向以工业化、城市化为主要内容的变化过程。黄山古村之所以能成为士村，是植根于农业经济社会之中的。在农业经济社会中,人们安土重迁,以出生地为根,即使在外地做官、经商,最后还要"告老还乡"或"叶落归根"。也就是说,人才即使外流,最后也还是要回流老家。但是现代化的一个重要特征就是人才流动,流出去后,一般就不回来了。黄山王氏族人中并不缺乏有维新思想的人,如王惕斋。盛宣怀在《东游日记》中写道:"渠言,到日本时,尚在明治初年。已阅四十载。维新一切情形均其目赌……惕斋虽久居海外,不忘祖国,曾有《条陈当道改良时政书》及《时弊琐言》。余赠以联句云:君老游踪观变政;天留右手写新书。颇觉切合。"又如留在黄山村有维新思想的王义观,在黄山办了新式的崇本小学,也培养出不少人才,但包括他自己的两个儿子在内,最后也是流出黄山,在上海、北京等地工作。人才外流,士村也就不能成为士村了。这是现代化的冲击,是谁也抗拒不了的。再加上黄山作为一个士村,王氏族人基本上不从事生产劳动,自视为"上等人";生活上又有族田的保障,王义遒写道:"黄山人总是活得比较悠闲和懒惰,早上起得很迟。"有本事的人出去了,没有本事又不会从事生产的人留下来,黄山村中王氏族人的衰败也就变得不可避免了。

五、启发

黄山村王氏族人的兴败可以总结出很多有启发的内容。我在这里只提一点,就是黄山村在农业经济社会中,毕竟是一个盛出士人的村落,尽管没有出过高官和著名的大师级人物,但这一点或许还可以为现在提高学术气氛、培养大师级人物参考。

由此引申出两点:一是集群效应,二是传承效应。浙江省、宁波市经济发展得很快,一个重要原因是得益于产业集群;同样要出人才,也要发挥集群效应。当然在现代化的今天不能集聚在一个村落中,而是集聚在大学、研究所和大企业中。如闻名世界的、出诺贝尔奖金获得者最多的三大实验室:卡文迪什实验室、卢瑟福实验室、贝尔实验室,前两者在大学,后者在企业。学术界有所谓头脑碰撞,产生新的思想火花或灵感,也是一种集群效应。所谓传承,包括家传和师承,实质是知识的积累。卢瑟福实验室就很典型。1908年获诺贝尔奖的卢瑟福居然在学生中培养出十四个诺贝尔奖获得者,其中一个学生玻尔竟又培养出七个诺贝尔奖获得者。在中国这一点也特别突出,春秋战国时代诸子百家的产生就是如此。一些行业,如中医、书法、画画、戏剧、杂技、手工业等更是离不开师承。新中国成立后,取缔了中医的师承,使中医有可能在大陆断绝,现在又开始恢复,这是走过一段弯路的典型的现实例子。我这个看法，不一定确切，只是提出来供思考。

注释

[1]王义观是冈千仞《观光纪游》中提到年六十为族老的王珠垣（庸星）的孙子。

王义观长子王勤堉（1902—1951），字鞠侯，1922年考入东南大学，师从竺可桢先生学习地学。历任商务印书馆、开明书店编辑，浙江大学教授、暨南大学教授、教务长，曾协助竺可桢筹建南京北极阁气象台，襄助陈训慈改进浙江图书馆工作。译有《地质学浅说》、《近代地理学》、《地球进化之历史》、《世界大战与地理》、《地理学史》、《自然地理学概论》、《从法兰西到斯堪的那维亚》和《世界气候志》；编有《宁波谜语》，并合编《开明新编初级本国地理》；著有多部地理学方面的专著和科普读物：《地球与地面》、《气象学讲话》（后改为《青年气象学》）、《世界一周》、《满洲问题》、《内蒙问题》和《西藏问题》。1950年在《开明少年》二月号发表了题为《大小高低》一文。文中提出，"额菲尔士峰"应正名为"珠穆朗玛峰"。3月4日，《人民日报》全文转载了该文。1952年5月27日，《人民日报》刊发中央人民政府内务部、新闻出版总署的联合通报，正式把"额菲尔士峰"正名为"珠穆朗玛峰"。

次子王勤增，字幼于，1914年生。编审，科普作家。1937年毕业于浙江大学化工系。曾任暨南大学、东南大学讲师。能读译英、俄、德文书籍。新中国成立后任中国青年出版社副总编辑。中国首届科普创作协会常务理事。担任《天体是怎样演化的》和《地球是怎样演变的》责编，分别获第一届新长征优秀科普作品一等奖和首次全国地理科普读物优秀奖。担任《中国古代科技成就》（修订版）和《简明中国科学技术史话》责编，前者选入"百种爱国主义教育图书"，后者获1996年全国优秀科普作品一等奖，并与该书四位作者同获1996年国家科技进步三等奖。编审书稿近200部。科普作品有《什么是力气》、《原子能问答》等，译作有《星空的巡礼》、《奇妙的原子》《什么是相对论》等，合著有《懂一点电子计算机》等。

[2]王义道文章中介绍崇本小学的主要内容如下：崇本学校是很开明的。她以要求严格、教学质量高而远近闻名，甚至城镇的孩子都来就读，有不少寄宿生……崇本学校的"国防教育"做得特别好，有过防空演习，急救训练。唱抗日歌曲，演活报剧，人人劲头十足。我特别喜欢上"乡土常识"课。那是专门进行爱国教育的。从那里，我知道慈溪县古时候叫"句章"，有些什么物产，如山北有棉花什么的……还有"劳作课"，主要就是修建新操场

……从1939-1941年,操场修了差不多两年……一个小足球场,两个篮球场,一条50米跑道,跳高跳远的沙坑。体育于是成为崇本学校的强项。这使我这个子矮小的人,从中学到大学体育成绩一直是上等。"劳作"课还在后黄山种桐子树,先生说,桐子是战略物资。后来我们多次到山上采摘桐子……我总觉得,崇本学校七年读书要比现在的小学更充实。崇本学校在农村里大概也算是很先进的,不仅有寄宿生,还有像为珠穆朗玛峰正名的著名地理学家王勤堉(鞠侯)先生那样的大学教授来教书。我听他讲古斯巴达克儿童勇敢、坚强的故事,非常动人。他说,一个小学生抓到一只冻僵了的狐狸,上课时,把它放在上衣里面正襟危坐地听讲,狐狸苏醒过来咬他的胸口他也丝毫不动,直到把他咬死倒下,老师才知道。那种纪律性实在令人佩服。崇本学校的前卫性还可从这样一件事上表现出来:1939年,举办了一次别出心裁的黄山"婴儿健康比赛",这在当时一般农村是难以想象的。我的1938年下半年出生的堂弟获得了第一名,得奖了一块十分漂亮的"银盾"。

(原登于《学理论》2010年第20期,编入本书时有修改)

忆慈城黄山

王义遒

（注：王义遒教授既是杰出的自然科学家，又是我国著名的高等教育管理专家、教育家。波谱学和量子电子学学者，我国时间频率计量领域知名专家，享受国务院特殊津贴。1932年出生于宁波江北区慈城镇（当时为慈溪县城）黄山村，先后在慈溪县立初级中学（现宁波慈湖中学）、宁波中学、效实中学就读。1954年北京大学物理系毕业。1961年苏联列宁格勒大学物理系研究生毕业。精通英、俄、法语。北京大学教授、博士生导师，1985-1999年任北京大学教务长、常务副校长（正校级），1997-2002年任教育部科学技术委员会副主任（常务）。现任中国高等学校教学研究会副理事长、高等理科教育研究会会长、高等学校文化素质指导委员会副主任。

王义遒教授在北京大学多年从事波谱学和量子电子学研究，率先发现了氟化物晶体中核磁共振化学位移规律及其与溶液中位移值的关系。1965年主持研究成功我国第一台原子钟——光抽运铯气泡原子频标，为我国国防、航天、通信、计量等事业做出了重要贡献。还主持研制成我国第一批批量生产的"光抽运铷原子钟"，这项高科技成果在我国几项国防科研试验中发挥了重要作用，1979年全国科学大会授予重大成果奖。曾因首创激光抽运铯束频标的长期性能而获1993年中国物理学会饶毓泰物理奖。他领导的课题组在激光冷却和囚禁原子方面有许多国内领先成果，如首次得到铯原子磁光阱、光学粘团、原子喷泉，稳定实现了铷原子玻色——爱因斯坦凝聚和原子激射器等。与人合著的《量子频标原理》是我国时间频率标准领域首部奠基性著作。此外有科学论文百余篇。）

"树高千丈，叶落归根"。这是小时候外婆经常跟我念叨的一句话。外婆是黄山的姑娘，嫁到祝家渡去的。祝家渡那时也属慈溪县，在黄山西边十里路。作为自然现象，我对这句话深信不疑。但外婆是用来比喻人生旅踪的：人不管到哪里去建功立业，到老了终要回归故里的。后来我长大了，就觉得外婆是老脑筋，现在时代变了，大丈夫就得四海为家，对这句话不再以为然。

又后来，父母先后谢世，千里迢迢，归葬故土。如今自己老了，竟也不断思念起故乡，以致随着年龄增长，经常使我魂牵梦萦的，就是那一块生我养我的土地——黄山！

我1932年出生。1950年初离黄山，直到2004年崇本学校建立100周年时才重回故里，匆匆一见。2007年父母骨灰归葬慈城白龙山，又曾短暂见面。阔别半个多世纪，面目自然和小时候的印象完全不同了。我愿把那近一个甲子以前的或清晰、或模糊的黄山印象写出来，好让人知道游子的思念，让后来者了解这地方的来龙去脉、演变踪迹，构筑更美好的未来。

黄山位于慈城西南十里。出西门，过太平桥、彭山塔，就看到黄山了。清末黄山诗人王仁元有《秋日太平桥晚眺》诗句："咫尺黄山若排闼"[1]。村南北有前黄山和后黄山对峙，宛若盆地，东西各有一条能行船的小河与邻村隔离，形成一个相对封闭的村落，似世外桃源。1937年"八一三"淞沪战役后两三年间，上海、宁波等地来这里避难的人很多。我的姨母家从宁波迁到村东边"白屋"；另一远房亲戚何家从上海搬到村西"西甸洋"，成为我家邻居。那是我经历过的黄山村最繁荣时期。村西鸥渚桥（邮政代办所邮戳正式名称为"讴思桥"，村民多叫"安子桥"）两侧，商铺林列，俨然小市；"大地道"不但有杂货店、理发馆、大饼店、铁匠铺，甚至还开起餐馆来，做的酱花生、酱田鸡味道特别好，我至今似乎没有吃过比这更好吃的。

黄山男子，外出的多，经商为主，做产业和学问的也不在少数。他们大多居留沪、甬，也有远去哈尔滨、昆明和海外的。黄山人出门不仅要跨过河——东边过安仁桥，西边过安子桥；还要绕过山前黄山或后黄山。好在山不大，跨过桥就是绕过山了。但绕过山还不能见世面，南北还有两条江阻隔。南面距离六七华里处有姚江，也叫"前江"，江面宽阔，有轮船直通宁波和丈亭；有两个渡口，东面是半浦渡，西面是城山渡。我家住在西边，我乘轮船到宁波上中学，走的就是城山渡，五六里路。北边一两里路有条慈江，一般叫"后江"，比较狭窄，但也要渡船摆渡。沿后江东行可达慈城太平桥，西行到丈亭，与前江会合。后江也有两个渡口。东边叫"新渡"，我步行到慈城过这个渡；西边的叫"方家渡"，也称"芳江渡"，我乘"脚划船"到祝家渡外婆家就是在方家渡上船西行，两三个小时就到。所以两条江是黄山人流淌到沪、甬和全国各地，甚至海外的血脉。那时人们出行，陆路还没有汽车，杭甬铁路在慈城和叶家设站。过方家渡后江，走两三里路就到叶家站。我从那里乘火车去过宁波姨母家。火车路两边栽种着乌桕树，秋天走过，一路红叶，煞是好看。人们有病就医，要到慈城（当时为慈溪县城）保黎医院。我就是在保黎医院出生的。病人走不动，用一种"元宝篮"（那时已经不兴轿子了），样子很像放大了的小孩摇篮，不过一头高一点，另一头矮一点，两个人抬着走。人躺在里面比坐轿子舒服多了。我坐过一次"元宝篮"到保黎医院看病。

黄山景色秀丽，四季宜人。春天里空气清新，秧田如镜，满目青山翠竹，片片映山红。孩子们从憋足了的冬天郁闷劲中解放出来，清明扫墓，成为发泄闸门，个个兴高采烈。崇本小学常趁此举办爬山比赛、风筝比赛。这使我练就一身登山、下山的好功夫，至今还不比青年差多少。在后黄山顶的大松树底下，前后江一览无遗，令人心旷神怡。我曾祖父王慈有《清明日登黄山》诗云："偶逐东风蜡屐游，分明胜景艳如流。不知底事看花眼，万紫千红总是秋"。[2]在乌龟（读成"居"）山坪比赛放风筝，也是大快人心事。看着纸蜻蜓、纸蝴蝶、纸蜈蚣们随风飘荡的情景，真是惬意。夏天气候闷热，但躺在门板上在门厅里听着知了唱歌，清风拂来，一阵凉爽，别有一番滋味。特别是傍晚看空旷的西边落日、红霞万朵，千变万化，有时像龙腾虎跃，有时像千军万马，给你以无穷的遐想。再听着老人们乘凉讲"天门开"的故事，你真的会感受到天际会演出威武雄壮的活剧来。秋天天高气爽，秋风萧瑟，我们也有乐趣：远足、登高。到芦山寺，在毛竹林下吃烤番薯，听和尚诵经，另有一番情趣。登高就到稍微远一点的前黄山，坐在气派的宋濂卿墓前石凳上闹着玩，真够别致。浙东秋天多台风，有时就伴随着大水，家乡就成为一片泽国，一般一两天退去，这给晚稻会造成很大打击。不过小孩子也会从这里找到乐趣，就是小鱼会游到家门来。于是，抓鱼就是孩子们愁里取乐。冬日家家户户做年糕，做搓糕。左邻右舍的年糕团，让孩子们吃得肚皮滚圆，女孩子门脸上还会点上点年糕用的红胭脂。冬天常有雪，打雪仗、堆雪人是男孩门的专利。

崇本学校是很开明的。她以要求严格、教学质量高而远近闻名，甚至城镇的孩子都来就读，有不少寄宿生。1939年我读完二年级，秋天开学时老师发给我的课本还是二年级的。我这才知道是留级了。原来那年风声吃紧，说日本人要来了。暑假前我匆匆考了两门主课就准备逃难了，辅课都没有成绩。那时兵荒马乱，留级就留级呗。于是我小学读了说七年。可见学校办事很顶真。一位黄先生教国语，尽讲故事，我很爱听：河伯、贝多芬……还要求学生上去讲故事。我一直觉得这是最好的教语文的方法了。

算术要求很严，发了不少课外讲义，"鸡兔同笼"、"植树问题"，都给了公式。但我还是不懂为什么解答的是那样。似乎老师没有很好解释，或是我比较愚钝，反正我是课后请教了邻居阿庆哥才弄明白的。崇本学校的"国防教育"做得特别好，有过防空演习，急救训练。唱抗日歌曲，演活报剧，人人劲头十足。我特别喜欢上"乡土常识"课。那是专门进行爱国教育的。从那里，我知道慈溪县古时候叫"句章"，有些什么物产，如山北有棉花什么的。我还知道当时浙江省主席是黄绍竑，省会杭州沦陷了，省政府迁到浙西；还知道县长是章驹（后来在打游击中被日军击中牺牲了，我在崇本学校还见过他来视察）。1941年4月慈城被日军占领后，学校继续用战前商务印书馆的"复兴版"教科书。新书没有了，学生都用上年级同学用过的书，并学会了特别爱惜书，书包得严严实实，一学期用毕，完好如新，给下年级同学再用。老师说，如果日本人来了，要用日伪的书来做掩护。可是，我不记得日本人真正到学校里来过，所以也不知道日伪的书是啥样的。不晓得这是否"东洋婆婆"起了作用[3]。学校的功课不很紧张，放学后有足够时间玩。还有"劳作课"，主要就是修建新操场。新操场的部分土地原是我祖上的宅基地，清末火烧了，我家就先后搬到了"八份头"和"西甸洋"。我祖母1940年去世后的"殡坟"就在操场的南头。操场的北侧一直达到乌龟山坪脚下。那里原来是一片乱坟岗。我们用锄刨、锹铲、筐装把土地平整了。刨出来好多骷髅，学生们胆子大，当足球踢。从1939年到1941年，操场修了差不多两年。修操场时，校长王英年总是亲临督察，大家干劲挺大。操场有一个小足球场，两个篮球场，一条50米跑道，跳高跳远的沙坑。体育于是成为崇本学校的强项。这使我这个子矮小的人，从中学到大学体育成绩一直是上等。"劳作"课还在后黄山种桐子树，先生说，桐子是战略物资。后来我们多次到山上采摘桐子。不知什么原因，学校一度鼓励学生早到，学生们自发比赛谁早上到得最早。于是，我四五点钟起床，不走平常走的过"新屋弄"的石板正路，却一个人抄近走"新屋"后面"大井跟"的小路。这条路是沿乌龟山坪脚下，天黑乱坟岗上会冒"鬼火"。我不怕，因为老师说过：死人骨头会析出磷质来，会发磷光，就是鬼火。所以，我大着胆看坟头闪闪发光。我总觉得，崇本学校七年读书要比现在的小学更充实。

我们的校外生活更丰富。暑假经常去捕鱼捉蟹。我家后门口就是那条村西小河。河水是活的，随着海水有潮涨潮落。等到潮水即将退尽了，我们一些孩子跟大人截住一段河流，上下两边用河泥筑起堰来，上堰挡住来水，下堰架上水车，用力车尽两段堰内的河水，鱼虾就收入笼中了。这可是一种打牙祭的好方法，但要快，不等潮水又涨就得完工。我还练就了抓黄鳝的特技，把洋伞钢杆弯成钩子，串上一条蚯蚓，用纱线一绕，让蚯蚓不脱落，在田塍边找黄鳝洞，把钓钩伸进去，一边用手指轻掸田水，发出"呷呷"声，黄鳝自然上钩，立成瓮中之物。这种方法几乎百发百中，我黄鳝糊都吃腻了。此外，摸田螺、钓蟹也是家常便饭。还有：逮蟋蟀，斗蟋蟀，也挺耗精力的。正月里，约一些伙伴，敲十番锣鼓，热闹非凡。

夏天里，乘风凉，隔壁邻舍齐集一起，说新闻、讲故事、聊家常，是我大增知识的主渠道。什么"汉口大水"、"日本地震"、"关东响马"、"八百壮士"等等，我都是从这里听来的，印象至深，至今不忘。连1929年美国经济危机，市场大萧条，我都了解一些。至于像行尸走肉、旅馆闹鬼之类的荒诞绝伦的故事，我也深信不疑，吓得晚上走路心惊肉跳。本土本乡的话题自然少不了。于是就有蒋介石是乌龟精变来的，陈布雷出生时房上天空发红光等等，奇谈怪论纷纷出笼。说到黄山庙供奉的神"阮氏真人"，原是一个普通老百姓。怎么成为"神"了？原来前黄山脚下有一口井，大家都喝这口井的水，有人放了毒，要害黄山人。阮公知道了，来不及告诉大家，为了不害人，自己跳到井里淹死了。人们纪念好人，他就成了"神"。我这才知道不少祠庙就是这样修来祭奠好人的。黄山庙的戏台常演戏，主要是绍兴戏，我们叫"的笃班"。我看过"杀子报""碧玉簪""梁山伯与祝英台"等。一时乡下青年都爱哼哼绍兴戏唱腔。我不喜欢，觉得低级、俗气。但梁山伯故事吸引人，我跟着大人专门步行到梁山伯庙去观了一次光，来回70里地，第二天脚都不会走路了。在那里，我还见到"鄞邑贤令"的牌子。原来梁山伯做过鄞县的县长，这和梁祝故事内容冲突。我没有，也不会细究。

1941年日军占领慈城后，时局稍显稳定，搬来避难的家庭都纷纷回去，黄山又冷落了。差不多所有店铺都关了门，安子桥只剩了"阿昌店"，兼管代办邮政。他差不多每天一早要从慈城贩运些食杂品来卖。村民可以赊账，几个月结算一次。这方便了百姓，因为乡下人不可能经常有现钞进账，一年不过几次而已，如家人汇入、产业分红等。此后是日伪军、国民党游击队、杂牌军、共产党新四军三五支队，互相拉锯，乡下不太平了。一次，一位三五支队的女干部暂时在我家借宿，伪军来搜查，我母亲就说是我家亲戚，把她的手枪藏到马桶箱里的马桶底下，躲过一劫。我记得，那时大人们都对时局十分担忧。住在"白屋"的敦卿伯（他在宁波钱庄工作，前些年去世）到我家来和祖父聊天，就说："你望清，我等清，什么时候真正能'清'啊"！我祖父名"望卿"，"望清"、"等清"就是"望卿"和"敦卿"

的谐音，他们多么盼望政治清明、天下太平啊！1944年我从崇本小学毕业后，忧患不断袭来，我在黄山长住的时间就少了。当我步入少年，儿时的无忧无虑一去不复返，我"总在忧患中"[4]。只有老来回忆，还有一番喜悦在心头！

这里民风淳朴。男的外出，家里多留老人妇幼，管理祖宗产业、祠堂祭祀、清明扫墓等事。宗法气息十分浓厚，用以维系家族不被流散，繁衍生息。宗法社会当然有迷信。人们一方面慎终追远，祭祀祖宗，另一方面，也求神拜佛，祈求保佑。人一出生，就得算八字。大概我的八字不太好。所以，祖母把我"过继"给"三官菩萨"（即福禄寿三神），戒吃牛肉。我跟母亲到外婆家去，过方家渡，就要到庵里去拜"三官菩萨"，求其保佑。我上小学前，还到崇本学校的文昌阁和魁星殿祭拜文昌帝君和魁星菩萨，祈求他们保佑我读书成绩优秀。宗法社会特别强调祖宗基业，好多田产是属于祖宗的。制度规定祖宗产业后代不能变卖、分家，只能按年轮流享用，轮值到的那家有收取田产租子的权利，也有承担那年祖宗生忌日祭祀和清明扫墓等义务。我们家祖父名下，自己只有三亩半田。但是，每年可以轮到平均收入多于25亩田的租子（来年起码有50亩），足够全家口粮。我想，这也许是维系子孙"叶落归根"的主要措施，保证他们退休、失业回家总有一口饭吃，不致无依无靠。因此，黄山人总是活得比较悠闲和懒散的，早上起得很迟。俗话说："困（注：宁波方言，睡，如困觉）黄山，坐石埠，再要快活祝家渡。"这三个村镇当年都属慈溪西乡，是比较富庶的。这家族中主持祖业运作的长辈就对家族拥有支配权力，决定家族成员命运的重大决策，往往需要得到这位长辈的许可。比如，我家父辈和我是否要读书，还是去学生意就业，都要得由伯祖父说了算。这当然也造成家族内部许多矛盾，我母亲就曾为了我的读书而与伯祖父据理抗争[4]。这里还有一种别地方少有的社会扭曲现象——"堕民"（我们称男的叫"堕俾"，女的自然是"堕俾嫂"）制度。堕民是"贱民"，社会上没有地位，世代相传，以服务祠庙为生。做些理发、婚丧喜事吹吹打打的营生。我祖母在世时，"堕俾嫂"常来家里给祖母"绞面"。一进门对我们小孩就说些"长命百岁"等吉利话、奉承话。我觉得她们很可怜，但也觉得她们属于三姑六婆之流，很讨厌。

由于地近通商口岸，接触洋务较早，这里也相当前卫，村中自鸣钟、留声机、收音机、照相机，乃至电话、电铃应有尽有，大概中国农村中是最早出现的；而兴办新学、组织消防队，也算是开风气之先的了。北伐成功后国民党政府在这一带实行"二五减租"，恐怕是全国绝无仅有的。崇本学校在农村里大概也算是很先进的，不仅有寄宿生，还有像为珠穆朗玛峰正名的著名地理学家王勤堉（鞠侯）先生那样的大学教授来教书。我听他讲古斯巴达克儿童勇敢、坚强的故事，非常动人。他说，一个小学生抓到一只冻僵了的狐狸，上课时，把它放在上衣里正襟危坐地听讲，狐狸苏醒过来咬他的胸口他也丝毫不动，直到把他咬死倒下，老师才知道。那种纪律性实在令人佩服。崇本学校的前卫性还可从这样一件事上表现出来：1939年，学校别出心裁地举办了一次黄山"婴儿健康比赛"，这在当时一般农村是难以想象的。我的1938年下半年出生的堂弟获得了第一名，奖了一块漂亮的"银盾"。

　　最后，说说黄山的民居建筑。正屋大都是五间两弄或七间两弄，一、二甚至三进的楼房，一般坐北朝南，第一进往往还有东西两厢房，中间构成有十几米见方的天井，称为"地道"，用于晒谷子，晾衣服，小孩嬉戏，夏天乘凉。正屋当中一间一般是公用的，用于祭祀和婚丧喜庆。房屋两头有高大的"五马"风火墙。通常厨房、柴火间都设在附属小屋里。后来人口多了，房子不够分，也有用边上正屋当厨房的。不少房子门楼、花墙都有精工细致的花卉、松竹、鸟兽、人物砖雕做装饰，显得富丽堂皇。有的还有小花园，有月洞门、假山。清末日本人冈千仞作客黄山，对"大夫第"、"白屋"等民居赞扬有加[5]。虽然，没有新式洋房，但后来一些民居的内部装修还是十分时新的。比如，玻璃窗、纱窗和板窗齐全，房间隔墙用现代型材木版，浅色油漆，线条明快，色彩明亮。西式橱柜、梳妆台、沙发出现于居室，不亚于城市。多数这种房屋的屋顶瓦片下还有一层木质天花板隔层，所以冬暖夏凉，非常宜于人居。不过，我在宁波上中学后，看惯了高楼大厦，假期回家一个明显感觉就是家里房子低矮，屋顶上的瓦片一览无遗。此外，尽管私家住宅比较舒适，但乡间公共道路却很不理想，石板狭窄，凹凸不平，牛屎多多。尤其是雨天，泥泞污秽，走路很不方便。

　　总之，古老与时新交织，传统和先进相辉映，随着时代前进在表面宁静的背后潜藏着动荡，这就是黄山。黄山充满矛盾！但是，哪一个中国城市农村没有矛盾？正是这些矛盾，孕育着变革的动力，前进的希望！

注释

[1] 江北区史志办公室（档案局），《江北历代诗选》，宁波出版社2008年版，第97页。排闼，意为推门。

[2] 同上书，第41页。原注：蜡屐，指涂蜡的木屐；底事，为什么。

[3] "东洋婆婆"是本刊关于中日交流文章作者王勤谟的祖母，曾长期随夫寓居日本，与日本文化人多有来往，日军占领慈城后，村里人

托她与日本人交涉，使日本人不大到黄山来骚扰。

［4］王义道《总在忧患中》，原载《寻春之路》，北方妇女少儿出版社，1991年，又《湖边琐语》，北京大学出版社，2008年，第295页；谢振声编，《江北之骄》（1），哈尔滨出版社，2003，第175页。

［5］见王勤谟《宁波慈城黄山村王氏兄弟在1870年后中日民间交流中的作用》。

（本文原登于《古镇慈城》2009年总第37期。有修改。）

再忆黄山：崇本学校

王义遒

"树高千丈，叶落归根"，或许就是年老了，自从写了刊于《古镇慈城》第 37 期的《忆慈城黄山》一文后，像春蚕吐丝，幼时的回忆总是时断时续地、不可终止地吐露出来，特别是对崇本学校读书的那一段。于是，就产生了这个新篇，以此补充。

我是 1937 年春天进崇本学校的，那时才五岁多，读的是"幼稚班"。记得先是母亲带我去报名，学校放寒假还没有开学，校内空空无人。我们带了一些供品，报名后就在老教室楼的门厅（过道，见附图）上向孔子神位祭拜，孔子牌位供在楼上的神龛里，从门厅就能看到。然后又到南屋的"文昌阁"拜魁星菩萨。这样的仪式，是为保佑以后读书有成的，我似乎是"末代"了。不记得我的弟妹们入学还有这样的仪式。

开学，是由我堂哥阿福（义遐，他比我大四岁）带我去的，就在楼下靠西的一间教室里上课。那时实行"复式"教学，两个年级学生在一个教室里上课。我们幼稚班，人数不多，就在教室北面一边就座。我个子矮，坐在前排。我落座后堂哥就走了，我第一次处在大群陌生人中间，难过得要哭出来。几天后就习惯了。我不记得"幼稚班"读的什么了，反正有认字和识数。"复式教学"有一个好处：除了得到自己年级的知识以外，还能"旁骛"从相邻年级得到一点东西。那时，我们读的是商务印书馆"复兴"版的教科书，一年级下学期有一段课文说"夏天好"的，其中有一句说鱼儿在池塘里欢笑，"得意洋洋出水跳"。我弟弟小名"尔祥"，一般昵称"祥祥"，宁波话读成"洋洋"。邻级同学大声朗诵"得意洋洋出水跳"的时候，我觉得很好笑，好像叫我弟弟"出水跳"。于是回家就大声嚷嚷这一句。后来，当自己读到这句话时，反而不那么感兴趣了。读"幼稚班"，自己读些什么都忘记了，"复式教学"从邻级学来的一句话却至今不忘！现在看来，这种"学前教育"是"小学化"的，不算先进，但在当时，能够进行这类教学，已是难能可贵的了。

1937 年暑假过后，我正式上一年级了。这时七七事变已过，抗战已经爆发。"八一三"淞沪抗战对宁波影响大。乡下人同仇敌忾，纷纷进行抗日宣传，举行各种劳军活动。妇女们做背心、纳鞋底，同时准备日本兵占领后备战备荒（在《忆慈城黄山》文中已述及）。政府从北方弄来大批红枣，卖给百姓备荒。我觉得很奇怪，红枣平常当补品来吃，是好东西，怎么还能代替大米当粮食。几次风声吃紧，我们还到附近山村逃过难。因为逃难，我二年级莫名其妙地留了一年级。因为留级，我觉得先生教的都懂，用不着用功了。因此一次为没有能背诵课文而挨罚——面壁直立。更有甚者，因为留级，对此时教给我们的唱歌简谱，我早就熟悉。当时少年，已懵懵然有了点性别意识。大概有一个男同学和一个女同学有了点接触（那时男女同学是严格授受不亲的），一些同学起哄，说某某跟某某好了。你一句，我一句，编了几句顺口溜。我因会简谱，就谱了曲，抄了几份，大家都学会了。上课时，他们一到，几个淘气鬼就一齐唱了起来，弄得这两同学非常难堪，就向老师哭诉。一查，"作曲者"是我，罪魁祸首，自当严惩不贷，当众用"教方"打手心四十下，打得手掌都肿了。晚上回家，不能握筷子，被母亲发觉，只好告以原委。她虽然疼我，但也为我的恶行着实数落了一番。这是我在小学里最严重的两次惩罚，都是1939年的下半年，都与留级有关。不过，从此老实了一些，虽然是读第二遍，也得老老实实地听讲了。两次惩罚，都发生在1938年新落成、我感到是窗明几净、十分洋气的新教室里。这间新教室很大，后面张贴着中国和世界地图各一张，空下来研究地图成为我的爱好。

那时候学校要求很严格。我们早上都是八点不到就到校了。到校后，先在东操场开朝会。全体学生按年级面向西站好，先唱"朝会歌"。歌词大体是：

好！好！先生同学都到了。

早上，精神好，锻炼体魄莫把光阴抛！

休担心，国事凋荡；要知道，我们年纪还小。

莫怕，只需身体好！

同学，赶快起来努力体操！

然后就做体操。

下午，大约三四点钟放学。这时，也要先在东操场开晚会，唱晚会歌，简短的歌词是：

工作完毕，相与言归。

今日事，今日毕，尽我责任不懈怠。

先生再会，朋友再会，大家明天会！

大家一起明天会！

然后是先生讲话，针对一天情况做点表扬批评，接着，大家分成东中西三路列队回家，秩序井然。放学后，每个年级有值日生负责打扫教室卫生；

扫地、擦桌、揩黑板、拖地板、倒痰盂、烧字纸等。墩布和痰盂在前面祠堂池清洗，如今看来是不太"环保"的。现代人大概对烧字纸很不了解。那时人们十分尊重文化，把有文字的纸，不管是印刷的，还是手写的，都看成是文化的象征，非常尊重。认为把字纸乱丢是一种罪过，用字纸擦屁股这些事是绝对不许可的。每个教室都放着字纸篓。这是一种竹编的扁篓，外面写着"敬惜字纸"四个大字。值日生就得把字纸篓送到焚纸炉（祠堂墙外，见图），取出字纸烧掉。值日生的工作由先生检查，做得都很仔细，所以值日生有时放学很晚。

每星期一早晨上课以前要做"纪念周"，是国民党政府规定纪念孙中山先生的。仪式在大礼堂举行，当时大礼堂紧挨着祠堂，北面有一个小舞台，东西两边墙上写着"忠孝仁爱，信义和平"八个大字。柱子上挂着中国历代名人像，如岳飞、文天祥、史可法、王阳明等。后来蒋介石搞的"新生活运动"推广到黄山乡下，礼堂舞台上方挂起了一块匾，上书"礼义廉耻"四个大字。舞台上布置的：正中是孙中山遗像（总理遗像），下方是他的遗嘱全文，两侧是一副对联："革命尚未成功，同志仍须努力"，然后左边是青天白日满地红国旗，右边是青天白日国民党党旗。"纪念周"的一般仪式是：全体起立，唱国歌，向孙中山遗像默哀，宣读"总理遗嘱"，司仪念一句，大家跟一句。所以我至今能熟练地全文背诵孙中山遗嘱。接着就是校长、或老师、或从外面请来的人士讲话或训话。大约半个小时结束。我对"新生活运动"的印象就是走路要"靠左走"（抗战结束后，才学美国，改成靠右走）。那时新教室还没有，从旧大门进校，走过较窄的门厅（过道），常会对面碰撞。都靠左走以后，碰撞现象少了。那个"门厅"上挂着王品南先生像，使我知道他是资助崇本办学的董事，在天津经商，很有成就。那里还挂着学校学生人数逐年变化等统计图表。这让我学到了用图表表示统计数字及其历史变迁的方法。可见学校领导有心，处处注意做到环境育人。

大礼堂也是音乐教室，舞台上有一台风琴，上音乐课就用它。周末学校常开"周会"，有"余兴"节目表演。演出过"蝴蝶姑娘"、"葡萄仙子"等歌舞剧，校外乡亲都可来观看。我曾在一个节目中扮演一个小和尚，后来被人用麻袋装着抬走。我不足学龄的妹妹也来看了，在台下哇哇大哭起来。抗战期间，这里很热闹，常常演抗日活报剧，宣传抗战。

抗战以后，由于上海、宁波等城市遭受战乱与轰炸，比较危险，不少人到乡下来避难。崇本学校的学生反而增加，教室不够用，造了新教室。校园开了一个新大门，进去是一条两边由冬青树组成的甬道，有不小的花坛，我记得种有芙蓉花、大丽花等。大丽花树生长很快，树叶厚实，不久就开出雍容华贵的大白花，是当时我看到最好看的花了。树木上挂有标识，我因此认识了一些花木。总之，校园面貌一新。

1941年日寇占领宁波。慈湖中学的一部分迁到了黄山崇本学校，不少城里学生也来了，学校的寄宿生更多了，建新教室时增建的三间平房宿舍也不够用。于是，教室二楼的东边教室也分隔成为男女学生宿舍。老教室一楼东面一间（新教室西边）改为教师办公室，以适应教师人数的增加。学校把大礼堂也改为教室，祠堂的祭祀大厅就借作为礼堂了。操场更是紧张，就自力更生在池墩开辟了新的大操场（前文有详细叙述），而原来东操场北一个有围墙的操场改为花园（其中有后来敦卿先生兄弟修的纪念慈母的"慈井"）。这是崇本的全盛时期！

崇本教学有方，要求严格，成绩卓著，前文已提及，这里做点补充。崇本注重算术等理科课程。记得大概是1943年，国民党敌后政府组织小学会考，崇本毕业生方翕之名列第一，成为崇本的骄傲，崇本名声大振。方翕之也为我辈树立了榜样，我一生都记得他。记得他们这个班毕业似乎也特别风光，专门举行了毕业典礼（1944年我们毕业时似乎是无声无息）。毕业同学与在校同学依依惜别，唱着歌互道珍重。歌词片段是，在校同学唱：

诸君此去行程壮，校誉远扬！

勿彷徨，快翱翔，敢鹏抟万里，乘风破浪！

毕业同学回应：

惕励语牢记在心房，形离神合还是在一堂。

朋友们，敦品励学须早偿，休辜负春光！

崇本不仅注重语文算术等"正课"，也注意美育，唱歌、图画、手工、劳作从来不断，也像正课那样重视。手工课上我学会了泥塑、砖雕等本事，既好玩，也实用。每天下午第一节都是写字课，临摹字帖用毛笔写大字。我起初学颜（真卿）体，后来改学"魏碑"。同学们多数学柳体、欧体，大家互相交换字体心得。先生每天必改，好的字打上红圈。同学每天比谁的红圈多，积极性大增。我很羡慕王义锡同学柳体字写得漂亮、俊逸、挺拔；但我也对魏碑情有独钟，觉得它虽显得有点笨拙，却比较遒劲、庄重。学校似乎还体现了陶行知先生"生活即教育"的理念，上劳作课不仅受教育，还有实效。如修大操场、后黄山开荒种番薯，种桐子树，都有很好的实际收益。学校还关心锻炼学生社会活动能力，小商店（称"合作社"）和图书馆（在文昌阁）都要学生自己管理。我从这里学到了一些图书分类的知识。后来，我把家里的存书也按照这种办法，分类编号存放，还编了目录。这都是很好的儿童能力锤炼。童子军不仅讲些带有政治和道德教训的内容，也学大量日常生活本

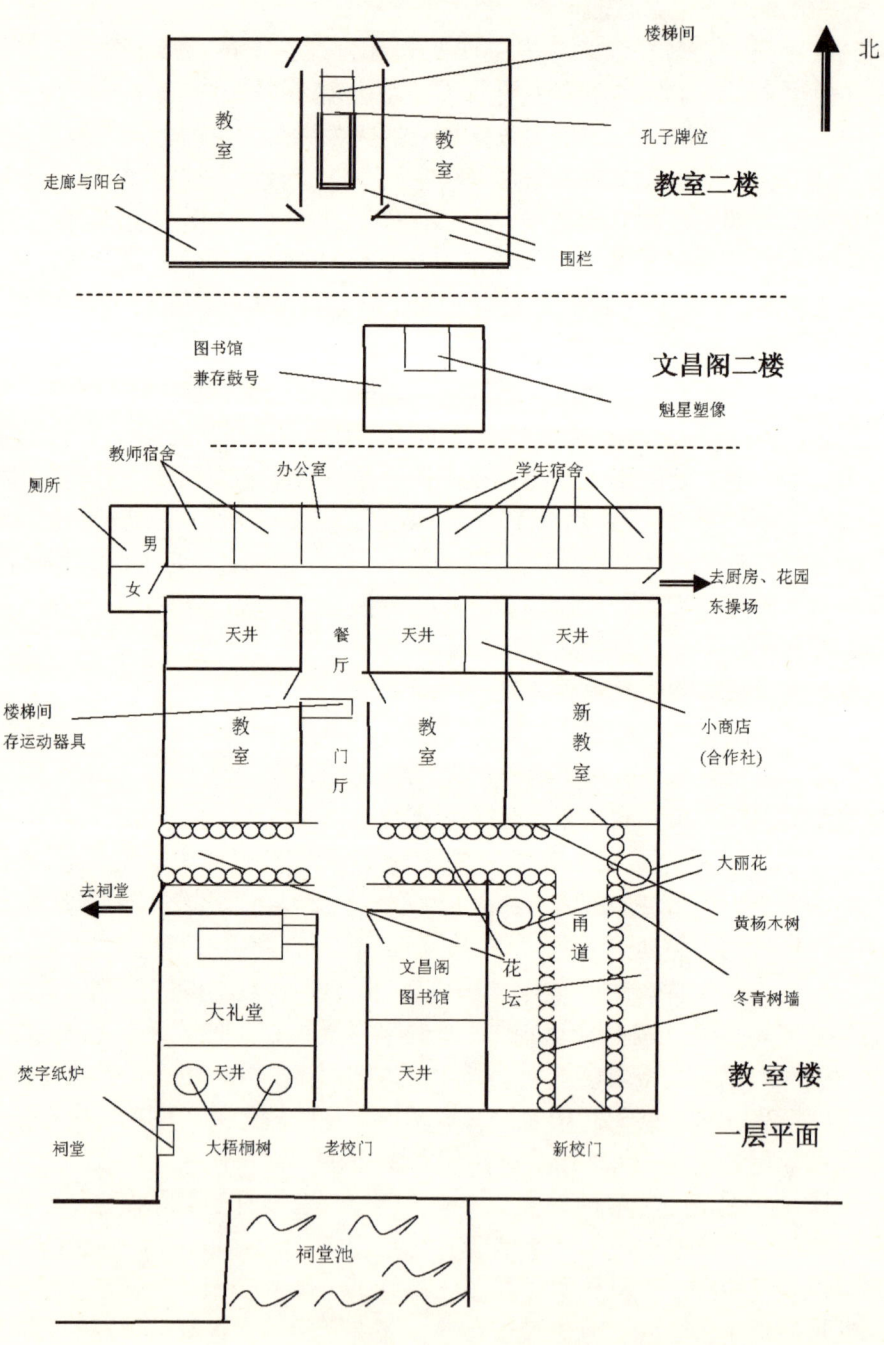

◇崇本学校建筑平面图（1945）

事,像结绳等。体育锻炼更是不容忽视,每天下午放学前都有课外活动:跑步、跳高、跳远、跳绳、爬山、爬竹竿、滚铁环、打乒乓、踢小足球等应有尽有。每年开运动会,十分热闹,乡民都来观看。童子军活动也有洋鼓、洋号等乐器,不过日寇占领后基本上不再活动了。

  学校办得好不好,最重要的自然是能否聘请到好教师。崇本在这方面不遗余力。除了前文说到的因为抗战环境使一些大学、中学教师,像王勤堉、王幼于两兄弟等来崇本教书外,崇本校长王英年用高薪聘来了陈士元等一批教学高手。陈士元不但长期担任教导主任,还是算术良师(可惜,他直接教我不多,我的算术学得不好,应用题只会套公式,却不懂逻辑,常请教邻居阿庆哥,才知道些道理,但仍不明白公式怎样来)。我三四年级的国语老师黄先生和五六年级的钱兰若先生都是教学有方,很得学生的喜爱与尊敬的。课上黄先生讲故事,使国语课引人入胜,生动活泼。钱先生充满爱国激情,他讲到黄花岗七十二革命烈士故事,令人敬仰,后来我到广州,首要的就是瞻仰烈士墓;他还讲中国学生应当有"狮子样的体力,猴子样的敏捷,骆驼样的精神",印象深刻,以后知道这是蔡元培先生提倡的少年素质。

  抗战期间,崇本学校誉满乡里城镇,附近城乡有力量的居民子女纷纷来黄山寄宿就读,在一定程度上,可以说是当时乡村教育的典范。这里,固然要归功于当时校长王英年先生的办学有方,但更重要的,还是黄山人看重教育,有重视教育的良好传统。这也是黄山成为一个王勤谟所说的"士村"的原因吧!这种"士村"传统,或许也可说是"士村"精神,何尝不是中华民族的传统和精神。世界上多少伟大的古老民族俱往矣,而我们国家与民族得以自强不息,几经劫难,屹然自立于世界民族之林,不是凭借着这种传统和精神么!凡我村民,凡我国民,千万要坚持和发扬这种传统和精神啊!

(原登于《古镇慈城》2010 年总第 46 期)

黄山古村

叶龙虎

小时候，每年的正月里，我母亲的姑父总会来我家，我们兄妹叫他谷塘岙外公。每年来总是说，他是先到黄山他妹妹家，在那里住一晚，再到我家。这是我最早听说有黄山这个地方，感觉很遥远。后来在生产队劳动，常听大人说起"困黄山,坐石步,再要快活祝家渡"的民谣。再后来还听我岳父说过，他祖先是黄山人，他肃字辈，在那里辈分很高，小时候每年都去黄山祠堂祭拜，还说族谱里写着他的祖先当过哪朝哪代的什么尚书。可惜藏在阁楼上的族谱，在"文革"中被烧掉了。这些，是我对黄山的最初印象。

初春的一天，与热衷于旧慈溪历史文化研究的两位朋友一起，来到黄山古村。相传明时这里是应氏聚居，自王氏迁入，应氏渐微，故有"凰来鹰去"之说。据光绪《慈溪县志》记载，"黄山，县西南一十里，一名王山，王氏居其下也。两峰对峙，南曰前黄山，北曰后黄山。形似覆盂。丛筱乔松，苍翠若滴。"清代诗人王庸曜《登黄山》诗写道："绝顶苍茫一望中，无边秋色晚来空。长江远落孤帆影，群鸟高呼万木风。终古青山吾辈在，百年佳节几回同。登临且喜都强健，好插茱萸泛酒红。"走进黄山古村，风光果然与周边的村庄不同。一个陪我们走访的村民一路上还哼起了当地的顺口溜："前黄山、后黄山，东边隔座双顶山，西边还有乌石山。"这个坐落在姚、慈两江之间的古村，还是那样古朴、惇厚。

说到黄山,先说王氏。王氏祠堂在天启《慈溪县志》就有记载："崇本堂，唐家堰桥王祠。"至于黄山脚下的崇本堂与县城唐家堰桥的崇本堂，究竟哪个为先？笔者未作考证但倾向于唐家堰桥在先。光绪志说"河南卢氏县知县王桓墓，县西南八里黄山"；又说"王明白先生宅，县西街唐家堰，先生名桓，为名县尹，七世簪缨，人称三凤王家"。我想，或许是王桓等殁葬黄山之后，为了守茔才有了王氏的黄山分支。不过，王氏一脉在明代就是慈溪望族却是毫无疑问的。我们在王氏族人王多益先生的陪同下，去了慈城唐家堰桥崇本堂，因祠堂前原有三凤坊，当地人俗称三凤祠堂。祠堂现在是一家企业的厂房。当年大门前的牌坊自然不见踪影，祠堂还剩下一进房子，三间二弄，估计是享堂，刻于乾隆年间的石碑还嵌在弄堂的墙壁上。说起三凤坊的来历，王多益先生告诉我，在明宣德、正统年间，王桓之子王尹和一门出过王来、王复、王鼎三兄弟。笔者回家查阅了历代的《慈溪县志》和光绪《余姚县志》，果然都有记载。说余姚张云航先生有女适慈溪王桓（明太祖呼为老学士，人称明白先生）之子王尹和（字伯熏、金溪县令），女儿出嫁之日，张云航说，有外甥了报我。生第一个儿子去报，云航先生说来了就好。于是起名"来"。生第二个儿子去报，云航先生还是说复来就好。于是起名"复"。等生第三个儿子去报，云航先生连声说好，说是兄弟鼎立。于是起名"鼎"。后王来官至工部尚书，王复中宣德五年庚戌科二甲第三十五名进士，任刑部

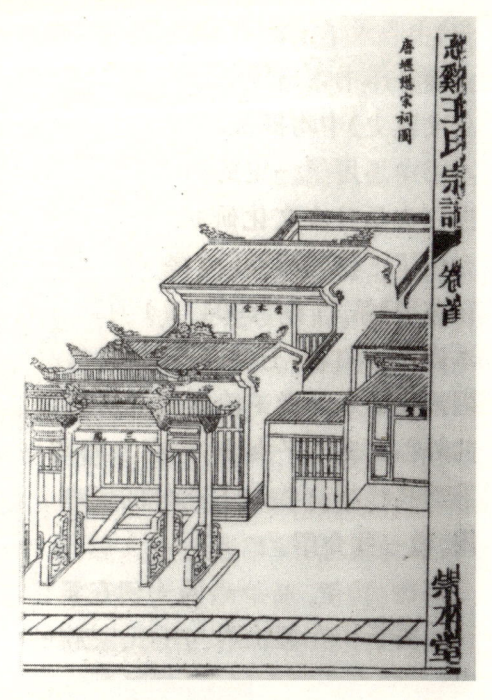

◇慈溪三凤王氏宗祠图（祠在慈城中山路唐家堰桥）

主事，王鼎也授广东佥事。王来之子王钥中浙江乡试官至监察御史，王鼎之子王鏓为成化乙未科二甲第二十一名进士，授大理寺丞。王氏七世簪缨，可见门第显赫。雍正《慈溪县志》说"来、复、鼎世称三凤，庆泽深厚，世罕及焉。"

走近黄山南麓，我们看到俗称祠堂池的荷塘正在驳坎。据说过去一到夏季，满池菱莲，荷花盛开。一位村民告诉我们，荷塘北岸的学校就是崇本堂旧址，很多年前就改建成教学楼了。因为周日，大门紧闭，一块"宁波市崇本学校"的铜牌在太阳下发出耀眼的光来。据当地老者介绍，早在光绪初年，祠堂里就开设"崇本私塾"，到光绪三十年改称"崇本学堂"。当初祠堂大门上方还有"蒙养义塾"的砖刻。慈溪自古"学风鼎盛、进士盈城"，正是因为有崇本私塾这样的遍布全县的义塾、有王氏这样的耕读世家。慈溪人能官能文能商，据光绪志记载，县人"四出营生，商旅遍于天下，……甚至东西南洋诸国亦措资结队而往，开设廛肆"，黄山人自然是走在前列的。当初的崇本私塾与众多私塾不同的就是教育方式，在其他地方还读"四书五经"的时候，这里凭借族人在海外的优势，已经引进仪器，推行新学。这所学堂以

"诚、恒、勤、朴"为校训，培养出很多人才，正如我国著名兵工专家王勤谟先生所说："黄山王氏，四百年来一直处于由士大夫组成的鼎盛状态，这和王氏家族奉行'诗书继世长'的传统文化有关。"据笔者所知，为珠穆朗玛峰正名的著名地理学家王勤堉先生、北京大学原常务副校长王义遒先生、原兵器工业部教授级高级工程师王勤谟先生均为其中的佼佼者。

随后，我们参观了新旗杆门头的王治本先生故居。围墙边门里面的门额"攸芊攸宁"四个大字虽被凿掉，还是依稀能辨，应该出自《诗经·小雅》中君子攸芊，君子攸宁之句。据房子主人王平波先生介绍，房子原本两进，为清嘉庆年间朝议大夫王肃雍所建，现存前进。主人很热情，捧出了他抄录的这一房的族谱，告诉我们王肃雍是他世祖，有庸德、庸义、庸敬三子，其中庸德是道光年间奉直大夫，他是庸德的第五代。他小时候，堂前正中还悬挂咸丰三年朝廷颁给庸德的"恩贡"金字牌匾。王治本（号桼园）先生为庸德第三子，在日本汉学界享有盛誉，去年日本友人还专程来访过桼园先生故居。据王平波介绍，原来的正大门很壮观，门额上外雕"苏武牧羊"，内有"兰菊庭芳"四字和"渔樵耕读"四幅砖雕，在"文革"中与门口地道上的旗杆夹一起被毁。

古村的确很古，清代的建筑比比皆是，还有后新屋、池墩、大夫第、侍卫房等，让人目不暇接。坐北朝南的大夫第为清嘉庆年间朝议大夫、河南汝宁府粮捕水利通判王严理所建。大夫第也是王勤堉先生（王严理第四子光禄寺署正王瀚之后）、王勤谟先生（王严理第三子布政使司理问王瀛之后）的故居。据陪同参观的村民王嘉兴先生介绍，大夫第占地面积约二万平方米，四周围有五马头风火墙。东首旧有五间二弄的正屋三进、轿厅一进、和十九间四弄的东西两厢房，西首旧有轿厅花厅各一进，花厅后还有许多侧轩。现幸存的正屋二进、西厢房和花厅还比较完整。两百年的风风雨雨，已让大夫第破败不堪，很多房子因为空置甚至已经倒塌。但现存的结构，仍显出当年大夫第的气势。据说最让人称绝的是头进与二进之间的砖雕屏风，共十六扇由十六个传统故事组成，深浅浮雕，构图严谨，画面上男女老幼、喜怒哀乐、春夏秋冬、山水花鸟，表现得生动有致、情景交融。一般的屏风多以竹木配以织绣、书画制作，砖刻屏风实属罕见。大夫第的砖雕屏风是现存国内最大的嘉庆年间砖雕。王多益先生说，砖雕屏风本来难免那场劫难，是他做了当时大队书记的工作，才没被当做四旧销毁。砖雕屏风现已被保国寺收藏。

（原登2009年5月4日《宁波晚报》。收入本书时作者略有修改。）

冈千仞《观光纪游》七月十八日至廿日日记若干诠释[1]

王勤谟

原文部分

七月十八日（闰五月廿六日）

芦苇弥岸，时见村落。是为慈溪北郊（注：应为西南郊）。小沟左折，直致王君门前。珠垣（景星）、再培（迪中）、并卿（景威）、致和（仁中）、砚云（仁厚）出接，皆惕斋族兄弟。王氏，慈溪大族，分宗以来，族人同居三世，广厦连宇，画为十数区，分灶同产，男女婢仆六七十名。吾与惕斋同发横滨，瀛海万里，食息寝处，无日不相与，遂访其家。举族欢迎，如亲兄弟。此亦文字因缘，非偶然者。砚云，举人，有才学。笔谈致晡。

十九日（闰五月二十七日）

观王氏家庙。壁书先中书君家训十二条。族人登科第者，皆书联额揭壁。族约尤严，曰降人非流者，不得与祭。非流谓窃盗犯刑，操俳优、仆役、剃刀、舁丁诸贱业类。庭设舞台，每春秋奠祭，演杂剧，会族人观之。赴王表堂（熙）之招。表堂，黎园（治本）子，飨酒饭。过并卿，方吃片烟，要至王君家再酌。并卿尝为福建霞浦县令。有学问。

七月廿日（闰五月廿八日）

此间士大夫屋宅，四周垣壁，高二三丈，重门严锁。填石若砖为中溜，设大瓮四五，以贮雨水，曰煎茶非雨水，不发香味。堂设坑床、案桌、椅子，揭名人书画，文房器具，烂然照座。屋内分六七区，族人各占一区。耕耘作业，皆任隶氓。富贵者多就都会，开商店，遣族人及若隶属监督，不躬亲。子弟至八九岁，必延师学举业。闺阁尤极美丽，卧床丹臒，帷帐四垂，价自四五十元至百元。其所以自奉，极为矜贵。已无衣食之忧，偓然自足，渐流骄奢。而子弟知读书有才气者，专耗精神于八股之学。及其累试不第，漏不平于酒色，颓然自放，不役心世事，猖狂为达，放诞为豪，妄庸为贤，迂疏为高。或至溺洋烟，荡资产，卖子女，缩性命，不自悔焉。余来此累月，略得中土之病源，附记于此。晚间散步近村。村童见余异服，前后拥遮，牵衣打肩。惕斋大怒。疾声叱去。

诠释说明

一、"芦苇弥岸，时见村落"——黄山村

黄山村地处宁（波）绍（兴）平原，是南方典型的水网地带，即一二公里就有一条河流的平原。位于慈城镇（原慈溪县县治）西南5公里。东西约1.5公里、南北约1公里。

南北各有一座孤零零的不高也不大的小山，我们叫南面的一座为前黄山，山脚下建有王氏家庙（新中国成立后烧毁）。冈千仞到黄山村后第二天，即十九日记："观王氏家庙。壁书先中书君家训十二条。族人登科第者，皆书联额揭壁。族约尤严，曰降入非流者，不得与祭。非流谓窃盗犯刑，操俳优、仆役、剃刀、舁丁诸贱业类。庭设舞台，每春秋奠祭，演杂剧，会族人观之。"称北面的一座为后黄山，山脚下建有王氏祠堂（新中国成立后拆毁），叫崇本堂。

黄山村的东西各有一条河流，分别称"东浦"和"西浦"，可行船。这两条小河的北端均与慈江（也称后江）相连。慈江向东流经慈城镇，向西在丈亭镇汇入姚江。姚江在黄山村南面六七华里，也称前江，向东流在宁波市三江口与奉化江汇合形成甬江，流入东海。

《纪游》中说："芦苇弥岸，时见村落"，"小沟左折，直致王君门前"。指的是，船自慈江左转，进入"东浦"，"东浦"在黄山村北面有一桥，叫"安仁桥"，据咸丰庚申年（1860）蒋坦写的《黄山小志》记载："安仁桥在新渡，自后江入浦之第一桥也。浦中芦苇萧萧，境绝幽折。"过安仁桥即进入黄山村，稍南，有一停船处（河埠头），此处下船，往西20米左右，即为王惕斋所住宅院——"白屋"。

从上面所说的黄山村的地理特点来看，这是一个相对封闭的村落。族人王义遒（物理学家，原北京大学常务副校长）在《忆慈城黄山》一篇文章中写道："黄山景色秀丽，四季宜人。春天里空气清新，秧田如镜，满目青山翠竹，片片映山红。""在后黄山顶的大松树底下，前后江一览无遗，令人心旷神怡。我曾祖父王慈有《清明日登黄山》诗云：'偶逐东风蜡屐游，分明胜景艳如流。不知底事看花眼，万紫千红总是秋'。"

二、"王氏，慈溪大族"——黄山村居民

黄山村居民主体是王姓家族，一村一族。我是在1929年生于黄山村的。在我小的时候，黄山村的居民，基本上仍是这样两部分：一部分是王姓家族的人，占绝大部分；另一小部分是非王姓而为王姓服务的人。在为王姓服务的人中，除小学老师外，一般都是体力劳动者。这些人中间，有的进入家庭服务，如长工、保姆等；有的是独立经营者，如木匠、泥瓦匠、裁缝、厨师、轿子店、杂货店等。

王姓在慈溪县里的分布有三处，供奉一个祖宗。从小时看到有些地方写着"太原王"的情况来看，可能王姓也是在明朝人口大迁移中从山西或经由山西迁过来的。至于王姓何时迁至黄山村的呢？在《黄山小志》中《仝十八先生墓庐》所载："仝十八先生，讳钰，王氏始迁黄山之祖也。先生初居唐堰，以茔在黄山，始移家庐墓居焉。三百年来，子孙鼎盛，今东西前后数百家，皆先生之后。殆天之所以报孝子欤！"由此上推王氏是在明朝来到黄山村的。

从家谱上看，黄山王氏始祖是葬于后黄山脚下的诜二公的儿子，仝十八先生，属第5世，"淳"字辈。我祖父是第23世，由于他卒于1911年，因此，大体上可以说，至清末，王氏家族在黄山已传承了18世左右。

三、"广厦连宇，画为十数区"

由于"子孙鼎盛"，因此又分为很多支派，如王惕斋属"少峰公派"，王治本属"宝峰公派"。这些"派"的下面，又分很多支脉。如"少峰公派"第8代王严理于嘉庆元年（1796）建成有5进的"大夫第"，就成了"少峰公派"下的一个支脉。王严理有5个儿子，也就是有5房。后来第3房，在"大夫第"的东面50米左右盖了一个大宅院——"白屋"，这一房的子孙也就搬出"大夫第"。王惕斋属3房，冈千仞住王惕斋家中，也就是住在"白屋"了。一个支脉，住在一个大宅院中。所谓"分宗以来"，我的理解也就是分宅院居住了。不过，"白屋"的子孙虽然搬出"大夫第"，但到我出生时（1929）仍认为是属"大夫第"支脉的。

这些大宅院的布局是：在前、后黄山中间有一条从"东浦"引出的小河，是一条断头河，不能行舟，主要用于灌溉。这些大宅院都盖在这条小河以北，东浦、西浦之间，即分布在以黄山脚下的祠堂为中心的东、西两侧。和清朝时北京的房子不能高过皇宫一样，黄山村的房子也不能高过祠堂。每一所住宅用围墙围起来，占地面积都很大。都有一个名称，如"大夫第"、"白屋"、"旗杆门头"、"树桥头"等。里面住着几家、十几家甚至几十家，即所谓"广厦连宇"。但是在这一个大宅院中的每一户又自成一"区"，"区"间有走道（叫弄堂）或门相通，走道也有门，这些门想关就可以随时关上。至于划成多少区，视其中有多少户而定。"白屋"（新中国成立后全部拆掉，建粮仓）的占地面积虽然也有一万平方米左右，但在黄山村来说，这个宅院是比较小的，也就是冈千仞《观光纪游》中所说的："屋内分六七区。族人各占一区。"

何谓"一区"？从黄山村房子的构造来看，一个区也就是由楼房＋平房组成。楼房是主人的客厅、卧室等；平房是生活设施，如我家在"白屋"中的平房，就有：灶间、吃饭间、洗脸间、洗澡间、柴房、草房、臼房、磨房、仆人卧房、厅、粮仓、农具室等。

这次，我陪日本人一共看了5个住宅。其他3处都是一个天井，一边是楼房，一边是平房。只有大夫第，楼房和平房之间用墙隔开。但和白屋来比，墙矮，墙两边的天井也窄。当然白屋已不存在了，用墙隔开楼房和平房的大宅院，目前也就是残存的大夫第了。

四、"举族欢迎，如亲兄弟"

《观光纪游》中说："珠垣（景星）、再培（迪中）、并卿（景威）、致和（仁中）、砚云（仁厚）出接。皆惕斋族兄弟。"这里所指的"族兄弟"以及下面

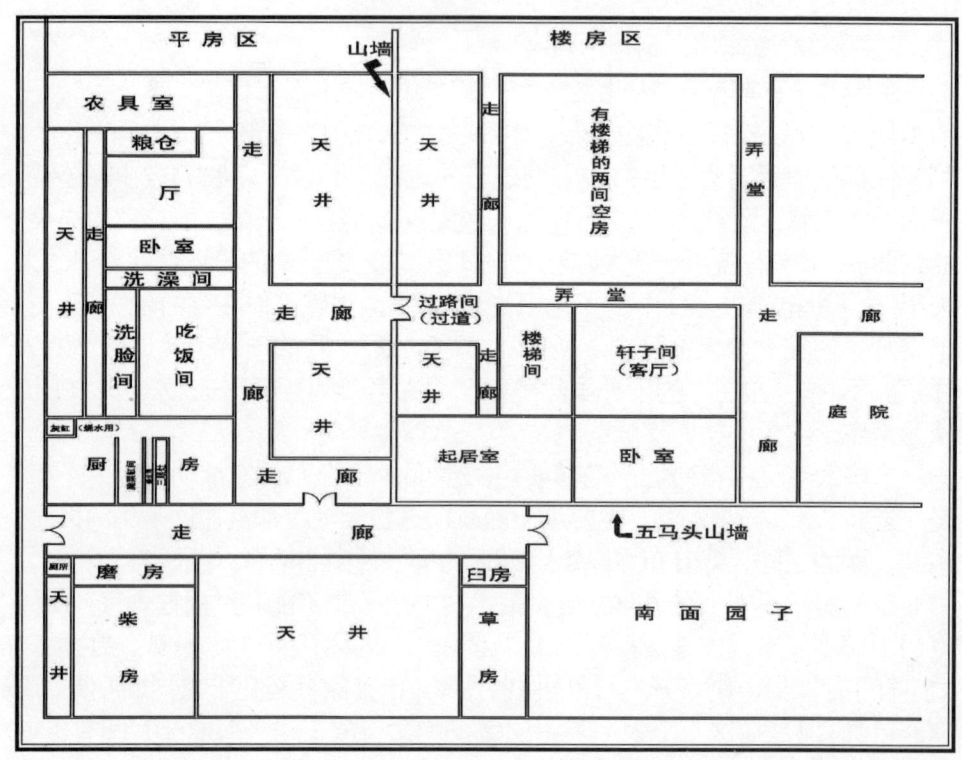

◇白屋平面图：王惕斋居住部分（山墙内为楼房区，外为平房区）

所说的"举族欢迎"均指"大夫第"支脉,而不是指黄山村中整个王氏家族。"皆惕斋族兄弟"有误,其中有王惕斋上一代人。

如以王严理为第一代,他们的关系如下:

第二代（肃字辈） （总第21世）	第三代（庸字辈） （总第22世）	第四代(仁字辈) （总第23世）	居住地
第一房			大夫第
第二房		仁和 仁爵（汝修,时在日本）	大夫第
第三房		致和（仁中） 砚云（仁厚） 惕斋（仁乾）	白屋
第四房	珠垣（庸星、景星）、 并卿（庸昌、景成）		大夫第
第五房			大夫第

从家谱看,砚云（仁厚）和再培（迪中）系一人；景威应为景成。

五、"子弟至八九岁,必延师学举业"

黄山村王氏族人,如《观光纪游》中所说的:"耕耘作业,皆任隶氓。富贵者多就都会,开商店,遣族人及若隶属监督,不躬亲。子弟至八九岁,必延师学举业"。因此,黄山村虽是一个村庄,但不是一个以农为主的农村,而是一个培养士大夫的"士村",即使经商也是儒商。

以"大夫第"支脉为例,王严理及其儿子和孙子共28人,也就是王惕斋的上三代,均有功名和官衔。王治本和王惕斋是一辈,他的上三代5人（宝峰公派下新旗杆门头支脉）也都有功名和官衔。

六、"此间士大夫屋宅"

冈千仞此处描述的"此间士大夫屋宅"主要是从"大夫第",特别是"白屋",这两所院宅中概括出来的。我出生于"白屋",下面对"白屋"作一些具体介绍。

"白屋"比"大夫第"的规模小很多,但很有特色。根据我儿时的记忆,分内外两个长方形圈。外圈,由普通围墙组成,形成"白屋"的外形。2004年回家时,我对"白屋"外形大致丈量了一下:东西长约120多米,南北宽约80多米,占地面积约1万平方米。内圈为正房是两层楼房,呈H形。中间一排五间,坐北朝南,为正房;中间那一间是大厅,两层楼高,大约七八米左右，称为落帽厅。意思是戴着帽子抬起头来看房顶时，帽子就会掉下来。东西两侧为厢房，各六间（按一层计算），南端比北端稍长些。六间厢房分成三区。正房和厢房围成南、北两个大庭院。内圈东西长约60米，南北宽约50米，由山墙围起来。所谓山墙也就是比较高而厚的墙，用来防止外面的火烧进来。

◇ "白屋"的五马头山墙像这样一字排开（见2006年11月3日《人民日报》）

也就是冈千仞所说的："四周垣壁。高二三丈。"山墙和外部围墙之间，东西两侧各有一排平房，南北则是两个大园子。

厢房和山墙之间、山墙和平房之间、平房和围墙之间均有天井。天井地面也由石块砌成，即"填石若砖为中溜"。天井中放有大水缸，接屋檐上落下来的雨水。也就是冈千仞所说的："设大瓮四五，以贮雨水，曰煎茶非雨水，不发香味。"雨水的用途，除饮食、洗脸、洗澡等外，还备用于消防。至于一个天井放几只大缸，视天井大小而定。山墙和平房之间的天井最大，由于我家占有西侧南部厢房四间，也就是两区，故有这样大的天井两个，每个天井放七八个大缸。厢房和山墙之间的天井较小，一个天井放三四个。

南边那个园子成倒U形，也就是北面是东西长约60米的山墙，南北宽约15米，其东西又各有一个由两排平房中间一个天井组成的院子。这个园子，中间铺有石板路。秋收后我们用来晒稻子。晒稻子的席子用竹子皮编成约3米多宽5米多长，石板的南北都可以宽松地各铺上16张席子。北边的园子呈L形，也就是东侧有房屋，西侧没有。因此比南边的园子要大。中间还有水田。

"白屋"的一个显著特点是它内圈的南边山墙，由东西两堵高约十米左右的五马头山墙和中间的大门组成。大门有三个门，中间最宽，两侧的门较窄，中间的大门上有精美砖雕的门楼。所谓五马头山墙也就是墙的中间分三层，中间最高一层最短，往下两层则向左右两侧挑出，并且一层比一层宽。由于高，加上周围又是稻田，很远就可以看到，也显得很雄伟。这种五马头山墙，现在有关媒体介绍民居时也可看到，但多是作为一座房子两端的山墙。像"白屋"那样在房子正面一字排开，很少见。但在 2006 年 11 月 3 日《人民日报》上登了一幅未加任何说明的照片，和"白屋"一个类型，可资参考。

上面情况，我凭儿时记忆，画了"白屋平面图"供参阅。

七、"已无衣食之忧，偃然自足"

王氏子弟，自幼读书，以至终身读书，过的是一种不从事生产活动的生活方式，需要一定的经济支持。1884 年冈千仞在黄山村看到的王惕斋家族是一个豪门富户，他们支持子弟读书自不成问题。但是，第一，在黄山村还是有经济条件差的人家；第二，富户也不一定能一直富下去，会由于种种原因，造成家道中落。为使家族子弟始终朝着"士"的方向发展，就有必要保证家族成员有一定的经济收入，做到"已无衣食之忧，偃然自足"。这就是族田制。

在旧中国的农村中族田制是普遍存在的一种土地占有形式。费孝通抗战时期通过在云南的实地调查，认为在云南这种农田特别发达，从他们调查的绿村来说，全村 27% 的农田是属于团体地主的。族田一般来自祖先的遗产或族人的捐献。

黄山村的族田一直保存到我小的时候，也就是 20 世纪 30 年代。但由于当时我只是一个小学生，知道的也不太多。大体有以下几点：

黄山村里的田，一般由王氏族人雇长工耕种，每户数量不大。如我小的时候，我家屋前屋后共有十亩田。族田一般在远处并由当地农民耕种交租。

王氏祠堂有族田，其下各支脉，也有族田，如"大夫第"支脉就有。

王氏家族的族田是名副其实的族田，不像有些地方的族田，只是某个乡绅的私田，借口供众人使用，挂在祠堂名下，逃避纳税。这种真实性在黄山村则表现在各房轮流收租上。轮到的人，收一年租吃几年。有的在外就业的，轮到他收租时，因为并不在乎这些地租收入，就让给他在村里的收入低的兄弟房去收。

在王义道的文中也有一个较为详细的介绍，为了能对黄山王氏家族的族田制有一个比较具体的了解，录于下。

"宗法社会特别强调祖宗基业，好多田产是属于祖宗的。制度规定祖宗产业后代不得变卖、分家，只能按年轮流享用，轮值到那家有收取田产租子的权利，也有承担那年祖宗生忌日祭祀和清明扫墓等义务。我们家祖父名下，自己只有三亩半田。但是，每年可以轮到平均收入多于 25 亩的租子（来年起码有 50 亩）足够全家口粮。我想，这也许是维系子孙'叶落归根'的主要措施,保证他们退休、失业回家总有一口饭吃,不致无依无靠。"

这种族田制的彻底崩溃是在日本侵华战争后。由于日本人的入侵,族人,特别是在村里无正常收入的族人,生活越来越困难,就变卖祖宗田地等资产以度日,没有了公共资产,这种在宗法制社会遗留下来的族田制也就不复存在了。

八、"卧床丹艧,帷帐四垂"

冈千仞所说的这种闺阁中的床,在过去的宁波地区是比较普遍的。2008年1月21日《中国电视报》在《马未都说家具收藏》中介绍过这种床,叫"拔步床"。我小时家里有两张这种床,称它为"大床"。床面长和宽大约各2米多,四角有立柱,立柱上部有横梁,顶部和四面终年用帐幔围住。正面有一个"门廊",1米左右宽,和床等长、等高,也有顶。需踏阶而上。中间是床沿,两旁为三面有壁的"小房间",一端为可坐人的木柜,打开木柜盖,是一只有盖的马桶;另一端是梳妆台或比较高的木柜,木柜自上而下为两层抽屉和有两扇小门的柜子。床的木壁上有雕刻。我见过有雕刻得非常精美的这种"大床"。为了对这种床有一个直观的了解,现将我和我爱人2004年回家乡时所拍的陈列在保国寺的"千工床"的照片录于下。当然,我家的"大床"没有这样华丽,但样式是一样的。

◇陈列在保国寺中的"千工床"

冈千仞提到:"价自四五十元至百元。"这是一个什么概念呢?在北京大学教授王晓秋《近代中日文化交流史》一书中说,"当时日本高级旅馆一天的房租也不过五十钱左右",因此这种床是很贵的。

2009年9月19日日本友人第二次访问黄山村。这次我回乡为他们介绍冈千仞《观光纪游》中所记黄山村一些情况。有一个书面介绍。这篇文章就是在这个书面介绍的基础上写成的。

清大夫第人文画砖屏

注：录自《保国寺砖雕与石刻》，主编余如龙，副主编郑彭龄，编委沈惠跃、邬兆康、李永法、丁建华、徐学敏，统稿蔡贵三，文物出版社2001年版。

东南形胜　甬上奇葩

宁波市江北区乍山乡黄山村（归属慈溪县西南区黄思乡）有一座落成于嘉庆元年（1796）的大夫第古建筑，大厅两次间北墙外向配置仿木制格扇门形式的砖雕人文画屏16幅，总面积达19平方米，堪称大型砖雕，制作极为讲究，画面丰富多彩，不落俗套，具有新意，寓教化于艺术鉴赏之中，是宅第主人与书画家、雕塑家共同协力的精心之作。两百年风云变幻，荣光显赫的大夫第已破败荒芜，原设的保护砖屏的檐廊和矮垣亦荡然无存，为抢救这整套砖屏，保国寺文物保护管理所经向当时该处房主价购该套蛛结尘封、污秽厚积、且已有损缺的砖屏，于1981年、1982年分两次拆迁至保国寺，经除垢整新，分别加木框架、玻璃罩，妥善保护，予以展出，并进行了初步的探索性研究。

技艺精湛　巧夺天工

宁波保国寺文物保护管理所收藏的大夫第人文画砖屏，是清朝盛世乾嘉时期的作品。当时社会安定，宅主聚有充盈的财力来营造百年大计的府第，工匠积有精湛的技艺，借此融古代砖雕成就于一堂。这堂大型砖屏展示了超群轶众的砖雕工艺。其砖质，观之如青玉，叩之似金属。坯土之细、焙烧之巧，不由使人联想到上林湖古越窑的制品，它们应该是一脉相承的。其镂刻，手法繁复与简洁共备，内容典雅与富丽兼具，脱胎于绘画而超胜于绘画。其版面，由十六长幅联袂并列成整体，高2.33米，总宽8.16米（0.51×16）；每单幅由33个标准组件拼镶合成，俾便于烧制与添补。其工期，始自乾隆六十年，迄至嘉庆元年，经达两年。

匠心独运　鬼斧神工

大夫第人文画砖屏大型砖雕，系仿木制格扇门形式，由16幅组成整堂。

格扇门，又称长窗，一般装置于厅堂。它既作分割空间、起割断作用，又是重要的装饰载体，至迟于唐代已经出现，宋以后广泛应用。

格扇门为通长落地形式，装于上槛与下槛之间。据古建筑经典著作《营造法式》，其结构是：边框，竖者称边挺，横者谓横头料。整体自上而下被横头料划分成五个局部：上端的横块面称上夹堂（顶栏）；其下最大的竖块面称内心仔（胸栏），亦即采光的花格；再下为横块面，称中夹堂（腰栏）；中夹堂下为挡风雨的竖块面，称裙板（腹栏）；最下方为横块面的下夹堂（底栏）。上、中、下夹堂似帽、似襟带、似靴，三个横块面大小相当。凡夹堂与裙板皆可刻以花纹，最简单者雕一矩形框，稍讲究者雕如意等装饰，至为华丽者则雕戏剧人物等。内心仔的装饰则在花格变异上用功夫，有万川、回纹、冰纹、八角、六角等等。

◇砖雕由五部分组成

格扇门亦有装置于书斋、隔厢或厅堂主间北侧充屏门者，因无采光要求，便以木板代花格。但该部位正当人们直立时视线平视所及，宜加重点藻饰，遂在木板上裱蒙书画、拓片精致者以备观赏。本砖雕格扇门式屏便按上述格局精心设计、装潢藻饰。

本砖雕格扇门屏，五栏的雕刻内容非常理性地运用了"同"与"异"的辩证关系，"同"属相对的，"异"则为绝对的。

为了清晰地显示这16幅砖屏乃一整堂，每幅的裙板（0.6米×0.42米）在凸起的矩形框面上一律浮雕一个简单的大型层叠式双如意头。这些双如意头，外形轮廓并无差异，可以认定出于印模，但细辨如意头当中加饰的一枚金钱和一个吉祥文字，则有了差异，是特意为之。以砖屏整体而言，裙板这一栏的雕饰极为简朴、浑厚，具有北方砖雕风格，给人以沉静、恬淡之感，由此而强烈对比出其他四栏的雕饰繁复细腻、丰富多彩的南方砖雕风格，有富丽堂皇、目不暇接之感。

各砖屏的襟带状中夹堂（0.18米×0.42米），在凸起的矩形框面上统一雕《博古图》。图中器物多种多样，如：鼎、甗、觚、尊、爵、钟、磬、炉、壶、瓶、罐、盂、书箱、画筒、油盏、烛台、檠灯、案几、悬架、花瓶、盆景等等，还有别处博古图中罕见之器物觥与筹及祥瑞动物的模型，林林总总，不胜枚举。即是同一类器物，造型各异、绝无雷同。每幅图中，陈列的器物少则四件，多至九件，各物都有附属饰物映衬。虽概系静物，但琳琅满目，画面热闹非凡。正因乃中夹堂，人立其前不必弯腰蹲踞或跐足仰项而观，且遭无意踢碰致毁损的可能性极少，况面积不大，因而雕刻技师用工不厌其细、不厌其精。凡器物，通体遍布纹饰，一一细琢精雕。竹编花篮、藤制箱笼，编痕概不省略。集藕花、荷叶、莲实于方寸之间，花之瓣脉、叶之筋络、实之颗粒，悉皆纤微毕呈。如此精细程度，叹为砖雕观止！木雕瞠乎其后，止有极品玉雕可与媲美！

上夹堂（0.13米×0.41米）较中夹堂矮0.05米，处于砖屏最高位置，不易清楚地观赏，所以没有似中夹堂那样雕以细工，在凸起的矩形框面上统一雕《珍果图》，各色果品居中，衬托的枝叶向两侧延布，也有雕同类的小型果品点缀在旁的。珍果图中的果品有：水蜜桃、柿子、樱桃、石榴、杨梅、佛手、百合等等，16幅十六个品种。每幅图中果子的数目按果子的体量而定，如樱桃一丛五枚，石榴两只并置。

下夹堂（0.18米×0.41米）面积同中夹堂，为砖屏画面最低一栏，比较易遭损毁，故也不宜过于精工细雕，在凸起的矩形框面上统一浅浮雕《双虬舞阳图》。各屏之中，太阳处于中轴线上，这是一致的，但太阳在中轴线上所处的位置高低不一，一幅贴靠框底边，大都游移于中间部位，也有一幅贴靠框顶边。如果把16幅砖屏按太阳位置高下顺序排次，可以欣赏到连贯的《旭日东升图》，动态毕现，可谓匠心别具。双虬蟠舞于天的形象，仿商代礼器上的纹饰，以块面来表现，富古朴、斑驳、苍劲、矫健之美。双虬蟠舞姿态并不对称，其一之首近日，另一则反之。有谓此乃"双龙抢珠"。其实不然。按：龙具双角，此图之神物无角，无角曰虬。抢珠，应相对而夺，此图中之虬则相背洒脱而舞。珠应正圆，此图中丸状物颇多虽圆而略扁，正是肉眼看到的太阳初升之状，固然有一枚滚圆且带光旋，也并非珠，而是表现"丽日中天"的太阳，恰恰也正是这个饰有光芒烈焰的太阳在16幅图中所处的位置最高。

仿木制格扇门砖屏，五栏画面中面积最大、雕工最精细、最能显示文化底蕴的是以书画代替花格的内心仔，它的画面内容涵义与工艺技能显示了道德规范、文史常识、书画造诣、雕刻技法的综合水平，是整套砖屏表现力的核心与精神所寄，特别富具研究价值。相比之下，其他四栏都只是为之陪衬、作为花边与配角而存在。因之，对于本砖屏内心仔的研讨，不是数百字或千把字能解释透彻的，特另立一章，专文阐述于后。

稀世遗雕　　罕见珍品

宁波地区古典建筑盛行配置仿木制格扇门砖屏，既建豪宅，理当必备。此砖屏突破一般大宅的四幅，大跨度地提升至16幅。从质量上考虑，除特聘徽州砖雕名师外，着重在内心仔书画内容的倡新。一般整套画屏，无分砖木、绢纸，所绘内容大凡是松竹梅岁寒三友、梅兰竹菊四君子、四大美人、十二金钗、廿四孝等。至于"三雕"，更多《三国演义》《西游记》等故事。此砖屏不落俗套、自行构思，娴熟运用文史学识，根据儒家的道德标准，缜密推敲，谋而后定。以"君子之德，君子之才，君子之风"为总纲，人物画为形式，古贤德行、文学典故、名人轶事为依据，选定了内心仔16幅画面的内容。

这16幅画内容典雅、高洁、清脱的砖雕图，各图上一般都未写有画题名称，根据其所绘与款识，我们代拟了四字句的题旨。并按图中各典故的时代先后，编写了16幅砖屏的排列次序。第一幅是"贤母教勤"，敬姜以德治家、教子以德治国，连同"圯桥授书"、"北海牧羊"、"君子慕莲"等幅都属于"景德"范畴。"博士传经"、"神童特慧"、"竹林七贤"等幅则为"仰才"范畴。"写经换鹅"、"东篱采菊"、"冒雪寻梅"等幅系"慕风"范畴。尤其突出德是押末一幅"侯涛题壁"，融乡土史地与海防思想于一屏，这是我们在装饰性"三雕"图中及任何人物画轴中见所未见的。

这整堂的内心仔雕图，高雅而不囿于"渔樵耕读"、"琴棋书画"之类，祥瑞而突破了"河合二仙"、"福禄寿三星"程序。以中华民族历史上典范人物史实为题材，热情地讴歌了前辈贤与能，强烈地宣扬了爱家乡、爱祖国的思想。摒弃了庸俗的祈求吉庆与单纯的藻饰豪华，把砖雕画从世风旧习的束缚中解脱出来，提升到寓教于乐，使儒家的人生观与高超的砖雕工艺融合为一，这便是本砖屏不同凡响之处。

无论山水、竹木、殿宇、人物，一概工笔精细，层次深远，各图的人像一般也不少于三个，画面绚丽、强烈、充实、少有空白。有一首诗词、或短文数十字者，个别亦有仅写五字作图题者。字乃行草，字体秀美。空白处，留作题写款识之用。所题款识，用表画意，一般是题诗飘逸，酷似书圣笔法。草书"爱"、"常"、"喜"、"盘旋"等写法，悉依右军书体。作书画者，董姓，字口涧，又署竹溪，号云壑居士，当系乾嘉时期高手。

内心仔图文的雕刻精美程度，当然更超越中夹堂的"博古"图，且忠实于图文原稿，线条精神和力度绝不走样，在书法的镌刻上尤显其根底与功力。原来的平面图稿，一经雕琢，呈现出层次深邃、恍若实景、人物如生的动态立体形象。为表示本栏乃系全屏的精华，图周边罩以立体的回纹、百结、线条花饰边框，更添华丽氛围。

16幅人文故事图中的细节，若予挑剔，不免存疵。如：东汉前尚无"纸"，书为竹木之简；但第3幅《圯桥授书》、第5幅《博士传经》场景中出现了数函线装书。第2幅《伯牙操琴》人物年岁面貌出现反差。第10幅《冒雪寻梅》图上宜有一匹驴子。又如第16幅《候涛题壁》，该是明朝卢镗的事，被移到宋朝王安石头上，且所题十字中亦有误记。但事属故事与装饰，并非史学考据与文物断代，因而未可厚非，瑕不掩瑜，无损其整体光辉。

仿木制格扇门砖屏始于何时，尚缺稽考。见于著录最早者为金代山西侯马董氏墓"砖刻隔扇"（隔扇即系格扇）六幅，高不足1.5米，具体而微，无上、下夹堂，中夹堂雕饰同式花纹，内心仔保留花格样式，裙板雕刻各种戏剧故事，虽然尺幅小、镂雕简，已誉为精品。此类"砖刻隔扇"，流行北方，现今尚可见于山东长清灵岩寺祖师塔及河南嵩山少林寺祖师塔。

以古典建筑精致富丽闻名于世的苏州、扬州一带，砖饰照壁、砖雕门楼，尽极豪华，且甚普遍，惟第宅与园林中、祠宇与庙堂内，无论厅阁亭榭，概不见有仿木制格扇门砖屏的设置。在那里，不存在阳宅配置砖屏的传统与设想，因而也无砖屏实物的存在。

阳宅配置大型仿木制格扇门砖屏，唯散见皖南及浙江，而流行于宁波地区。

宁波古建中砖屏虽盛行一时，但随时间的流逝，所剩日缺，更何况为精致、大型、思想内容境界超脱，而历经两百年天与人的磨难尚基本完好者！

自然风雨难屏挡，家族荣衰难避免，社会变革难事外，战火兵燹难逃遁，乍山大夫第人文画砖屏历经劫难。百千万小劫姑且勿论，1862年前后，太平军自杭州趋宁波，慈溪激战，兵如涌潮，所过之处，规定凡绘画雕刻有人像者尽行摧毁（因不符"拜上帝会"教义），无可幸免。百年后，又有"文革""破四旧"、红卫兵"造反有理"，横扫大地，深入城乡。两次弥天浩劫，乍山大夫第人文画砖屏竟然漏网无恙，至今保存基本完好，堪称罕见奇迹，遂成稀世遗雕！

内心仔16幅图文，现按幅介绍释义于后。

一　贤母教勤

春秋时期（前770—前476），鲁国有位大夫，姓公父，名歜（chù 触）；他母亲姓姜，史称"敬姜"。敬姜不因儿子身居高位，却还勤于纺织。公父歜很不以为然，恐怕别人说他不孝顺、不让老母安享清福。儿子从家庭着眼，劝慰母亲该"安逸"了，母亲却从社会考虑，告诫小辈要"勤劳"。敬姜认为：整个国家自上而下人人都应勤于职守。勤则思，思则善心生，可以长久永安；逸则怠，怠则恶心生，大祸即将临头矣！

敬姜昼夜勤劳、不敢懈怠，以身作则、垂范后辈；自己以德治家，教子以德治国。在我国历史上被誉为"母仪第一人"，至今不减其光辉。我国著名的古文精选《古文观止》有《敬姜论劳逸》篇（采自《国语》）。汉刘向编《古烈女传》第一卷《母仪传》载敬姜事甚详，为该书各篇之字数最多者。本图所示仅其训子之一例。

◇贤母教勤　图中：敬姜中坐教子，捧持茧筐的儿媳旁侍，公父歜躬身听训。地上的筐或盛茧，或盛丝，榻架上堆积许多织成的绢帛。

鲁有敬姜，能辨劳逸；子为大夫，不废纺织。

二　伯牙操琴

俞伯牙,相传生于春秋时期,善弹琴,其高超琴艺乃长期苦学而成。初,从师成连先生,三年未得其窍。后随成连先生到东海蓬莱山,听闻海潮澎湃、群鸟鸣啼之声,顿有所悟;自此琴艺大精,作曲甚多。钟子期(款识题诗因求押韵,写作"钟期子")善于听琴,一日,遇俞伯牙,听出他当时所奏琴曲寓意分别是高山和流水。后世遂称知己朋友为"知音"或"高山流水"。他俩人既成知己,相约明年此时此地再见。届期,伯牙至,而子期已去世。伯牙因已失去知音,遂将琴摔碎,不复弹奏。这是誉交友之贵在相知。

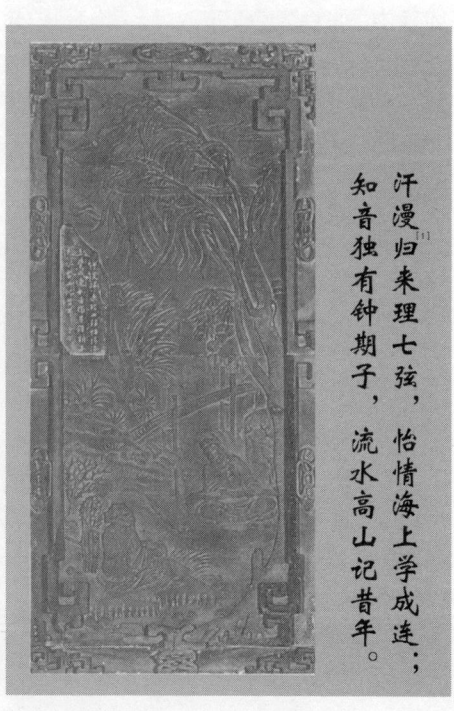

汗漫[1]归来理七弦,怡情海上学成连;知音独有钟期子,流水高山记昔年。

◇伯牙操琴　图中：俞伯牙坐船头即景弹奏琴曲,樵者钟子期坐岸上细听欣赏；所处环境为高山流水,亦即琴曲主题。按：根据记载,钟子期年龄比俞伯牙小十岁。图像所示,则钟子期反显苍老了。

[二]：汗漫,无一定目标的到处漫游。

三　圯桥授书

张良（前？—前186），青年时结交刺客，狙击秦始皇未中，逃亡至下邳（今江苏睢宁北），游于圯（yí 异）桥。一位隐姓埋名的老人，深知张良刚强有余而谋略不足，极感可惜，打算狠狠挫折他的锐气，教育他"忍小忿而就大谋"。于是老人故意将自穿的鞋掉落到桥下，傲然命张良替他拾上来，继而又命他为自己穿上。张良很气愤，但看他年老，强忍着受差遣、做低贱事。老人笑着说"孺子可教！"并嘱张良五天后黎明时桥上相会。到约定日期，张良因来迟受责备。重约后，第三次张良先于老人到达。老人于是授以奇书《太公兵法》，嘱张良好好研读，辅助"王者"平天下。老人称济北谷城山下的黄石即我，后世遂称他为"黄石公"。秦末农民战争中，张良聚众归依刘邦，为其重要谋士，"运筹策帷帐中，决胜千里外"，与萧何、韩信合称"汉三杰"。当暴秦覆灭、刘邦统一之时，张良辞三万户的封赏，而愿就封于户数极少的留（今留坝县），为留侯。后又扬言"愿弃人间事，欲从赤松游"。这是效力邦国、功成身退、不争个人名利的杰出范例，同时也免得帝王猜忌，从而保全了自己。

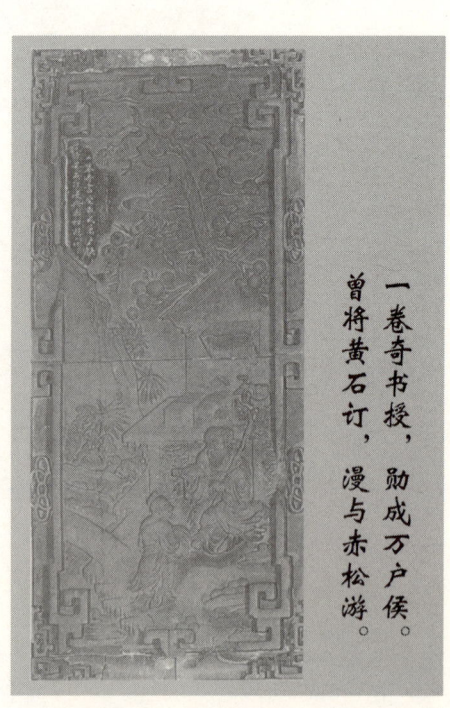

◇圯桥授书　图中：圯桥之旁，黄石公倚杖授书，张良躬身相接。

一卷奇书授，勋成万户侯。曾将黄石订，漫与赤松游。

四　　商山四皓

商山，又名商阪、楚山，在陕西商县东南，地形险阻，景色幽胜，公元前三世纪末，秦皇暴虐，天下大乱。道不行，则君子隐。四位才智卓绝的老人入商山隐居，年皆八十余岁，有盛名，因须发俱白，时称"商山四皓"，也称"雪髯客"。

四位老人是：庾宣明，号东园公；周术，号甪（lù 鹿）里先生；崔广，号夏黄公；以及姓名不详的绮里季。

西汉之初，高祖（刘邦）敦聘四皓出山，不应。吕后用张良所献之计，令太子刘盈卑辞安车，招得四皓与之同游，因而使高祖认为太子羽翼已丰，消除了改立赵王如意为太子的意图。此事反映了商山四皓虽退居深山为悠闲隐士，但其威望仍极高、影响仍极大。

四皓的墓与祠现尚存，在商山之麓、丹江之滨的商洛镇。一说夏黄公又避地甬东，葬处称黄墓渡，即今河姆渡。

商山四皓图

◇商山四皓　图中：山中二老对弈，另俩观战。其旁石台上置小炉，备烹茶。全然隐士闲适情景。

五　博士传经

　　伏胜，亦称伏生，济南人，曾任秦博士。秦并六国，建立大一统帝国，为巩固统治，采取了一系列措施，出于钳制思想、达到愚民目的，焚毁了先前六国的史书和民间所藏的儒家经典及诸子书籍。后来，秦末农民战争中，项羽打到咸阳，秦宫官藏的典籍又被他付之一炬。至此，公私图书尽毁无存。过了三四十年，汉文帝即位，礼聘幸存的学者，请他们用记忆背诵的办法来重缮典籍。当时年已九十多岁的伏胜亦被请去，《尚书》共二十八篇都由他背诵出来而录存，晁错等西汉专攻《尚书》的学者都出于他门下。又过半世纪，在孔子旧宅的墙壁中发现《尚书》一部，与伏胜所口传的《尚书》得相印证。《尚书》亦称《书经》，儒家经典"四书五经"之一，由孔子编选上古历史文献而成。这则故事说明：有益于社会的典籍、文化，即使遭到一时的摧残，但终究会流传下来并发扬光大。

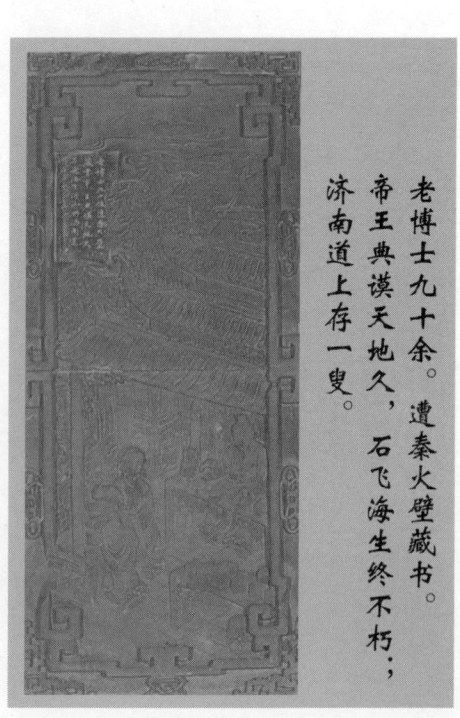

◇ 博士传经　图中：伏胜坐，口授《尚书》，旁一少年侍立，弟子晁错伏案缮录。

老博士九十余。遭秦火壁藏书。帝王典谟天地久，石飞海生终不朽；济南道上存一叟。

六　北海牧羊

苏武（前？—前60），字子卿，于汉武帝天汉元年（前100），以丁壮之年奉命出使无屋宇居穹庐的匈奴地域，被扣留。匈奴统治者多方威胁利诱，并配以胡妻，劝他归降，他意志坚定拒不投顺。先被囚禁在大地窖中，不给饮食，他就窖中积雪解渴，毡毛充饥。后被罚到北海（今贝加尔湖）无人区放牧公羊，说是待公羊产了小羊才能释放。十九年中，受尽饥寒磨折，苏武始终拿着汉朝的"使节"（作为国家代表所持的凭证节仗，饰有悬旄）。汉昭帝始元六年（前81），匈奴与汉和好，汉诳称皇帝于上林苑狩猎，得大雁传来苏武的书信，匈奴无法隐瞒真相，方始遣返苏武，其时他已须发俱白。苏武忠贞不二的情操，后世歌颂不绝，千古流芳。

◇北海牧羊　图中：苏武在风雪中持"汉节"牧羊；旁两胡装小儿嬉戏，其一为其在胡所生之子（名通国，后留胡）；空中大雁回首与苏武相视作交语状。

丁年奉使向穹庐，皓首完名返虎居；
大窖无粮唯仗节，上林有雁可传书。

七　竹林七贤

魏晋之间（三世纪后半期），名士嵇康、阮籍、山涛、向秀、阮咸、王戎、刘伶，因友善而常游于竹林，人称"竹林七贤"，是为清谈家的代表人物。这七人，都擅长文学、精于音乐，蔑视传统的儒家烦琐礼法，主张自然，崇尚老庄哲学。当时统治阶层政治斗争激烈，社会动荡不安，骄奢淫逸风气弥漫。他们为了表示超脱，常借酒醉故作放浪，举止颇多怪诞，以此来保全自己身家。苏东坡评价他们道："荒惑败乱无若酒者，而刘伶、阮籍之徒以此而全其真、而名后世。"

作赋篔管万个[1]，寄怀潇洒一薮[2]，
竹下嵇王并集，平分衫袖清风。

◇竹林七贤　图中：竹丛之中，竹篱之旁，七位名士正在观赏以竹为题材的画轴。

[1]"篔（yún 云）"：大竹。

[2]"薮（cóng 丛）"：聚集。

八　写经换鹅

王羲之（321—379），字逸少，山东临沂人，官至右军将军，会稽内史，人称"王右军"。辞官后定居会稽山阴（今绍兴）。东晋大书法家。书法博采众长，推陈出新，一变汉魏质朴的书风，成为妍美流便的新体，为后世书法家所崇尚，史称"书圣"。羲之爱鹅。传说山阴地方有个道士，求王羲之书法不得，特地养了一群肥硕的白鹅，诱王羲之来观赏。王看了不肯离去，提出要买鹅。道士说，您若肯为我写一部《黄庭经》（道教经典），我愿以群鹅相赠。王羲之答应了，兴意酣畅地写了给道士，笼鹅而归。这本《黄庭经》法帖，成了著名的书法传世名作。

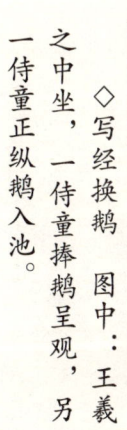

◇写经换鹅　图中：王羲之中坐，一侍童捧鹅呈观，另一侍童正纵鹅入池。

笼得山阴道士鹅，白毛红掌向天歌。
只因一册黄庭换，云费羲之墨已多。

九　东篱采菊

　　陶渊明（365—427），归隐后更名潜，字符亮，世称"靖节先生"。宅前植有柳树五棵，因自号"五柳先生"，东晋大文学家。曾任彭泽令，鉴于官场黑暗腐败、又不愿卑躬屈膝迎奉上级（所谓"折腰"），辞职归故里柴桑（今星子县境庐山下温泉乡）。诗歌多写自然景色，以《归去来辞》最著名。散文则以《桃花源记》影响最大，文中描绘了没有压迫、和平生产、欢乐生活、美景如画的理想社会。田园耕读，爱菊，名句"采菊东篱下，悠然见南山"脍炙人口。典故"不为五斗米折腰"，即出自于陶渊明不事权贵，为后世所赞誉。文章则推为晋代第一人。《古文观止》共收晋文四篇，除王羲之《兰亭集序》篇外，皆是陶渊明所作。

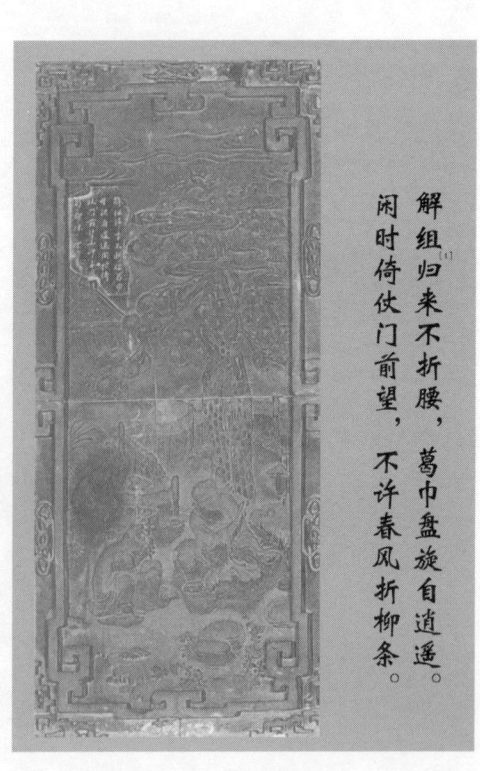

◇东篱采菊　图中：竹篱旁，置酒具，陶渊明席地坐，侍童采菊插瓶。

[1]：解组：即交出官印。

解组归来不折腰[1]，葛巾盘旋自逍遥。闲时倚仗门前望，不许春风折柳条。

十　冒雪寻梅

孟浩然（689—约740），襄阳籍,唐玄宗时著名诗人,与王维齐名,并称"王孟"。《唐诗三百首》中共收有他的佳作十五首,学前儿童普遍会背诵的"春眠不觉晓,处处闻啼鸟,夜来风雨声,花落知多少"(《春晓》)即是他的代表作之一。其诗清淡,长于写景,多反映隐逸生活;每无意求工,而清超越俗,正复出人意表。早年隐居鹿门山。年四十,游长安,常于太学赋诗,一座叹服!后去东南各地游历。曾冒雪以寻梅,说:"吾诗思正在风雪中驴背上。"自他始,"踏雪寻梅"也就成了文人雅士的惯例。可以说,孟浩然是严冬近郊赏景的倡导者。李白与他友善,有诗赞他道:"吾爱孟夫子,风流天下闻。"孟浩然后患疽去世,王维为他画像于郢州(武昌)刺史亭,称之为"浩然亭",后更署曰"孟亭"。

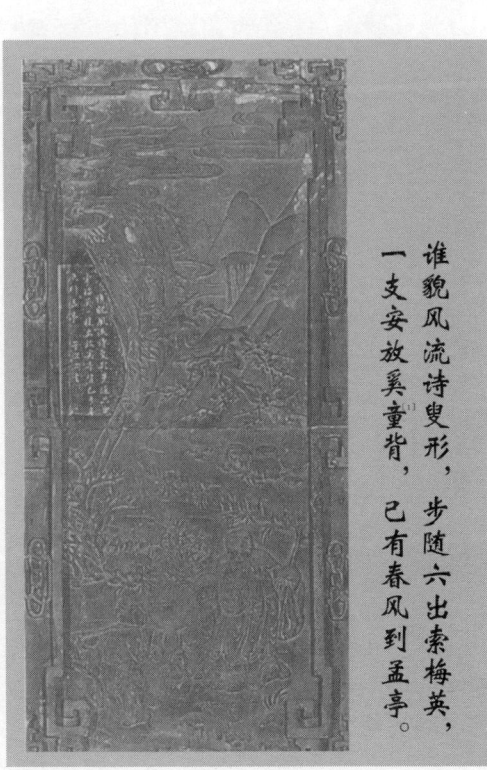

谁貌风流诗叟形，步随六出索梅英，
一支安放奚童[1]背，已有春风到孟亭。

◇冒雪寻梅　图中：孟浩然冒风雪出游，两家童随侍，其一背囊中插有梅枝。按实情，孟浩然应是骑驴的。

[1]：奚童，即僮仆。

十一　神童特慧

　　唐玄宗开元初年，潞州（今山西长治及其附近地区）有位少年常敬忠，十五岁就通晓《五经》，考中了"明经"科，上书皇帝荐举自己，说："一遍诵千言"（千言的文章，读一遍就能背诵出）。皇帝让他到中书省考试验证。中书令燕国公张说之（即款识中指称的"宰辅"）亲自接见了他，问道："学士一遍诵千言，十遍能诵万言乎？"他答道："未曾自试。"张燕公遂找了一册罕见的书，要常敬忠读十遍后背诵出来。常敬忠正坐而读，每读一遍便在地上画一划，记读了七遍，起立道："背得出了！"张燕公说："读满十遍再背。"回答道："七遍已经可以背诵了，何必要满十遍！"张燕公拿着书，跟着常敬忠流畅而清晰的背诵，逐字逐行审查，背诵完毕，结果一字不差。见者莫不嗟叹其记忆力如此之强！即日奏报皇帝。唐玄宗召见了常敬忠，问了些话，赐给采衣一套兼他物，任命为东宫卫佐、直集贤院，侍讲《毛诗》，百余日中三次升迁职务。

◇ 神童特慧　图

中：唐玄宗于便殿召见常敬忠情景。

右赞神童图。

常敬忠年十五，一览万言惊宰辅。

十二　孤山放鹤

　　林逋（967—1028），北宋诗人。长期隐居杭州西湖孤山，吟诗作画、种梅养鹤，终身不仕，也不婚娶，人称他"梅妻鹤子"。据说林逋种梅三百六十余棵，花既可观，实亦可售，每售一树梅实，便可供一日之需。当他外出时，纳鹤入笼。有客来访，家僮开笼放鹤。他望见鹤飞，知有客到，便返棹回家。他与客饮酒吟诗时，鹤起舞助兴。其诗风格淡远，咏梅绝妙佳句"疏影横斜水清浅，暗香浮动月黄昏"（《山园小梅》），最为欧阳修称赏。他的绝笔诗写道："湖上青山对结庐，坟前修竹亦萧疏。茂陵他日求遗稿，犹喜曾无封禅书。"颇以没有做过御用文人、没有为封建帝君歌功颂德而自傲。今孤山"放鹤亭"与"宋处士林和靖墓"为一名胜景点。

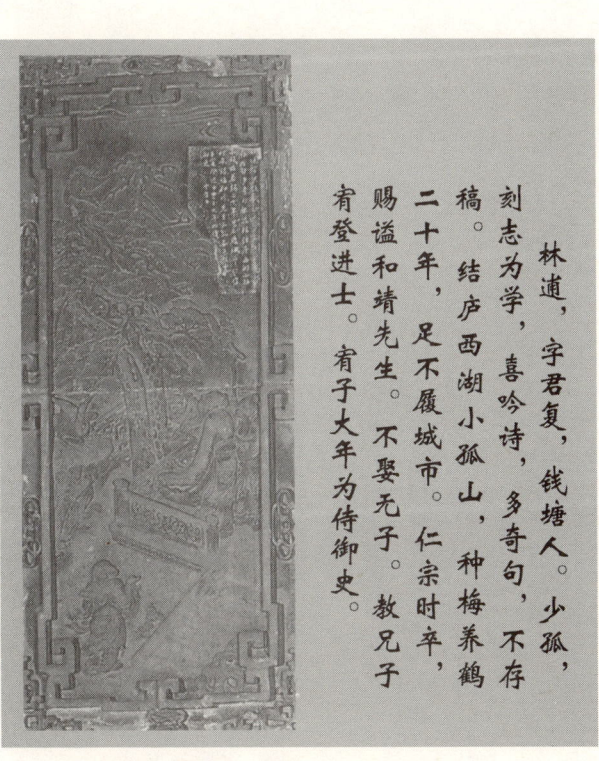

◇孤山放鹤　图中：林逋作呼鹤状，两童子随侍；双鹤和鸣，一翔舞，一正振翅。按：据最近考证，林逋系宁波奉化杨林乡黄贤村人，四十多岁才去杭州孤山结庐隐居。

　　林逋，字君复，钱塘人。少孤，刻志为学，喜吟诗，多奇句，不存稿。结庐西湖小孤山，种梅养鹤二十年，足不履城市。仁宗时卒，赐谥和靖先生。不娶无子。教兄子宥登进士。宥子大年为侍御史。

十三　东坡读砚

苏轼（1037—1101），字子瞻，号东坡居士，四川眉山人。北宋著名文学家，与父洵、弟辙，合称"三苏"。嘉祐进士，曾出知密州、徐州、湖州、杭州等地，为翰林学士，官至礼部尚书，历仁宗、英宗、神宗、哲宗四朝。因政治见解关系，亦曾两度遭贬至黄州（今湖北黄冈一带）及海南岛等地，最后北还，病死常州，追谥"文忠"。他对书法、绘画、诗、词、散文无一不精，都有创新。书法擅长行、楷，丰腴跌宕，在书法史上为"宋四家"苏、黄（庭坚）、米（芾）、蔡（襄）之首。文章汪洋肆恣、明白畅达，在文学史上地位很高，为"唐宋八大家"之一。民间流传着许多关于他的故事，癖爱砚台即为其一。砚台是传统"文房四宝"之一，旧时文人学习、工作的主要工具，好像农民耕作离不开田地。苏轼有诗道："我生无田食破砚。"他收藏了不少质优形异的精品砚，并逐一作铭题刻其上。先有一方佳砚，称之为"龙尾砚"；后又得一极品，名之为"凤咮（zhòu 咒，鸟嘴）砚"，铭文中有"坐令龙尾羞牛后"句。

◇ 东坡读砚 图中：苏轼堂前踞坐，一侍童持砚呈观，几上亦置有砚。

苏东坡爱研[1]。

[1]：研，即砚。

十四　君子慕莲

周敦颐（1017—1073），字茂叔，人称濂溪先生，湖南道州人，北宋哲学家、文学家。哲学上，他根据《易传》(《易经》的组成部分) 和道家思想提出一个简单而有系统的宇宙构成论，认为"太极"一动一静，产生阴阳万物，"万物生生而变化无穷焉，惟人也得其秀而最灵"。著作有《太极图说》及《通书》等，对后世理学发展有很大影响。他的散文中，以《爱莲说》最为著名，借物咏志抒情，对社会有极大的教育意义。文中说："晋陶渊明独爱菊。自李唐以来，世人甚爱牡丹。予独爱莲之出淤泥而不染，濯清涟而不妖，中通外直，不蔓不枝，香远益清……"把菊花比喻为隐士，暗讽了喜爱牡丹贪图富贵之人，热情地赞颂莲花是君子。特别是"出淤泥而不染"一句，在社会风气不正之时，警示君子们应保持其廉洁品德。

◇君子慕莲 图

中：水榭中周敦颐执扇倚桌、观池荷，一童子凭栏传话，另一傍池采莲插瓶。

周茂叔性爱莲，作《爱莲说》，以莲比君子。

十五　倪迂洗桐

倪瓒（1301—1374），初名珽，字元镇，号云林，无锡人。著名画家，与黄公望、吴镇、王蒙史称"元四家"。家境富裕，筑"清闷阁"以藏古书。元末社会动荡，倪瓒散其家财、变卖田庐，泛舟往来于太湖、泖湖一带，或寄居村舍、佛寺。初奉全真教，五十岁后改信佛教，讲求禅学。工画山水，多以水墨为之。所作多取材于太湖一带景色，好作小山竹树、疏林坡岸、汀渚遥岑等平远景色，意境幽淡萧瑟。他的画风，似嫩实苍，简中寓繁，给文人山水画以新的发展。当时江南人以家中有无倪画判雅俗。他不时作小品，客求必与。但是吴王张士诚之弟士信使人持绢以重价求其画，则怒道："予生不为王门画师！"即裂其绢而却其币。倪瓒性好洁而迂僻，人称其为"倪迂"，而自亦如此称。居家时，庭中植有青桐，每日命童仆汲水洗涮桐树，务使不沾尘垢、洁静光鲜，其洁癖由自身而推及庭桐，成为传世韵事，后代作画者亦每每以《洗桐图》为题。

◇ 倪迂洗桐　图中：倪瓒执扇坐，指使两童洗拭庭桐。

[1]：景迁生，原是宋代文学家晁说之的自号，因倪云林自称"倪经"，款识诗中就借用来称他。

孤桐百尺抱萧森，疏雨欹斜滴未成，盆水呼童镇日洗，青霜癣染景迁生。[1]

十六　候涛题壁

王安石（1021—1086），字介甫。号半山，封荆国公，世称荆公，江西抚州人。北宋政治家、文学家。庆历进士。神宗时拜相，积极推行新法、倡导改革。初，任鄞县县令，于青黄不接时借官谷给农民，试图免除其受高利贷剥削之苦，有成效。王安石宰鄞时间虽然不长，却是他远大抱负、锐意改革、励精图治思想的实践开始。至于本画屏款识所谓候涛山题壁十字，则实非王安石所书。按：候涛山即招宝山旧称，从宋代起是海外贸易的重要泊船处，至明嘉靖三十九年（1560），为防倭寇（日本海盗），于山顶以条石垒筑威远城并置炮台，始成扼甬江口之要塞。王安石生活时代早此五百年，当时尚未有"倭寇"一词及其侵扰。据《镇海县志》："仙人洞……内石门通大海，门外两壁夹峙，左勒'六国来王处'，右勒'平倭第一关'，嘉靖己未卢镗书勒。"卢镗是当时的都督，亦即威远城的主建者。明朝卢镗筑城防倭题壁之事，被移植到宋朝王安石头上，张冠李戴，看似荒唐，实则反映了宁波人民对曾任父母官，爱国爱民，勤政廉政的王安石的感激与缅怀之情。这种移花接木的事，此非始作俑者，历史故事上不乏其例。至于仙人洞名胜古迹，于二十世纪七十年代后期辟码头时被炸除。

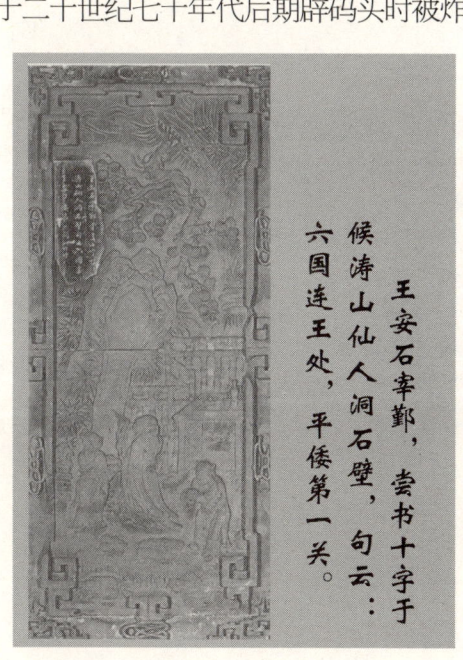

◇候涛题壁　图中：一士子洞壁题句，两童子随侍。

王安石宰鄞，尝书十字于候涛山仙人洞石壁，句云：六国来王处，平倭第一关。

黄山大夫第和砖雕屏风

王勤谟

慈城镇黄山村大夫第落成于清嘉庆元年（1796），由朝议大夫王严理（1756—1824）所建。虽经两百年的风风雨雨，荣光显赫的大夫第已破败荒芜，但仍显示着中国传统文化的内涵。

王严理有5个儿子，下有5房。尔后第3房在大夫第东南约50多米处盖了一所大宅院，名"白屋"。我的祖父王惕斋属第3房，住白屋。这两所大宅院都具有大家庭居住的特点。大夫第占地面积在两万平方米以上，里面有五进房子。白屋约1万平方米，但房子、天井等都比大夫第宽敞。新中国成立后白屋被拆掉盖粮仓，让我家搬回大夫第居住。此时大夫第也有很大一部分被火烧掉或倒塌，我家住在最前面一进西厢房的南面一部分。

1884年，日本著名汉学家、维新人士冈千仞访华，应同船回国的王惕斋的邀请，住黄山王惕斋家半个月，访问慈溪、宁波等地，迎接冈千仞的是住在大夫第和白屋的王严理的第三、四代子孙。冈千仞在《观光纪游》中（7月18日日记）记载："芦苇弥岸，时见村落。是为慈溪北郊（注：应为西南郊）。小沟左折，直致王君门前。珠垣（景星）、再培（迪中）、并卿（景威）、致和（仁中）、砚云（仁厚）出接，皆惕斋族兄弟。王氏，慈溪大族，分宗以来，族人同居三世，广厦连宇，画为十数区，分灶同产。"

◇大夫第内景（沈惠耀 摄）　　2006年12月12日

《宁波日报·四明周刊》刊登了沈惠耀摄的一张大夫第照片，刚好是我家，可用来说明"画为十数区，分灶同产"。一个大家庭，由下面若干子孙家组成。一区就是一家，若干区就是若干家，共处于一个大宅院内。区与区之间有门，门开相通，走廊上共有12根柱子，分南北两区，每区各两间房子。这里的"间"，一是指

◇大夫第正门进去后的大厅横梁

楼房，"两间"算上楼房就是4间；二是和现在一个单元房子内是几室同义，不管装修后再分成几间。中间是两区共享的厅。所谓"一区"就是楼房（主人活动的地方）加上其附属的平房（生活用房）。在黄山房子分区的方式多为一个天井，一边是楼房，一边是平房。而在大夫第我家，则是楼房的西面有墙（墙的两侧都是天井），墙的用途之一是防止平房起火，殃及楼房。墙的西面为平房，主要是厨房、柴房。附带说一下，我家在白屋的一区，是楼房区四间（其中伯父两间）。共享的平房有：草房、柴房、臼房、磨房、厨房、吃饭间、洗脸间、洗澡间、佣人卧室、厅、粮仓、农具室等。即冈千仞日记中所说的"广厦连宇"。大夫第现在残存的宅院格局反映了宗法制社会中大家庭居住的特点，但也是硕果仅存了。

　　大夫第里最让人称绝的是仿木制格扇门形式的16幅砖雕屏风。其设计之精良、体量之大、雕刻之细致，都堪称一绝。每幅人文画砖屏高2.33米，宽0.51米，总宽8.16米，总面积达19平方米。每单幅由33个标准组件拼镶合成。自上而下分为五个部分：上夹堂（顶栏）、内心仔（胸栏）、中夹堂（腰栏）、裙板（腹栏）和下夹堂（底栏）。据《宁波历史文化名城丛书·保国寺砖雕与石刻》（余如龙主编，北京文物出版社2001年版）一书介绍："五栏画面中面积最大、雕工最精细、最能显示文化底蕴的是以书画代替花格的内心仔，它的画面内容涵义与工艺技能显示了道德规范、文史常识、书画造诣、雕刻技法的综合水平，是整套砖屏表现力的核心与精神所寄，特别富有研究价值。相比之下，其他四栏都只是为之陪衬、作为花边与配角而存

在。""这堂大型砖屏展示了超群轶众的砖雕工艺。其砖质,观之如青玉,叩之似金属。坯土之细、焙烧之巧,不由使人联想到上林湖古越窑的制品,它们应该是一脉相承的。其镂刻,手法繁复与简洁共备,内容典雅与富丽兼具,脱胎于绘画而超胜于绘画。"

慈城黄山大夫第砖雕屏风是现存国内最大的清嘉庆砖雕,距今已有200多年的历史。其特色在于:一是此砖屏突破一般大宅的4幅,大跨度地提升至16幅。二是内心仔书画内容的倡新。一般整套画屏所绘内容大多是松竹梅岁寒三友、梅兰竹菊四君子、四大美人、十二金钗、二十四孝等。而大夫第砖雕屏风不落俗套,根据儒家的道德标准,娴熟运用文史学识,自行构思,缜密推敲,谋而后定。由于各图上未写有画题名

◇慈城黄山大夫第砖雕屏风

称,专家们代拟了四字句的题旨。并按图中各典故的时代先后,编写了16幅砖屏的排列次序。即贤母教勤、伯牙操琴、圯桥授书、商山四皓、博士传经、北海牧羊、竹林七贤、写经换鹅、东篱采菊、冒雪寻梅、神童特慧、孤山放鹤、东坡读砚、君子慕莲、倪迂洗桐、候涛题壁。

王严理对母孝,对人慈,政绩好,为吏廉。砖屏的内涵也是他家庭教育的内容,即要求子孙后代做到的应有品性包括:学习、立业、操守、情趣等。事实上,在这样的家风熏陶下,王严理5个儿子、22个孙子也做到了都有功名和官衔。当然这种情况,在黄山王氏家族中不独王严理支脉是如此,其他支脉也很普遍,如被日本人认为"是当时儒士文人仰慕的泰斗"的王治本的上三代祖孙5人也是如此。王严理曾孙王惕斋在日期间编印了最早的日语学习工具书——《无师自通东语录》,并和族兄王治本开创了与近代日本文人进行诗文交流的先河。黄山王氏家族至清末,四百年来一直处于由士大夫组成的鼎盛状态,是和这个村庄奉行的"诗书继世长"的传统文化有关。因此,我认为以王姓为主体的黄山古村,不是一个农村,而是一个培养士人的"士

村"。这当然也和慈城是一个有悠久文化传统的地区有关。

现在大夫第16幅人文画砖屏已于1981年、1982年分两次拆迁至保国寺,分别加木框架、玻璃罩,妥善保护,辟清大夫第人文画砖屏专室陈列展示。并分以下四部分加以介绍:东南形胜,甬上奇葩;技艺精湛,巧夺天工;匠心独运,鬼斧神工;稀世遗雕,罕见珍品。2004年,我和老伴潘淑英去保国寺,以虔诚的心情瞻仰了这套砖屏。

◇黄山砖雕屏风细节

（该文刊于《宁波江北文史资料》第6辑《江北中国之最》,西泠印社出版社2006年6月版）

忆故乡慈城黄山和白屋

王芦奋

我家住在慈城镇黄山村，祖屋在树桥头花门。花门东边有一幢规模宏大的民居，人称白屋，王志湘是白屋的主人之一，因为他在上海工作，房子空置着，于是就把一部分房间借给我家居住了。

在东海之滨的广袤的宁绍平原上，弯弯曲曲地流淌着一条大河——慈江。慈江从千年古城慈城镇缓缓流过，在丈亭流入姚江。慈江南岸离慈城五公里处有二座遥遥相对山林，名曰前黄山和后黄山。二山之间是一片平原，河网分布密集，散布几个自然村落，行政区域为黄山村。

在慈江的江面上分布着如方家渡、祝家渡、河姆渡等诸多渡口。不知何年在黄山村通往慈城镇的通道上，增设一个渡口，名曰新渡。渡口边停泊着一艘渡船，一个老艄公终年忙碌地为当地和附近村民摆渡。坐船是免费的。渡口边有一座庙宇和一个凉亭，为旅客稍息候船。凉亭里在夏天有布施凉茶。这些都是王氏家族兴办的。

从新渡凉亭起步过老旗杆门头向南约行一刻钟光景，就可见到一幢占地面积约一万平方米宽阔的房屋，那就是方圆十余里人人皆知的一座庄园式住宅，名曰"白屋"。

白屋坐落在黄山村的东边，水稻田的中央。四周是由石板铺成的宽仅为一个人可走的小道。

白屋的东边有条石板路，走三十米是一个河埠头，称为新河埠头。从这儿坐船出发，穿过慈江，进入姚江，再入甬江，出招宝山可达东海。

从舟山过来的海鲜船，有时就顺着这一航道，靠上新河埠头，将各种海产白蜥头、咸鳓鱼、虾酱等海货供居民作常下饭，在割早稻时候更是抢手货。

慈江那时还未建造兴修水利的姚江大闸，是一个淡水、咸水并蓄的水域，当地田边有两种叫"红翠翠"和"毛草螂"的小蟹。时常在石板路下做巢。夏天傍晚时刻，屋边的小孩们纷纷拿着一根竹竿钓蟹。一个晚上可钓好几斤。带回家当做下饭。炒了吃或腌着吃，味道十分鲜美。秋风起时，小蟹还会生膏，更是可口了。

天气干旱，河里咸水进入，河面上还会浮动着一种肚子翻白的小河豚鱼，十分可爱；有时还有小海蜇在河面上漂浮。小孩们不时去新河埠头观看。

当时的农村独特的自然环境，美好的生态环境，随着时代的变迁，已不复存在了。

白屋的西边是后黄山，二楼窗户打开与山坡遥遥相对，从窗户往外望去，山上郁郁苍苍一片绿色，还可看到崇本小学学生种植的油桐树，给人一种清静的感觉。这是乡村的景色，是城里人享受不到的乐趣。

白屋东面靠水，西面靠山，周围又有大夫第、树桥头、老旗杆门头等大宅院，形成了一个自然的村落。居住的大都是王氏宗族，男人们大都出门创业。亲缘关系密切。

白屋设计者的构思独特，与众不同。它不是一般的几楼几底前后几进的民居，而是一座庄园式的住宅。当地建造的楼房，它们的外墙与山墙，都是由青砖砌成的，外层一般不涂石灰，看上去是青色的。而白屋却将所有墙体内外都涂上石灰。一则可以加固墙体；二则使整幢楼房呈现白色色调。从远处即可见其宽阔洁白的一片墙面，显得别有风格，令人心旷神怡。因此，大家都称呼其为"白屋"。

白屋内部结构布局也与众不同。其不同之处在于将 H 形的三幢分别独立的单元房，在围墙内组合成完整的一体，既互相独立又相互沟通。走廊、过道、弄堂、地道特别多，形成十分宽敞的活动空间，小孩们不要到外面就可以玩耍。

最引人注目的是中间一排五间楼房中央的一大间堂前客堂，供祭祖之用。面积约有一百平方米左右，两层楼高。堂前的地道又十分宽广。

由于白屋的房间比较大，一些空房，在抗战期间，曾举办慈湖中学开设的补习班。我的两个姐姐都在那里读过书。当时师资力量也很强。有王鞠侯、王幼于、陈士元、钱兰若、王英年等大、中学先生教书。

宅院里还设有多处花坛，构成了庭院式的房舍。供房主人种植花木，观赏异草珍花。我家居住的一幢楼里的花坛里，种植几枝绣球花，有时我们人在宁波，虽无人照料，但年年开花，十分秀丽。宅院内还零零星星地生长着梅、桂、桃、香椿等树木。

H 形楼房由较高的山墙围起来，东西两侧又是平房，平房外面也由较低围墙围起来。南北两端，在围墙之间，各有一个大园圃。北面的园子内有自然存在的二亩水稻田，邻近还有一亩旱地和一间牛棚。是否原来的房主人有意设计成一种农耕生活。平时由长工种植水稻和蔬菜、瓜果，供主人食用。女主人也不时地参加一些农耕劳动。获得一种生活上的乐趣。

新中国成立初期，国家从各个乡村收购谷子，需要建造一个粮库。粮库面积要大，又要水陆交通方便。白屋刚好具备了这些条件。而且大部分是地主房子，可以没收。于是拆除全部房屋，改造粮库。独特优美的人文建筑，从此消失在地平线上。

现在，回过头来谈谈黄山人。我们黄山人有三件可以值得骄傲的事。

一是兴办学校，教书育人。开办一所师资力量雄厚的教育质量优良的培养一批有用人才的学校。

二是创办药铺、治病救人。开启一家产品质量上乘、经营有方的在浙东地区稍有名气的寿全斋药店，代代相传。

三是艰苦创业、理财致富。黄山人在沪杭甬及在全国各地都有经商人士，自力更生，艰苦奋斗，用自己的智慧，用自己学到的知识，创造财富。

由于黄山村有王惕斋、王治本等人，在晚清时就旅居日本，也就把西方文化和西方思想带进了我们这个小村庄，影响了当地的读书人。如1904年创办的黄山崇本小学，很早就有显微镜等设备等。又如新中国成立前的小学很少有军乐队，而崇本小校就有小鼓、大鼓、军号等乐器。升旗、集会、外出旅行等都由乐队先导。这在当地也是很荣耀的事。

再就是王氏先人创办了至今已有240年历史的寿全斋药店。这不是一般的药铺。而是一家前店后厂工贸一体化的"股份公司"。药店生产丹、膏、丸、散各类药品，还自制驴皮胶。在当时也可算是一家技术含量很多的企业。药店还建立一支民乐队，笙箫鼓笛样样都有。每逢过年过节，职工们各显身手，演奏民乐各曲，好不热闹。

店里有一味眼药很有名。由于宁波、舟山沿海各地渔民，终年出海捕鱼，风吹雨打，眼病很多，危害很大，发红眼病的人很多，而寿全斋的中药养正眼药膏疗效明显，因此很受渔民欢迎。而渔民们冬令进补，相信宁波寿全斋出品的货真价实的驴皮膏，招揽了很多舟山客户。为销售方便，还在镇海柴桥开设一家分店，专门生产、销售养正眼药膏及冬令用的驴皮膏。寿全斋的驴皮膏因自产自销远销浙东浙南各地。

寿全斋二百年来一直商务兴旺，实在是一件不容易的事，其成功经营，体现了王氏族人的经营水平和聪明才智。

1948年至1949年期间，当时的董事长是我的小叔公王锦文。他已筹集资金，准备物资，准备扩大寿全斋的经营业务，再来一次新的创业。并授他的亲侄子王敦卿先生具体承办此事。后由于迎来宁波解放，老字号药铺改造为公私合营企业，获得了新生。但黄山人这种艰苦创业，刻苦经营的精神还是值得发扬光大的。

（原登于《古镇慈城》2010年12号总第46期。）

怀念白屋

王静

慈城的白屋已经消失了，但人们常要说起它，像老人回忆童年那样说着白屋的故事。惦记白屋的人，有的是白屋主人的后裔，有的是毫无瓜葛的乡亲，同村的抑或只见过一面的路人，有的根本没有见过白屋、仅听老人说过而已。也许如此，白屋似乎披上了十分神秘的色彩……

怀念白屋，是在于这幢建筑与众不同。本来一幢坐北朝南的五间一字排开的房屋十分普通，可偏偏门前屋后各有院子，院子大得可铺下三十多条篾埭，白墙黑瓦上方又高耸着五马头山墙，那既层层高挑又层层结实的山墙让人一目了然。

何以称白屋？据说白屋之名源于"白屋出公卿"。可见盖房的主人只是个小官。也许只是小官，他只能建五开间的规模，说啥也不能超过先祖王严理（清嘉庆年间朝议大夫）所建的大夫第，否则将犯大忌了。

怀念白屋，是因为白屋的故事。白屋里曾诞生了一个叫王惕斋的男孩。这位男孩成年后，东渡日本，以自己的书画为媒，结识了不少的日本官员。据说，王惕斋被日本人的马车碾断左臂后，是首相伊藤博文帮他打赢的官司。这事不仅惊动了日本，也惊动了中国的朝廷内外。以后凡清朝官吏到日本，他必送往迎来，一来二去，王惕斋又结识了不少朝廷官员。对此，有首打油诗，说的是王惕斋的忙碌："钦差唤过王爷叫，忙煞新桥独臂翁"（摘自：宋庆龄等著《鲁迅回忆录》一书，这里的钦差指那桐，王爷指肃亲王载振）。如今，王惕斋的后裔似乎不怎么认同这首打油诗。为什么不认同？诗对祖先的不敬，还是怕被认作攀附权贵之嫌？我不得而知。我倒觉得打油诗做得生动。将一个海外游子在异国讨生活的艰辛刻画得淋漓尽致。想想也是，王惕斋是个亦商亦文的旅日华侨，当朝廷有派使者来，他的忙自然而然。不说当时的人文背景，就用今天的观念，有根脉相连的朋友远道而来，出于礼仪，王惕斋不能不忙，再说他和他的族兄被聘为民间翻译。如果这样的忙碌，就是别人不说，说不定自己也会自嘲的呢？我曾把王氏兄弟的文化传播认作文化"跑街"。跑街是失传的旧行当，跑街先生的酸甜苦辣，只有跑街的自己明白。王惕斋和他族兄弟在日本的文化跑街，也许这首打油诗是个生动的描述。《怀念白屋》稿于 2003 年，那时对王氏兄弟研究粗浅，辛卯初春，王氏后裔勤谟先生来信，正在编辑《中日文化交流先行者王惕斋研究》，欲将旧作编入，我欣喜，并作了修改。

既有日本首相帮着打官司，又有清朝王爷朋友的王惕斋在家乡自然也大红大紫，人们为慈溪出了这样一位民间的外交官而骄傲，由此白屋也名噪一时。据王惕斋的孙子王勤谟回忆：那时的白屋曾挂有肃亲王送的墨宝，另一副题有"君老游踪观变政，天留右手写新书"的对联是邮电大臣盛宣怀所书（"观变政"是指日本的明治维新；而新书是指王所编日语学习小册子），单凭这一副对联，白屋主人当时的地位也就显而易见了。

林语堂先生对中国旧式的家庭、家族作过这样的描写：家庭与朋友一起组成了一座有围墙的城堡。城内是最大限度的共产主义大协作，相互帮助；对城外的世界则采取一种冷漠无情，一致对外的态度。而白屋作为慈城王氏后裔的一大支脉的大本营，虽然也是"族人同居三世，广厦连宇，画为数十区"，"男女婢仆六七十人"（日本汉学家冈千仞随王惕斋来慈溪黄山村作客时对白屋的印象），但白屋的主人绝没有漠视外面的世界，相反因自己旅日期间，与朝廷官吏深交后，屡次写信致友，告诉他们自己在日本所了解的情况，以表明这位"海外的一残废商人，关心国内时务"的拳拳之心。《时务报》是当时维新派在上海创办的一份报纸，以梁启超为报纸主笔，而见报的时政消息有相当一部分是王惕斋提供给《时务报》经理汪康年的。为了让国人全面了解日本，王惕斋还撰写了《独臂翁见闻录》。

可能受海外文化的影响，白屋的主人都十分仗义。1942 年日本兵进入慈城时，乡人请被他们称为"东洋婆婆"的王太太出面与日本人进行"外交照会"，这位婆婆义不容辞地担起这一重任，从容不迫地与日本人交涉。打那以后，黄山村再没受扰，白屋又恢复了宁静。

然而看似平静的白屋，其实渐渐地隐藏了衰败迹象，真可谓富不过三代。王氏族人回忆当时的白屋有："王氏族人有本事的人外流，没有本事的留在村里，他们过着一种低水平的寄生虫生活，既无力建设，而且越来越虚弱……"由此可见，白屋虽因建造粮库被拆，如果不毁，仍像大夫第一样存在，说穿了也不过是形在，魂早就散了。

这不禁让我想起前不久，我们几位文友参观宁海的江南民间艺术馆，在两幢西洋式的房子里陈列了许多古窗棂、门饰、古家具，尽管所有陈列品都十分精湛，作为建筑构件无不浸透它们的主人的生活准则和行为规范，以及浓郁的民间传统风俗文化。但不知为什么这些古老的东西难以激起大家的游兴,让人觉得不过是一件件没有生命的工艺品,这可能是离开了它们的主人,它们就像断了家族文化根脉的浮萍。

白屋已经消失了,黄山村的大夫第依旧,昔日供王家人举办盛宴的花厅依旧,但黄山村不再是《黄山小志》描写的黄山村了。

黄山距慈溪县城八里,烟火数百家,风俗朴厚宛然一秦时桃源也。相传明时应氏极盛,自王氏居此,应氏渐式微,故山人有"凰来鹰去"之谚……(摘自《黄山小志》)。

如今,再去黄山,面对白屋的遗址,怀念白屋,能说这仅仅是怀念一幢消失的建筑吗?

(本文作者供职于江北区文联。中国作家协会会员、中国民间文艺家协会会员,宁波市民间文艺家协会副主席兼秘书长)

图书在版编目(CIP)数据

近代中日文化交流先行者王惕斋 / 王勤谟编. —宁波：宁波出版社，2011.9
ISBN 978-7-80743-850-2

Ⅰ.①近… Ⅱ.①王… Ⅲ.①王惕斋（1839～1911）—生平事迹 Ⅳ.①K825.4

中国版本图书馆CIP数据核字（2011）第187523号

近代中日文化交流先行者王惕斋

编　　者：	王勤谟
出版发行：	宁波出版社
地　　址：	宁波市甬江大道1号宁波书城8号楼　邮编：315040
责任编辑：	曹　亮
印　　刷：	宁波报业印刷发展有限公司
开　　本：	787毫米×1092毫米　1/16
印　　张：	16.75
字　　数：	290千
版次印次：	2011年10月第1版2011年10月第1次印刷
标准书号：	ISBN 978-7-80743-850-2
定　　价：	36.00元